KULTURWISSENSCHAFT

Manuela Kohl

Kunstmuseen und ihre Besucher

Manuela Kohl

Kunstmuseen und ihre Besucher

Eine lebensstilvergleichende Studie

Mit einem Geleitwort von ao. Univ.-Prof. Dr. Alfred Smudits

Deutscher Universitäts-Verlag

Bibliografische Information Der Deutschen Nationalbibliothek
Die Deutsche Nationalbibliothek verzeichnet diese Publikation in der
Deutschen Nationalbibliografie; detaillierte bibliografische Daten sind im Internet über
<http://dnb.d-nb.de> abrufbar.

Dissertation Universität Wien, 2004

Gedruckt mit Unterstützung der Universität Wien.

1. Auflage November 2006

Alle Rechte vorbehalten
© Deutscher Universitäts-Verlag | GWV Fachverlage GmbH, Wiesbaden 2006

Lektorat: Brigitte Siegel / Britta Göhrisch-Radmacher

Der Deutsche Universitäts-Verlag ist ein Unternehmen von Springer Science+Business Media.
www.duv.de

Das Werk einschließlich aller seiner Teile ist urheberrechtlich geschützt. Jede Verwertung außerhalb der engen Grenzen des Urheberrechtsgesetzes ist ohne Zustimmung des Verlags unzulässig und strafbar. Das gilt insbesondere für Vervielfältigungen, Übersetzungen, Mikroverfilmungen und die Einspeicherung und Verarbeitung in elektronischen Systemen.

Die Wiedergabe von Gebrauchsnamen, Handelsnamen, Warenbezeichnungen usw. in diesem Werk berechtigt auch ohne besondere Kennzeichnung nicht zu der Annahme, dass solche Namen im Sinne der Warenzeichen- und Markenschutz-Gesetzgebung als frei zu betrachten wären und daher von jedermann benutzt werden dürften.

Umschlaggestaltung: Regine Zimmer, Dipl.-Designerin, Frankfurt/Main
Druck und Buchbinder: Rosch-Buch, Scheßlitz
Gedruckt auf säurefreiem und chlorfrei gebleichtem Papier
Printed in Germany

ISBN-10 3-8350-6059-7
ISBN-13 978-3-8350-6059-3

Meiner Mutter

Geleitwort

Bei der vorliegenden Publikation handelt es sich um eine kunstsoziologische Arbeit. Das ist nicht selbstverständlich und deshalb soll es hier auch ausdrücklich unterstrichen werden. Die Kunstsoziologie ist heutzutage in einer Krise. Die Ökonomisierung der Kultur legt nahe, Kunst vor allem unter Rentabilitätskriterien zu betrachten, als Wirtschafts- und Standortfaktor oder als Touristenattraktion zu sehen. Dieser sich verändernde Stellenwert der Kunst in der Gesellschaft hat auch Auswirkungen auf die spezielle Soziologie, die sich bislang mit dieser Thematik beschäftigte, auf die Kunstsoziologie also, von der heute gar nicht mehr so sicher ist, ob ihr Gegenstandsbereich unter diesem Titel adäquat erfasst wird. Denn die Kunst im traditionellen Sinne wird angesichts der Ausbreitung populärkultureller ästhetischer Phänomene immer mehr zu einer Marginalie, zu einem Paradebeispiel dafür, was ein selbstreferentielles System sein kann: isoliert vom gesamtgesellschaftlichen Geschehen, sich selbst genügend, auf sich selbst bezogen. Die einzige Brücke zur ‚Gesellschaft' scheint tatsächlich nur noch der Kunstmarkt zu sein, die ökonomische Dimension also.

Umso erfreulicher ist es, dass mit der vorliegenden Arbeit Kunstsoziologie im eigentlichen Sinne und auf der Höhe der Zeit betrieben wird. Die Autorin versteht es nämlich, aktuellste Lebensstilkonzepte mit originären kunstsoziologischen Fragestellungen zu verbinden und diesen empirisch auf eindrucksvolle Weise nachzugehen. Wenn die Ergebnisse nicht allzu überraschend ausfallen, so mag das nur für Neuigkeitsfetischisten enttäuschend sein. Die Befunde, die die Autorin vorlegt und analysiert, sind in jedem Fall höchst berichtenswert, und es ist zu hoffen, dass diese Arbeit als Anregung und Ermutigung für weitergehende kunstsoziologische Untersuchungen Widerhall findet.

Alfred Smudits

Vorwort

Bei der vorliegenden Arbeit handelt es sich um die Buchform meiner Dissertation, die an der Universität Wien eingereicht wurde. Im Zentrum meiner Dissertation steht eine Besucherstudie an der Kunstsammlung Nordrhein-Westfalen in Düsseldorf, für deren Ermöglichung ich dem Direktor Armin Zweite und der Leiterin der Abteilung Bildung und Kommunikation, Julia Breithaupt, danken möchte.

Prof. Dr. Alfred Smudits danke ich für die Betreuung, die ich mir besser nicht hätte wünschen können. Auch Prof. Dr. Rudolf Richter bin ich dankbar für richtungsweisende Impulse und hilfreiche Ratschläge. Beide Professoren waren jederzeit erreichbar und hatten ein offenes Ohr für alle meine Fragen.

Mein Dank gilt auch meinen Freundinnen und Freunden, die mich in der Entstehung der Arbeit unterstützt haben. Anführen möchte ich insbesondere Jochen, Geri, Maria, Markus, Kristof und Jacky.

Allen nicht namentlich genannten Freundinnen und Freunden möchte ich dafür danken, dass sie immer für mich da sind.

Besonderer Dank gebührt meiner Mutter, die mir mein Studium ermöglicht hat und immer an mich glaubt.

Manuela Kohl

Inhaltsverzeichnis

Abbildungsverzeichnis XV

Tabellenverzeichnis XVII

Einleitung 1

1 Theoretische Grundlagen und Forschungsstand der Lebensstil- und
   Kunstrezeptionsforschung 11

    1.1   Pierre Bourdieus Konzepte zu sozialer Ungleichheit 11

        1.1.1 Habitus und Feld 11

        1.1.2 Die Kapitalienlehre 14

        1.1.3 Elemente einer soziologischen Theorie der Kunstwahrnehmung 19

        1.1.4 Resümee 26

    1.2   Gerhard Schulzes soziale Milieus 26

        1.2.1 Alltagsästhetische Schemata 28

        1.2.2 Milieusegmentierung 34

        1.2.3 Resümee 40

    1.3   Annette Spellerberg: Lebensqualität und Lebensstile 41

        1.3.1 Operationalisierung der Studie 42

        1.3.2 Lebensstiltypen für West- und Ostdeutschland 44

        1.3.3 Bedeutung sozialstruktureller Merkmale 56

        1.3.4 Resümee 57

    1.4   Die Sinus-Milieus 58

        1.4.1 Milieubeschreibung 59

        1.4.2 Anwendungsbereiche 62

        1.4.3 Resümee 63

    1.5   Rudolf Richters Dimensionen der Lebensstilanalyse 63

        1.5.1 Lebenswelt, Alltag und ihre Dimensionen 63

        1.5.2 Distinktionsebenen des Lebensstils 64

        1.5.3 Orientierungsdimensionen des Lebensstils 65

        1.5.4 Resümee: empirische Überprüfung der Analysedimensionen 66

    1.6   Christian Tarnai und Ulf Wuggenig - Kunstwelten im internationalen Vergleich:
        Wien-Hamburg 66

        1.6.1 Konfiguration der lebensstilvergleichenden Besucherstudie 66

1.6.2 Theoretischer Bezugsrahmen 67

1.6.3 Operationalisierung und Auswertung 69

1.6.4 Ergebnisse der Studie Wien-Hamburg 71

1.6.5 Resümee 71

1.7 Kunstsoziologische Rezeptionsforschung 72

1.7.1 Rainer Wick: Das Museumspublikum als Teil des Kunstpublikums 73

1.7.2 Hans-Joachim Klein: Der gläserne Besucher 74

1.7.3 Resümee 75

Zusammenfassung 76

2 Die Museen K20 und K21 der Stiftung Kunstsammlung Nordrhein-Westfalen 79

2.1 Warum die Kunstsammlung Nordrhein-Westfalen? 79

2.2 K20 Kunstsammlung Nordrhein-Westfalen, am Grabbeplatz 81

2.3 K21 Kunstsammlung Nordrhein-Westfalen, im Ständehaus 82

3 Operationalisierung 85

3.1 Fragebogenkonstruktion 85

3.2 Besucherbefragung 86

3.3 Codierung 87

3.4 Auswertungsverfahren 88

3.4.1 Häufigkeitsauszählung, Kreuztabulierung, Indexbildung 88

3.4.2 Signifikanztests 89

3.4.3 Faktorenanalysen 89

3.4.4 Clusteranalysen 90

3.4.5 Inhaltsanalyse 91

4 Die Publika der Museen K20 und K21 93

Überblick 93

4.1 Geschlecht 95

4.2 Alter 96

4.3 Bildungsabschluss 98

4.4 Beruf 100

4.5	Tätigkeitsbereich	100
4.6	Wohnort	102
4.7	Besuchshäufigkeit	103
4.8	Besuchspläne Schwestermuseum	104
4.9	Interessensschwerpunkt	105
4.10	Bevorzugte Kunstrichtungen	107
4.11	Verständlichkeit zeitgenössischer Kunst	109
4.12	Kunstkompetenz	111
4.13	Freizeitaktivitäten	112
	Resümee	121
4.14	Musikgeschmack	122
	Resümee	129
4.15	Literaturpräferenzen	130
	Resümee	136
4.16	Lebensziele	136
	Resümee	143
4.17	Lebensbereiche	144
	Resümee	149
4.18	Verhaltensweisen	150
	Resümee	156
Fazit		157

5 Lebensstile der BesucherInnen in Kunstmuseen ... 159

5.1	Lebensstile der BesucherInnen der Klassischen Moderne, K20	161
5.2	Lebensstile der BesucherInnen der zeitgenössischen Kunst, K21	163
5.3	Vergleich mit den ArchitekturbesucherInnen	166
5.4	Vergleich mit der Bevölkerung	167
5.5	Resümee	170

Schlussbetrachtung ... 173
Literaturverzeichnis ... 183

Abbildungsverzeichnis

Abbildung 1: Sinus-Milieus in Deutschland 2002 59
Abbildung 2: Altersvergleich zwischen K20 und K21 97
Abbildung 3: Bildungsabschlüsse in K20 und K21 99
Abbildung 4: Herkunft der BesucherInnen von K20 und K21 103
Abbildung 5: Interessensschwerpunkt der BesucherInnen von K20 und K21 107
Abbildung 6: Faktorenstruktur Freizeitaktivitäten in K20 113
Abbildung 7: Faktorenstruktur Freizeitaktivitäten in K21 117
Abbildung 8: Faktorenstruktur Musikgeschmack in K20 122
Abbildung 9: Faktorenstruktur Musikgeschmack K21 126
Abbildung 10: Faktorenstruktur Literaturpräferenzen K20 130
Abbildung 11: Faktorenstruktur Literaturpräferenzen K21 133
Abbildung 12: Faktorenstruktur Lebensziele K20 137
Abbildung 13: Faktorenstruktur Lebensziele K21 140
Abbildung 14: Faktorenstruktur Lebensbereiche K20 144
Abbildung 15: Faktorenstruktur Lebensbereiche K21 147
Abbildung 16: Faktorenstruktur Verhaltensweisen K20 150
Abbildung 17: Faktorenstruktur Verhaltensweisen K21 153

Tabellenverzeichnis

Tabelle 1: Kunstpräferenzen in K21 108

Tabelle 2: Kunstpräferenzen in K20 und K21 109

Tabelle 3: Verständlichkeit zeitgenössischer Kunst in K21 110

Tabelle 4: Verständlichkeit zeitgenössischer Kunst in K20 und K21 110

Tabelle 5: Signifikante Unterschiede in den Freizeitbeschäftigungen 121

Tabelle 6: Ablehnung volkstümlicher und populärer Musik in K20 und K21 128

Tabelle 7: Interesse an hochkulturellen Musikstilen in K20 und K21 129

Tabelle 8: Signifikante Unterschiede im Musikgeschmack 130

Tabelle 9: Wichtigste Lebensziele in K20 und K21 144

Tabelle 10: Clusterzugehörigkeit der 454 BesucherInnen 166

Einleitung

Meine Dissertation bewegt sich im Rahmen der Lebensstilforschung und der kunstsoziologischen Rezeptionsforschung. Im Zentrum steht eine empirische Studie an zwei Kunstmuseen unterschiedlicher Sammlungsgebiete, anhand der die lebensstilspezifische Binnendifferenzierung des Kunstmuseumspublikums erforscht werden soll.

Ausgangspunkt meiner Besucherstudie ist die Frage, ob Avantgardekunst in die Mitte der Gesellschaft integriert ist oder ob Avantgardekunst noch immer die Gesellschaft und speziell das Kunstpublikum zu differenzieren vermag.

Es gilt zu untersuchen, inwiefern unterschiedliche Kulturpraktiken, in diesem Fall Kunstmuseumsbesuche, im Zusammenhang mit unterschiedlichen Interessen, Einstellungen und Werten stehen.

Exemplarisch habe ich für dieses Forschungsziel die Kunstsammlung Nordrhein-Westfalen in Düsseldorf, die ihre umfangreiche Sammlung in zwei verschiedenen Museen präsentiert, herangezogen. Gegenstand dieser Studie sind die BesucherInnen der Museen *K20*, ein Museum für Kunst der Klassischen Moderne einschließlich Kunst bis etwa 1980 und *K21*, ein Museum für zeitgenössische Kunst, deren unterschiedliches Kunstinteresse Aufschluss über kulturelle Differenzierung oder Homogenität des Kunstmuseumspublikums geben soll.

Mit der Ausdifferenzierung des Kunstsystems in den vergangenen 100 Jahren, „seit dem Auslaufen des Prinzips möglichst naturgetreuer Abmalerei der Wirklichkeit und stattdessen einer Schöpfung von Eigenwelten, die durch stilistische Ausdrucksformen geprägt sind"[1], hat sich ein heterogenes Kunstpublikum entwickelt.

Hans-Joachim Klein sieht für empirische Besucherstudien folgende Schematisierung des Publikumsgeschmacks vor: Alte Kunst, Klassische Moderne und Gegenwartskunst.[2]

In der Kunstrezeption kann man einen „time lag" bzw. ein Trägheitsmoment feststellen: avantgardistische, zeitgenössische Kunst kann mit herkömmlichen Decodierungsschemata nicht entschlüsselt werden und wird nicht selten zuerst vom Kunstpublikum abgelehnt.[3] Ein historisches Beispiel ist der „Salon des Refusés" im Paris der Jahrhundertwende: vom offiziellen „Salon" der Akademie abgelehnte Künstler, deren Kunstwerke dem damaligen

---

[1] Klein, Hans-Joachim (1997) S. 350.
[2] Vgl. Klein, Hans-Joachim (1997) S. 350.
[3] Vgl. Bourdieu, Pierre (1974) S. 179.

ästhetischen Verständnis nicht entsprachen, mussten sich ihre eigene Ausstellung organisieren, da ihre Kunst von der breiten Öffentlichkeit nicht goutiert wurde. Die damals abgelehnten, avantgardistischen Künstler gehören heute den bevorzugten Kunstrichtungen an und sind ein fester Bestandteil des kulturellen Fundus.[4]

Zur Rezeption von Gegenwartskunst und älterer Kunst schreibt von Alemann:

> „In vielen Bereichen der Kunstbetrachtung und Kunstwahrnehmung wird ausschließlich jene Kunst als interessant, wichtig und bedeutsam, ja überhaupt als Kunst angesehen, deren Schöpfer längst gestorben sind. Bei der Gegenwartskunst gilt es demgegenüber als zweifelhaft, ob ihr das Qualitätsprädikat, Kunst zu sein, überhaupt zugeschrieben werden könne oder ob es sich nicht vorläufig eher um ein Artefakt anderer Güte handele. (...) Als Kunst gilt also vielfach nur eine solche Kunst, die mit dem Gütesiegel der zeitlichen Haltbarkeit versehen worden ist."[5]

Dieser Ansicht von Alemanns über die Kunstrezeption schließe ich mich an und formuliere die Hypothese, dass sich die Publika des K20 und K21 der Kunstsammlung Nordrhein-Westfalen in ihren Werthaltungen und Interessen unterscheiden. Aufschlussreich ist auch von Alemanns Hinweis, dass der frühere Direktor der Kunstsammlung Nordrhein-Westfalen, Werner Schmalenbach, bewusst keine Gegenwartskunst angekauft hat, um nur gesicherte Werte in die Kunstsammlung aufzunehmen.[6] Sein Nachfolger, Armin Zweite, ist von diesem Dogma abgerückt und hat auch zeitgenössische Kunst angekauft, was letztendlich zur Gründung des K21, des Museums für zeitgenössische Kunst der Kunstsammlung Nordrhein-Westfalen geführt hat.

Meine Hypothese von unterschiedlichen Lebensstilen im Kunstmuseumspublikum und der Differenzierung entlang der Trennlinie zur Avantgarde basiert auf nachfolgend skizzierten Konzepten von Kultur und sozialer Ungleichheit.

Die Kultursoziologie ab den späten 1970er Jahren begreift „Kultur als Repertoire von Handlungsressourcen, als *symbolische Dimension sozialen Handelns* bzw. menschlicher Praxis"[7] (Hervorhebung im Original) und befasst sich mit dem Verhältnis von Kultur und sozialer Ungleichheit. Der neue Kulturbegriff im Gegensatz zum klassischen Kulturkonzept umfasst nicht nur Ideen und Weltbilder, sondern auch Alltagsethiken und –ästhetiken.[8]

---

[4] Vgl. Wick, Rainer (1979) S. 271.
[5] von Alemann, Heine (1997) S. 212.
[6] Vgl. von Alemann, Heine (1997) S. 212.
[7] Mörth, Ingo/Fröhlich, Gerhard (1994) S. 14.
[8] Vgl. Müller, Hans-Peter (1994) S. 63.

Die Kunstsoziologie setzt sich mit den Wechselwirkungen zwischen Kunst und Gesellschaft auseinander. Vorrangiges Thema der kunstsoziologischen Rezeptionsforschung ist, wie sich die BetrachterInnen Kunstwerke aneignen, wie sie entsprechend ihrem Bildungsniveau, ihrem Berufsprofil und ihren Freizeitinteressen mit dem semantischen Gehalt der Kunstwerke deutend umgehen.[9]

Die ersten kunstsoziologischen Besucherstudien beschränkten sich auf die Erhebung soziodemographischer Faktoren der MuseumsbesucherInnen, doch mit den Jahren wurden die Studien verfeinert. Rainer Wick führte 1973 unter anderem am Kölner Wallraf-Richartz-Museum eine Erhebung durch, in der auch Fragen zu Kunstkompetenz und Kunstpräferenz vertreten waren.[10]

Eine der umfassendsten Besucherstudien fand in den achtziger Jahren unter der Leitung von Hans-Joachim Klein an etwa 40 westdeutschen Museen verschiedener Sammlungsart statt. Klein stellt in seiner Untersuchung fest, dass die Kunstmuseen die „Elite" unter den Museen darstellen; das Publikum der Kunstmuseen weist die höchsten Bildungsabschlüsse auf, zwei Drittel der BesucherInnen haben Hochschulreife.[11] An seinen vergleichenden Zahlen lässt sich ablesen, dass Faktoren der sozialen Lage die kulturellen Praktiken beeinflussen und sich soziale Ungleichheit in den kulturellen Praktiken manifestiert.

Die jüngere Ungleichheitsforschung seit den 1980er Jahren, angestoßen von Pierre Bourdieus Werk *Die feinen Unterschiede. Kritik der gesellschaftlichen Urteilskraft* (1982) widmete sich dem Lebensstil als neuerer Dimension sozialer Ungleichheit. Durch den sozialen Wandel hat sich der Gegenstand der Sozialstrukturanalyse und der sozialen Ungleichheitsforschung von Klassen über Schichten und Milieus zu Lebensstilen geändert. Unter Lebensstil versteht man die Ausdrucksformen der alltäglichen Daseinsgestaltung in Bezug auf Familie und Partnerschaft, Arbeit und Freizeit etc., die nach Bourdieu von der sozialen Lage abhängig sind. Die moderne Gesellschaft zeichnet sich durch eine Pluralisierung von Lebensstilen aus.

In den 1980er Jahren erlebte die soziale Ungleichheitsforschung angeregt durch Bourdieus *Feine Unterschiede* einen Boom. Bourdieus Analyse des kulturellen Konsums und des Kunstgeschmacks, seine Untersuchungen über kulturelle Vorlieben und Praktiken, seine Modelle und Befunde zu Kultur und sozialer Ungleichheit, seine Fragestellungen und

---

[9] Vgl. Hillmann, Karl-Heinz (1994) ad Kunstsoziologie S. 466-467.

[10] Vgl. Wick, Rainer (1978) S. 270-271.

[11] Vgl. Klein, Hans-Joachim (1990) S. 180.

Konzepte sind für die Kultursoziologie der Moderne nach wie vor wichtig. „Insbesondere sein objektive wie subjektive Aspekte einbeziehender Lebensstilbegriff und sein Konzept der Darstellung, Wahrnehmung und Anerkennung ökonomischer, sozialer und kultureller Ressourcen, Praktiken und Produkte als symbolisches Kapital"[12] sind für kultursoziologische Studien und Theorien noch immer fruchtbar. Wegweisend war Bourdieus Ansatz, für die Ungleichheitsforschung modale statt ausschließlich formale Kriterien heranzuziehen.

Das Spektrum der auf Bourdieus Veröffentlichung folgenden Lebensstilstudien reicht von der Untersuchung spezieller Lebensstile wie beispielsweise von SaunagängerInnen über regional begrenzte Studien zu repräsentativen Lebensstilstudien an der gesamten Bevölkerung. Das Forschungsinteresse erstreckt sich von speziellen Lebensstilgruppen bis zu allgemeiner Sozialstrukturanalyse. Dabei lassen sich generell zwei Richtungen in der Lebensstilforschung ausmachen: jene SozialforscherInnen, die in Anlehnung an Bourdieu der sozialen Lage in der Konstruktion eines Lebensstils die größte Bedeutung beimessen und diejenigen, die der sozialen Lage diese Bedeutung absprechen und auf die aktive (Lebens-)Stilisierung durch die Individuen verweisen.

Bourdieu hat im Zuge seiner Arbeiten den Begriff des Kapitals erweitert. So kennt Bourdieu nicht nur ökonomisches Kapital, sondern auch soziales Kapital in Form von Beziehungen und Netzwerken, kulturelles Kapital in Form von Bildung und/oder Kulturgütern und symbolisches Kapital im Sinne von Ehre und/oder Ansehen. Durch die unterschiedliche Zusammensetzung des Kapitalbesitzes definieren sich soziale Lage und Lebensstil. Ein/e UnternehmerIn besitzt große Mengen ökonomischen Kapitals, Intellektuelle haben weniger ökonomisches denn kulturelles Kapital. Mit seiner Studie *Die feinen Unterschiede* und der Kapitaltheorie kann Bourdieu als Begründer der Lebensstilforschung betrachtet werden.

Ebenfalls relevant für mein Forschungsprojekt ist Bourdieus Theorie der Kunstwahrnehmung: zur Entschlüsselung von Kunstwerken bedarf es eines Decodierungscodes. Der Kunstgenuss ist nach Bourdieus Beobachtungen nur für diejenigen möglich, die den entsprechenden Decodierungscode besitzen. Literarisch übermitteltes Wissen ist vonnöten, um die Symbole einer Kultur zu erkennen. Zum Kunstgenuss sind die Verfügung über die Decodierungsschlüssel und die Bereitschaft, Kunst zu rezipieren, Voraussetzungen. Beide sind Produkte der Erziehung und Schulbildung. Das heißt, diejenigen, die die Decodierungskompetenzen im Elternhaus und in der Schule nicht erworben haben, sind vom

---

[12] Mörth, Ingo/Fröhlich, Gerhard (1994) S. 9.

Kunstgenuss ausgeschlossen.[13] RezipientInnen avantgardistischer Kunst bedürfen durch zunehmenden Selbstbezug des Kunstsystems besonderer Kunstkompetenz. Infolgedessen sieht Bourdieu bei den BetrachterInnen avantgardistischer Kunst das Bedürfnis nach Distinktion, da die Rezeption von Avantgarde-Kunst einen Hauch von Exklusivität verleiht.[14]

Einer der Kritiker Pierre Bourdieus ist Gerhard Schulze. Schulze hat im Raum Nürnberg eine Lebensstilstudie durchgeführt und seine Ergebnisse in seinem Werk *Die Erlebnisgesellschaft* (1992) veröffentlicht. Schulzes Ansatz, der die den Individuen zur Verfügung stehenden Wahlmöglichkeiten in der Gestaltung des Lebens betont, steht in Opposition zu Bourdieus deterministischem Ansatz, der der sozialen Lage den größten Einfluss auf die Lebensführung zuschreibt. Das Bedürfnis nach Erlebnissen hat laut Schulze Vorrang gegenüber dem bei Bourdieu konstatierten Bedürfnis nach Distinktion. Gerhard Schulze entwickelt das Bild einer Milieugesellschaft, deren Milieus auf alltagsästhetische Schemata verweisen. Von den drei alltagsästhetischen Schemata, die Gerhard Schulze skizziert, ist für mein Forschungskonzept v.a. das Hochkulturschema und seine etwaige Binnendifferenzierung - die Schulzes Konzept nicht vorsieht - von Interesse. Nach Schulze unterscheidet sich nämlich das Publikum zeitgenössischer Kunst nicht vom Publikum anderer Kunstrichtungen.

Hartmut Lüdtke vertritt in seinem Buch *Expressive Ungleichheit. Zur Soziologie der Lebensstile* (1989) wie Gerhard Schulze die individualistische Perspektive und betont den Aspekt der aktiven Stilisierung des Lebens.

Annette Spellerberg (*Soziale Differenzierung durch Lebensstile*, 1996) versucht in ihrer repräsentativen Studie an der deutschen Gesamtbevölkerung, die objektivistischen und subjektivistischen Ansätze zu integrieren und nimmt das Konzept der Lebensqualität hinzu, um das Lebensstilkonzept zu ergänzen. Spellerberg ermittelt in ihrer Studie neun Lebensstiltypen in West- und Ostdeutschland, von denen für meine Studie besonders die Lebensstile mit Vorliebe für etablierte Kulturgüter von Interesse sind. Annette Spellerberg identifiziert mit neun Lebensstilen bereits mehr „Milieus" als Gerhard Schulze und macht also anders als Schulze im Hochkulturschema drei Lebensstile aus, wobei ihre Lebensstilcharakteristiken keinen Verweis darauf enthalten, welche Kunstrichtungen von welchen Lebensstiltypen präferiert werden. Die Zuordnung der Lebensstile zur etablierten

---

[13] Vgl. Bourdieu, Pierre (1974) S. 159-162.

[14] Vgl. Bourdieu, Pierre (1974) S. 181.

Kultur erfolgte bei Spellerberg anhand von Freizeitaktivitäten, Musik- und Literaturpräferenzen und Zeitungslektüre.

Matthias Michailow betrachtet den Freizeitsektor und die Kulturwirtschaft als „*Arena für Distinktionsgewinne*"[15] (Hervorhebung im Original), die reichhaltige Distinktionsfelder vorgeben, welche nicht so stark „von der Umrechenbarkeit in Geldgrößen durchdrungen sind."[16] Wie Bourdieu sieht auch Michailow die Distinktionsmöglichkeit, die sich RezipientInnen avantgardistischer Kunst bietet.

Als Fazit der bisherigen Lebensstilforschung lässt sich formulieren, dass Lebensstile weiterhin „*Reproduktionsmedien sozialer Ungleichheit*"[17] (Hervorhebung im Original) sind: „Sie repräsentieren unterschiedliche Mengen und Formen symbolischen Kapitals („Anerkennung", „Prestige", „Ehre", „Reputation" etc) und werfen in den verschiedensten sozialen und kulturellen Kontexten *Distinktionsgewinne* unterschiedlicher Höhe ab."[18] (Hervorhebung im Original)

Kulturelle Praktiken dienen offensichtlich sozialen Schließungsprozessen. Von Interesse sind für mein Forschungsprojekt die „soziokulturelle Differenzierung und kulturelle Segmentierung von Lebens-Welten"[19], die ich anhand einer Studie an KunstmuseumsbesucherInnen untersuchen möchte.

Im Zuge der Spezialisierung auf Kultur- und Kunstsoziologie kam ich mit diversen Museumsbesucherstudien seit den 1970er Jahren in Berührung. Aus diesem Interesse für Kunstmuseen und ihre BesucherInnen ergab sich mein Diplomarbeitsthema, das eine „Vergleichende Studie über die Zusammensetzung von Kunstmuseumspublika" darstellt. Im Rahmen meiner Diplomarbeit bin ich auf die Kunstsammlung Nordrhein-Westfalen in Düsseldorf gestoßen, da ein angestrebter Vergleich mit früheren deutschen Besucherstudien ein Museum aus dem nordrhein-westfälischen Raum nahe legte. Die Kunstmuseen K20 und K21 in Düsseldorf sind „Geschwistermuseen", die vom Land Nordrhein-Westfalen getragen werden. K20 beherbergt Kunst von der Klassischen Moderne bis etwa 1980, K21 wurde im April 2002 eröffnet und präsentiert zeitgenössische Kunstwerke.

---

[15] Michailow, Matthias (1994) S. 122.
[16] Michailow, Matthias (1994) S. 122.
[17] Fröhlich, Gerhard/Mörth, Ingo (1994) S. 24.
[18] Fröhlich, Gerhard/Mörth, Ingo (1994) S. 24.
[19] Michailow, Matthias (1994) S. 125.

Anders als das Leopold-Museum und das Museum Moderner Kunst Stiftung Ludwig im Museumsquartier in Wien sind das K20 und das K21 keine „Konkurrenten" sondern treten auf Flyern, Broschüren und in Veranstaltungsankündigungen immer gemeinsam auf. Die Museumsbroschüren unterliegen einem „corporate design", K20 und K21 präsentieren sich jedem/r BesucherIn als zusammengehörig. Aus diesem Grund bieten sich diese zwei Museen unterschiedlicher Sammlungsgebiete zu einem Publikumsvergleich an.

Die Auswertung der Daten meiner Diplomarbeit aus dem K20 nach dem Bildungsabschluss ergab, dass 90 Prozent der MuseumsbesucherInnen die Hochschulreife vorweisen können und mehr als 70 Prozent einen Hochschulabschluss besitzen oder anstreben. Die in K20 ausgestellten Kunstwerke der Klassischen Moderne und der Kunst bis 1980 ermöglichen einen relativ leichten Zugang, da die Kunstwerke von beispielsweise Henri Matisse und Wassily Kandinsky oder aber auch Andy Warhol bereits schulisch vermittelt werden und allerorts als Plakat- oder Postkartenmotive erhältlich sind. Nach Eröffnung des K21 drängte sich die Frage auf, wie sich das Publikum der zeitgenössischen Kunst zusammensetzt und inwiefern sich die Publika der Geschwistermuseen unterscheiden.

Christian Tarnai und Ulf Wuggenig haben 1993 eine Studie *Kunstwelten im internationalen Vergleich* anhand einer Ausstellung, die im Sommer 1993 in Wien und im Herbst und Winter 1993 in Hamburg zu sehen war, durchgeführt. Ziel der Studie war es, den internen Differenzierungen der Kunstwelt nachzugehen, da die bisherige kunstsoziologische Forschung hinsichtlich der Spezifikation und Beschreibung der Differenzierung des ästhetischen Feldes nicht sonderlich ertragreich war. Es sollten Erkenntnisse über die interne „Differenzierung der Kunstwelt auf der Ebene von Kompetenzen und Verhaltensweisen, aber auch von lebensstilrelevanten Überzeugungen, Präferenzen und Werten"[20] gewonnen werden. Christoph Behnke und Ulf Wuggenig stellten bei einer Studie in einer Avantgardekunstausstellung in Lüneburg fest, dass das ästhetische Feld der zeitgenössischen Kunst nach wie vor eine stark an kulturelles Kapital gebundene Zugänglichkeit zeigt. Die Partizipation in diesem künstlerischen Feld eigne sich demnach auch nach wie vor für die Distinktion. Zeitgenössische Kunst bleibt ein sozial geschlossener Raum.[21]

---

[20] Tarnai, Christian/Wuggenig, Ulf (1995) S. 54.

[21] Vgl. Behnke, Christian/Wuggenig, Ulf (1994) S. 231.

Kunstkonsum signalisiert - wie jeder Konsum - Zugehörigkeit zu bestimmten Gruppen, der Genuss von Bildungs- und Kulturgütern demonstriert sozialen Status und symbolisiert die Stilisierung der Lebensführung.[22]

Wie Bourdieu festhält, sind Distinktion und Differenzierung objektiv im Kunstwerk angelegt. Die Anforderungen an die RezipientInnen steigen mit der steigenden Autonomie der künstlerischen Produktion. Bezüge auf Geschichte und andere Kunstwerke müssen decodiert werden. Die symbolische Aneignung der Kunstwerke sichert Distinktion, weil sie kulturelle Ressourcen und Kompetenzen voraussetzt, die in der Gesellschaft ungleich verteilt sind. Unter diesen Voraussetzungen wird Kultur zu einem kulturellen Kapital, das einen Gewinn an Distinktion verschafft.[23]

Mein Forschungsinteresse liegt auf der Binnendifferenzierung des Kunstpublikums anhand von Kunstpräferenzen; zusammenhängend mit dem unterschiedlichen Kunstgeschmack vermute ich eine Differenzierung auf der Ebene von Kompetenzen und Verhaltensweisen, Präferenzen und Werten.

Es wirft sich also die Frage auf, ob sich der Lebensstil jener Menschen, die zeitgenössische Kunst betrachten, vom Lebensstil derjenigen unterscheidet, die sich impressionistische Landschaftsgemälde ansehen. Inwiefern gibt es eine Binnendifferenzierung des Kunstmuseumspublikums?

Spiegelt der unterschiedliche Kunstgeschmack andere Werte, Ideen, Weltbilder und Alltagsästhetiken wider? Unterscheiden sich die Publika von zeitgenössischer Kunst und Kunst der Klassischen Moderne durch ihre Anschauungen und Lebensziele? Beinhaltet die Aufgeschlossenheit für zeitgenössische Künstler wie Rodney Graham oder Magnus von Plessen auch Aufgeschlossenheit gegenüber modernen Musikstilen? Bedeutet die Präferenz für Klassische Moderne traditionelle Werte der BesucherInnen?

Meine Hypothese lautet, dass der Besuch von K20 und K21 unterschiedliche kulturelle Praktiken impliziert. Ich vermute bei den MuseumsbesucherInnen unterschiedliche Lebensstile, demzufolge unterschiedliche Freizeitaktivitäten, Werte und Lebensziele. Das Interesse für zeitgenössische Kunst geht vermutlich einher mit der Aufgeschlossenheit für moderne Literatur und dem Streben nach postmateriellen Lebenszielen.

---

[22] Vgl. Müller, Hans-Peter (1994) S. 65.

[23] Vgl. Bourdieu, Pierre (1999) S. 359.

Zur Stützung dieser Thesen kann Bourdieu herangezogen werden, der konstatiert, dass zur Rezeption avantgardistischer Kunst besondere Kunstkompetenz notwendig ist. Gegen diese Hypothese spricht Schulzes Behauptung, dass es trotz der Heterogenität des Hochkulturschemas keine Binnendifferenzierung des Publikums gibt.

Die historische Kunstsoziologie betrachtet „Kunstwerke als Formen und Reflexionen gesellschaftlicher Praxis"[24]. Kunst reproduziert in bildlicher Form die soziale Realität. Kunst repräsentiert also den Zeitgeist einer Gesellschaft, d.h. sie spiegelt Lebensstile, Anschauungsweisen, Herrschaftsverhältnisse und Werte einer Gesellschaft wider. Mein Ziel ist es, nachzuweisen, dass dem unterschiedlichen Kunstgeschmack auch unterschiedliche Werte, Anschauungsweisen und Lebensziele der BesucherInnen zugrunde liegen.

Die Arbeit ist so aufgebaut, dass in Kapitel 1 die theoretischen Grundlagen und der aktuelle Forschungsstand skizziert werden. Ich habe mich dabei auf die Erläuterung der Ansätze von Pierre Bourdieu (Habitus und Feld, Kapitalien, Theorie der Kunstwahrnehmung), Gerhard Schulze (alltagsästhetische Schemata, Milieus), Annette Spellerberg und Rudolf Richter beschränkt. Als Beispiel für empirische Lebensstilstudien im Feld der Kunst skizziere ich die Besucherstudie von Christian Tarnai und Ulf Wuggenig. Zusätzlich erläutere ich das Forschungskonzept und die Lebensstiltypologien des *Sinus*-Instituts in Heidelberg. Exemplarisch für kunstsoziologische Rezeptionsforschung ziehe ich die Studien von Rainer Wick aus dem Jahr 1973 und von Hans-Joachim Klein aus Mitte der 1980er Jahre heran.

Kapitel 2 enthält eine Beschreibung der Museen K20 und K21 in Düsseldorf. Darunter Zahlen und Daten aus der Geschichte der Kunstsammlung Nordrhein-Westfalen, Wissenswertes über die Architektur und Ausstellungsflächen der beiden Häuser und ein Überblick über die Sammelgebiete. Kapitel 2 erläutert auch die Gründe, warum ich ausgerechnet diese beiden Museen gewählt habe.

In Kapitel 3 sind die Operationalisierung meines Forschungskonzepts und die empirische Erhebung dargelegt. Neben der Beschreibung meiner Vorgehensweise bei der Fragebogenkonstruktion und der Erhebung im Museum enthält Kapitel 3 auch die Methoden und statistischen Verfahren, mit denen die Ergebnisse ermittelt wurden.

Kapitel 4 befasst sich mit der Beschreibung der Publika von K20 und K21 anhand der

---

[24] Schneider, Norbert (1996) S. 306.

lebensstilspezifischen und soziodemographischen Daten. Dabei sind die Antworten der Publika beider Museen innerhalb jedes Fragenkomplexes gegenüber gestellt.

In Kapitel 5 arbeite ich die Lebensstile der KunstmuseumsbesucherInnen und etwaige Differenzen im Lebensstil beider Publika heraus. Die Clusteranalyse wird zeigen, ob die von Annette Spellerberg gefundenen Lebensstiltypen auch in meinem Sample identifizierbar sind.

Im Anhang finden sich der verwendete Fragebogen, die Auflistung der bevorzugten Kunstrichtungen der Befragten getrennt nach Museen und die Ergebnisse der Clusteranalysen.

1 Theoretische Grundlagen und Forschungsstand der Lebensstil- und Kunstrezeptionsforschung

1.1 Pierre Bourdieus Konzepte zu sozialer Ungleichheit

Pierre Bourdieus soziologisches Forschungsinteresse richtete sich auf das Alltagsleben und die gesellschaftlichen Lebensverhältnisse von Individuen und Klassen von Individuen. Neben der französischen Klassengesellschaft war auch die kabylische Gesellschaft in Algerien Gegenstand seiner Untersuchungen. Pierre Bourdieu ist einer der meistrezipierten Soziologen der Gegenwart und seine Studie über *Die feinen Unterschiede* ist eine Schlüsselpublikation der modernen Kultursoziologie.[25]

Die feinen Unterschiede basieren auf einer aufwändigen Erhebung an 1217 Personen in Paris, Lille und einer nicht namentlich genannten Kleinstadt, durch die Bourdieu lebensstilrelevante Merkmale wie Wohnungseinrichtung, Kleidungsstil, Essensgewohnheiten und musikalische Vorlieben der Befragten erhoben hat. Die leitende Überlegung bei dieser Studie war, dass sich die soziale Lage eines Individuums in seine Alltagskultur und seine Verhaltensweisen übersetzt. Aus dieser Studie resultieren Bourdieus Überlegungen und Konzepte zu Habitus und Feld.

Pierre Bourdieu hat viele sozialwissenschaftliche Arbeiten inspiriert und mit den *Feinen Unterschieden* einen Boom der Lebensstilforschung ausgelöst. Auch wenn beispielsweise Gerhard Schulze mit der *Erlebnisgesellschaft* (1992) in Opposition zu Bourdieu geht und einige Ergebnisse seiner Forschung negiert, so liefert Bourdieu doch ausgezeichnete Erklärungsmodelle und Konzepte, die auch heute noch anwendbar sind. Auch meine Diplomarbeit und Dissertation sind von seinen Forschungen und Theorien inspiriert, weshalb ich im Folgenden die Konzepte Habitus und Feld, die Kapitalienlehre und die Theorie der Kunstwahrnehmung skizziere, die für meine empirische Studie grundlegende Bedeutung haben.

1.1.1 Habitus und Feld

Unter Ablehnung der traditionellen Dichotomien in der Soziologie hat sich Pierre Bourdieu der Analyse der vertikalen Sozialstruktur gewidmet. Sein Anliegen ist die Überwindung der vorherrschenden Gegensätze von Subjektivismus und Objektivismus, Individuum und

---

[25] Vgl. Mörth, Ingo/Fröhlich, Gerhard (1994) S. 9.

Gesellschaft, die er mit seinen Konzepten Habitus und Feld umsetzt. Das Konzept des Habitus repräsentiert das Subjekt, der Begriff Feld bezieht sich auf die externen, objektiven Strukturen.

Habitus

Habitus definiert sich als Gehabe, Erscheinung, Haltung, Gewohnheit. Habitus ist im soziologischen Sinne

> „Bezeichnung für die Gesamtheit der in Aussehen, Kleidung, Gestik, Mimik, Sprache usw. zum Ausdruck kommenden Besonderheiten des persönlichen Verhaltensstils, von denen auf Einstellungen, soziale Prägungen und Bereitschaften, d.h. auf die Persönlichkeit eines Menschen geschlossen werden kann."[26]

Der Habitus eines Menschen entsteht unter dem Einfluss äußerer, objektiver Strukturen. Er wird durch die Sozialisation im Elternhaus, durch die Internalisierung der eigenen Position in der sozialen Welt erworben; unterschiedliche Existenzbedingungen erzeugen demnach unterschiedliche Formen des Habitus. Als individuelles wie kollektives Phänomen bringt der Habitus sowohl individuelle wie kollektive Praktiken hervor. Individuen und soziale Klassen unterscheiden sich nicht nur in ihren äußeren Lebensbedingungen sondern auch in Denk-, Wahrnehmungs- und Handlungsmustern, die ihre Existenzbedingungen hervorbringen. Der Habitus ist ein einheitsstiftendes Erzeugungsprinzip von Praktiken, weshalb die Praktiken der Angehörigen einer Klasse ohne absichtliches Bemühen in Einklang miteinander sind. Bourdieus Augenmerk liegt auf den feinen Unterschieden in Geschmack und Verhaltensweisen, auf den Lebensstilen, die systematische Produkte des Habitus bilden.[27]

Durch die Internalisierung der sozialen Struktur hat der Habitus eine Reproduktionsfunktion inne. Die Verinnerlichung der gesellschaftlichen Strukturen und ihre Hervorbringung durch individuelle wie kollektive Praktiken bewirken eine Stabilität in der Aufrechterhaltung derselben.

Die Verhaltensweisen bzw. Praktiken, die der Habitus hervorbringt, sind nicht objektiv determiniert, sind jedoch auch nicht das Produkt eines freien Willens. Zwischen Habitus und der Sozialstruktur bestehen Wechselwirkungen; der Habitus ist also nicht nur strukturierende Struktur, sondern zugleich auch strukturierte Struktur. Der Habitus gibt als System generativer Schemata von Praktiken die Zwänge und Freiräume einer Klassenlage wieder.[28]

---

[26] Hillmann, Karl-Heinz (1994) ad Habitus S. 317.

[27] Vgl. Bourdieu, Pierre (1999) S. 281.

[28] Vgl. Bourdieu, Pierre (1999) S. 279.

Als strukturierte Produkte (opus operatum) derselben strukturierenden Struktur (modus operandi), sind die Praktiken eines Handelnden fern jedes absichtlichen Bemühens um Ähnlichkeit in Einklang miteinander und ohne bewusste Abstimmung auf die Praktiken aller übrigen Mitglieder derselben Klasse objektiv abgestimmt. Die Praktiken eines Handelnden haben systematischen Charakter, weil dieser im modus operandi steckt. Der Habitus ist die Erzeugungsformel, die dem Lebensstil und damit dem einheitlichen Gesamtkomplex distinktiver Präferenzen, zugrunde liegt; in den Praktiken, mit denen man sein Anderssein dokumentiert, z.b. mit sportlichen oder kulturellen Aktivitäten, und in den Objekten, mit denen man sich umgibt, z.b. Möbel, Bücher, Gemälde oder Autos, ist Systematik, weil sich darin dieselbe Ausdrucksintention des Habitus bzw. Lebensstils niederschlägt.[29]

Der Lebensstil, das System der aufeinander abgestimmten Eigenschaften, der Gesamtkomplex distinktiver Eigenschaften gründet im Geschmack. Der Geschmack vereint diejenigen mit gleichen Vorlieben und trennt sie von denen mit anderen Geschmäckern.

Der Geschmack ist ein System von Klassifikationsschemata, die dem Bewusstsein nur bruchstückhaft zugänglich sind; trotzdem konstatiert Bourdieu, dass der Lebensstil mit steigender sozialer Stufenleiter durch aktive Stilisierung gekennzeichnet ist. Damit zeichnen sich schon bei Bourdieu zwei Positionen ab: zum einen ist der Lebensstil der Angehörigen der unteren Klassen gekennzeichnet vom Notwendigkeitsgeschmack, da den Individuen nur wenige Wahlmöglichkeiten offen stehen. Auf der Inkorporierung der Sozialstruktur im Habitus basiert die Umwandlung von Notwendigkeiten und Zwängen in Präferenzen: „Der Geschmack bewirkt, daß man hat, was man mag, weil man mag, was man hat, nämlich die Eigenschaften und Merkmale, die einem de facto zugeteilt und durch Klassifikation de jure zugewiesen wurden."[30] Die soziale Lage determiniert folglich in gewissem Grade den Lebensstil. Mit steigender sozialer Stufenleiter vermehren sich aber auch die Wahlmöglichkeiten, weshalb sich die Lebensstile der Angehörigen der oberen Klassen bzw. Schichten durch aktive Stilisierung auszeichnen.[31] Pierre Bourdieu entgegnet in *Satz und Gegensatz* den Determinismus-Vorwürfen seiner Kritiker und räumt dem Habitus innerhalb gewisser Grenzen durchaus Raum für Individualität und Spontaneität ein, betont aber, dass

---

[29] Vgl. Bourdieu, Pierre (1999) S. 281-283.

[30] Bourdieu, Pierre (1999) S. 285-286.

[31] Vgl. Bourdieu, Pierre (1999) S. 283.

die Freiheit und der Erfindungsreichtum eines Individuums durch die „Grenzen seines Hirns"[32] eingeschränkt sind.

Der durch Bourdieu ausgelöste Boom der Lebensstilforschung entwickelte sich ebenfalls in beide Richtungen. Es gibt Vertreter der Ansicht, dass die soziale Lage nach wie vor über den Lebensstil entscheidet, aber auch die entgegengesetzte Ansicht, dass sich Lebensstile vor allem durch aktive Wahlmöglichkeiten der Individuen konstituieren.

Feld

Bei Bourdieu ist die soziale Welt ein mehrdimensionaler sozialer Raum von Positionen. Dieser soziale Raum ist ein Kräftefeld, dessen objektive soziale Strukturen sich den Akteuren als Zwang auferlegen. Die Felder formen den Habitus und werden ihrerseits durch Praktiken vom Habitus hervorgebracht.[33]

Bourdieu führt in mehreren Publikationen unterschiedliche Felder an und differenziert die bereits genannten Felder häufig noch aus. Er nennt beispielsweise literarisches Feld, religiöses Feld, politisches oder ökonomisches Feld, die alle nach ihren eigenen Gesetzen funktionieren. Innerhalb dieser sozialen Felder wird um Wahrung oder Veränderung der Kräfteverhältnisse gekämpft.

Die sozialen Felder sind durch Kapitalien strukturiert und die Position der Akteure in einem sozialen Feld ergibt sich durch ihren jeweiligen Kapitalbesitz. Felder erhalten sich durch die Investitionen der Teilnehmer; deren Ressourcen und Interessen tragen zur Reproduktion aber auch zur Veränderung der Struktur bei. Nach Bourdieu bieten Felder soziale Spiele an, die die Akteure in Gang halten müssen. Der Antrieb steckt in der Verbindung von Habitus und Feld, „so daß der Habitus selber das mitbestimmt, was ihn bestimmt."[34] Die Spielregeln eines Feldes sind der Handlungsrahmen, der von Feld zu Feld variiert.[35]

1.1.2 Die Kapitalienlehre

Pierre Bourdieu hat zur Erfassung sämtlicher gesellschaftlicher Austauschverhältnisse den überwiegend in ökonomischen Kontexten verwendeten Kapitalbegriff erweitert. Kapital

---

[32] Bourdieu, Pierre (1993) S. 34.
[33] Vgl. Bourdieu, Pierre (1985) S. 9-11.
[34] Bourdieu, Pierre (1985) S. 75.
[35] Vgl. Bourdieu, Pierre (1985) S. 74-75.

existiert nach Bourdieus Auffassung in vier grundlegenden Erscheinungsformen: als ökonomisches, kulturelles, soziales und symbolisches Kapital.

Die Zusammensetzung des Kapitalbesitzes eines Individuums konstituiert seine soziale Lage und seinen Lebensstil. Art und Umfang des Kapitalbesitzes bestimmen die Position im sozialen Raum.

Ökonomisches Kapital ist „unmittelbar und direkt in Geld konvertierbar und eignet sich besonders zur Institutionalisierung in der Form des Eigentumsrechts".[36] Kulturelles Kapital tritt in drei Erscheinungsformen auf: in inkorporiertem, objektiviertem und institutionalisiertem Zustand. Soziales Kapital ist Kapital an sozialen Beziehungen und Netzwerken, symbolisches Kapital beruht auf der als legitim anerkannten Form der drei vorgenannten Kapitalien.[37] Auf eine nähere Erläuterung des ökonomischen Kapitals im Folgenden kann meines Erachtens verzichtet werden.

Kulturelles Kapital

Bourdieu unterscheidet drei Formen kulturellen Kapitals.

Kulturelles Kapital in inkorporiertem Zustand, also in der Form von Wissen und Bildung eines Menschen, verlangt einen Verinnerlichungsprozess, der Zeit kostet. Der Bildungserwerb beginnt mit der Primärsozialisation in der Familie und dem Schulbesuch. Inkorporiertes Kapital wird zu einem festen Bestandteil der Person, des Habitus. Es kann nicht kurzfristig weitergegeben und nicht verschenkt oder verkauft werden. Inkorporiertes Kapital ist an die Person gebunden und hinterlässt mehr oder weniger sichtbare Spuren.[38]

Über den Verinnerlichungsprozess während der Erziehung wird die Struktur des Feldes reproduziert. Ungleiche Kapitalausstattung der Individuen und damit soziale Ungleichheit in der Gesellschaft wird durch die Weitergabe zwischen den Generationen erhalten. Zu den Eigenschaften des Kapitals gehört, dass es sich nur dahin verschlägt, wo bereits Kapital vorhanden ist. Allerdings registriert auch Bourdieu die Bildungsexpansion, d.h. die Tatsache, dass vermehrt Kinder aus unteren sozialen Schichten Gymnasien und Universitäten absolvieren.[39]

---

[36] Bourdieu, Pierre (1983) S. 185.
[37] Vgl. Bourdieu, Pierre (1985) S. 11.
[38] Vgl. Bourdieu, Pierre (1983) S. 186-187.
[39] Vgl. Bourdieu, Pierre (1993) S. 34.

Der Faktor Zeit ist das Bindeglied des inkorporierten kulturellen Kapitals zum ökonomischen Kapital. Der Erwerb inkorporierten kulturellen Kapitals erfordert Zeit, deren Investition in ein Studium mit einem Einkommensverzicht verbunden ist.

Objektiviertes kulturelles Kapital ist materielles Kapital in Form von kulturellen Gütern wie Kunstwerken, Büchern, Instrumenten oder Maschinen. Die materielle Aneignung dieses objektivierten Kulturkapitals setzt ökonomisches Kapital voraus, die symbolische Aneignung jedoch setzt inkorporiertes kulturelles Kapital voraus. Die symbolische Aneignung eines Kunstwerkes, d.h. der *Genuss* eines Gemäldes verlangt nach kulturellen Fähigkeiten, die erst erworben und verinnerlicht werden müssen.

Im Falle der Beherrschung von Maschinen ist es dem Besitzer dieses objektivierten kulturellen Kapitals möglich, Personal einzustellen, das aufgrund inkorporierten kulturellen Kapitals die Maschinen bedienen kann; der Genuss und nicht nur der Besitz von Kunstwerken verlangt jedoch nach eigenhändig erworbenem kulturellen Kapital. Dieses inkorporierte kulturelle Kapital, das zur Betrachtung von Kunstwerken unverzichtbar ist, ist in Bourdieus Theorie der Kunstwahrnehmung, die ich in Kapitel 1.1.3 näher ausführe, die *Kunstkompetenz*.

Institutionalisiertes Kulturkapital ist kulturelles Kapital in Form eines Titels. Die Objektivierung von inkorporiertem Kapital in Form eines Titels garantiert dem Inhaber einen dauerhaften Wert, der Titel ist ein Zeugnis für kulturelle Kompetenz. Ein schulischer Titel verleiht dem Besitzer des Kulturkapitals institutionelle Anerkennung. Der Titel ist das Resultat einer ökonomischen Investition und deren Umwandlung in kulturelles Kapital, somit lässt sich dafür ein ökonomischer Wert ermitteln. Auf dem Arbeitsmarkt ist dieser Titel mit einem Geldwert verbunden und garantiert damit aufgrund des Seltenheitswerts materielle und symbolische Profite.[40] Angesichts der Bildungsexpansion und der steigenden Zahl von AbsolventInnen mit akademischem Titel verlieren diese Titel aber auch an (Seltenheits)Wert.[41]

Soziales Kapital

Laut Bourdieu besteht das soziale Kapital aus Ressourcen, die auf der Zugehörigkeit zu einer Gruppe, einer Familie, einer Klasse, einem Stamm oder einer Partei beruhen.

> „Der Umfang des Sozialkapitals, das der einzelne besitzt, hängt demnach sowohl von der Ausdehnung des Netzes von Beziehungen ab, die er tatsächlich

---

[40] Vgl. Bourdieu, Pierre (1983) S. 188.
[41] Vgl. Bourdieu, Pierre (1993) S. 34.

mobilisieren kann, als auch von dem Umfang des (ökonomischen, kulturellen oder symbolischen) Kapitals, das diejenigen besitzen, mit denen er in Beziehung steht."[42]

Zur Produktion und Reproduktion dauerhafter und nützlicher Beziehungsnetze, die materielle oder symbolische Profite verschaffen, ist Institutionalisierungsarbeit notwendig, d.h. Beziehungsnetze entstehen durch individuelle und kollektive Investitionsstrategien, „die bewußt oder unbewußt auf die Schaffung und Erhaltung von Sozialbeziehungen gerichtet sind, die früher oder später einen unmittelbaren Nutzen versprechen."[43] Die Gruppe wird also durch Beziehungsarbeit, durch ständigen Austausch und gegenseitige Anerkennung und damit der Anerkennung der Gruppenzugehörigkeit reproduziert.[44]

Symbolisches Kapital

Bourdieus Überlegungen zu symbolischem Kapital beruhen auf seinen ethnologischen Studien an der kabylischen Gesellschaft in Algerien. Symbolisches Kapital beruht auf der als legitim anerkannten Form des ökonomischen, kulturellen und sozialen Kapitals.[45] Es ist Vertrauenskapital und Kredit, das nur demjenigen gewährt wird, der die meisten materiellen und symbolischen Garantien bietet.[46] Ansehen, Ehre, Reputation, Distinktion sind symbolisches Kapital.[47] Der gute Ruf, der Genuss von Vertrauen und akkumuliertem Beziehungskapital kann weder verliehen noch geborgt werden. Allerdings gibt es auch Ehrenkapital einer Familie: von dem symbolischen Kapital, das die Eltern angehäuft haben, profitieren auch die Kinder, aber umgekehrt können auch die Kinder durch unehrenhaftes Verhalten das symbolische Kapital der Familie schmälern.[48]

Kapitaltransformationen

Bourdieu beschreibt die Möglichkeit der Veränderung des Kapitalbesitzes in Form von Kapitalumwandlungen.

Mit Hilfe von ökonomischem Kapital können die anderen Kapitalarten erworben werden, jedoch – mit Ausnahme des objektivierten, d.h. materiellen, kulturellen Kapitals – nicht

---

[42] Bourdieu, Pierre (1983) S. 191.
[43] Bourdieu, Pierre (1983) S. 192.
[44] Vgl. Bourdieu, Pierre (1983) S. 193.
[45] Vgl. Bourdieu, Pierre (1985) S. 11.
[46] Vgl. Bourdieu, Pierre (1987) S. 218.
[47] Vgl. Bourdieu, Pierre (1992) S. 37.
[48] Vgl. Bourdieu, Pierre (1987) S. 218-220.

kurzfristig, sondern mittels Investition von Zeit und Transformationsarbeit.

Die „Umwandlung von ökonomischem Kapital in inkorporiertes kulturelles Kapital setzt einen Zeitaufwand voraus, der durch die Verfügung über ökonomisches Kapital ermöglicht wird."[49] Der Erwerb von schulischer und universitärer Bildung ist nur möglich, wenn in der Familie genug ökonomisches Kapital vorhanden ist, das die Ausbildung finanziert und den späteren Eintritt in den Arbeitsmarkt erlaubt.

Der Erwerb von Kulturkapital, beispielsweise in Form von Kunstkompetenz ist mittels Besuch von Kursen an Kunstmuseen, wie sie an K20 und K21 angeboten werden, möglich und verlangt den Einsatz von Zeit und ökonomischem Kapital in Höhe der Kursgebühr.

Soziales Kapital kann durch langfristige Beziehungsarbeit, die den Austausch von Geschenken, Gefälligkeiten und dergleichen beinhalten kann, erworben werden. Der Erwerb von sozialem Kapital bedarf der Investition von Zeit und Geld.

In der kabylischen Gesellschaft ist die beste ökonomische Bürgschaft ein guter Ruf, der materielle Gewinne bringen kann. Ökonomisch unsinnig erscheinende Verhaltensweisen wie „protzen" oder „Geld aus dem Fenster werfen" bringen nicht nur in der kabylischen Gesellschaft Ansehen und damit auf anderem Gebiet wieder ökonomische Gewinne. Symbolisches Kapital kann also in ökonomisches umgemünzt werden, die beiden Kapitalformen sind unauflöslich miteinander verwoben.

Der Aufbau einer privaten Kunstsammlung ist nicht nur Anhäufung von ökonomischem Kapital sondern auch ein Zeichen dafür, dass man sich „nutzlose" Dinge leisten kann. Die Verteidigung dieses Prestiges kann einen jedoch auch ruinieren: wenn man trotz Mangel an ökonomischem Kapital weiterhin in Gemälde investiert um seinem guten Ruf gerecht zu werden.[50]

Die Kapitalarten unterscheiden sich danach, wie leicht sie sich übertragen lassen. Insbesondere bei der Weitergabe von Kapital zwischen den Generationen besteht laut Bourdieu ein Schwundrisiko.[51]

---

[49] Bourdieu, Pierre (1983) S. 197.
[50] Vgl. Bourdieu, Pierre (1987) S. 218-220.
[51] Vgl. Bourdieu, Pierre (1983) S. 195-197.

1.1.3 Elemente einer soziologischen Theorie der Kunstwahrnehmung

Ausgehend von zwei Aufsätzen des Kunsthistorikers Erwin Panofsky, *Ikonographie und Ikonologie. Eine Einführung in die Kunst der Renaissance* in dessen Aufsatzsammlung *Sinn und Deutung in der bildenden Kunst* und *Die Perspektive als „symbolische Form"* in der Aufsatzsammlung *Aufsätze zu Grundfragen der Kunstwissenschaft* entwickelt Bourdieu seine **soziologische** Theorie der Kunstwahrnehmung.

Ikonographie und Ikonologie sind Begriffe aus der Kunstwissenschaft. Die ikonographische Analyse befasst sich mit dem Bildgegenstand und der Bedeutung von Kunstwerken. Sie erfordert Vertrautheit mit bestimmten Themen und Vorstellungen, Bildern, Anekdoten und Allegorien, die durch literarische Quellen vermittelt wird. Die Ikonologie ist eine interpretatorische Ikonographie, die zur Interpretation eines Kunstwerks der persönlichen Psychologie und Weltanschauung des Betrachters bedarf.[52]

Gestützt auf Panofskys Ausführungen konstatiert Bourdieu, dass jede Betrachtung von Kunstwerken eine bewusste oder unbewusste Decodierung enthält. Demnach liegen Kunstwerken kulturelle Codes zugrunde, zum „Verstehen" ist der kulturelle Code, der das Kunstwerk entschlüsseln kann, notwendig. Die Bildung, die der/die KünstlerIn in das Werk einbringt, sollte mit der Bildung bzw. dem Sachverständnis, das der/die BetrachterIn mitbringt, übereinstimmen. Sind diese Voraussetzungen seitens der BetrachterInnen nicht erfüllt, gibt es Missverständnisse und Verwirrung.

Deshalb fordern die ungebildetsten BetrachterInnen unserer Gesellschaft eine realistische Darstellung, da sie über keine spezifischen Wahrnehmungskategorien, also Decodierungsschlüssel, verfügen und daher auf die Kunstwerke keinen anderen Schlüssel anwenden können als den, mit dem sie die Gegenstände des alltäglichen Umgangs betrachten.[53]

Bourdieu vergleicht die Begegnung eines Ungebildeten mit einem Kunstwerk mit der Begegnung eines Ethnologen mit einer fremden Gesellschaft, deren Rituale er nicht begreift.

> „Die Verwirrung und Blindheit der ungebildetsten Betrachter gegenüber kulturellen Produkten erinnert objektiv daran, daß die Wahrnehmung von Kunstwerken vermittelte Entschlüsselung ist: Die von den ausgestellten Werken angebotene Information, die die Entschlüsselungsfähigkeiten des Betrachters übersteigt, sieht dieser so an, als besäße sie keinerlei Bedeutung, genauer gesagt, keine

---

[52] Vgl. Panofsky, Erwin (1978) S. 50.

[53] Vgl. Bourdieu, Pierre (1974) S. 159-162.

Strukturierung und Organisation, da er sie nicht zu ‚dekodieren', d.h. in verständliche Form zu bringen vermag."[54]

Ein Kunstwerk liefert - wie jedes kulturelles Gebilde - Bedeutungen unterschiedlichen Niveaus, abhängig vom Interpretationsschlüssel, den man auf das Kunstwerk anwendet.[55] In der Beschreibung der Sinnschichten stützt sich Bourdieu wieder auf Panofsky. Die elementarste Erfahrung stößt auf die primäre Sinnschicht, auf die wahrnehmbaren Eigenschaften des Kunstwerkes, auf die Welt der künstlerischen Motive, die mit der alltäglichen Daseinserfahrung bewältigt werden können. Die sekundäre Sinnschicht besteht aus Bildern, Anekdoten und Allegorien, zu deren Interpretation es literarisch übermittelten Wissens bedarf. Man benötigt sachgerechte Begriffe, die über die einfache Bezeichnung wahrnehmbarer Eigenschaften hinausgehen und eine richtige Interpretation des Werkes gewährleisten.[56]

Eine Kunstwahrnehmung, die auf das Erfassen der primären Eigenschaften des Kunstwerks reduziert bleibt, ist unzureichend. Der Rückgriff auf die verfügbaren Interpretationsschemata aus dem Alltag bedeutet eine niedere und verstümmelte Form der ästhetischen Erfahrung. Das Kunstwerk als symbolisches Gut existiert nur für denjenigen, der die Mittel besitzt, es sich anzueignen, d.h. es zu entschlüsseln.[57]

Die ästhetische Kompetenz bzw. die Kunstkompetenz eines Subjekts

> „bemißt sich danach, inwieweit es die zu einem gegebenen Augenblick verfügbaren und zur Aneignung des Kunstwerks erforderlichen Instrumente, d.h. die Interpretationsschemata beherrscht, die die Bedingung der Appropriation des künstlerischen Kapitals, m.a.W. die Bedingung der Entschlüsselung von Kunstwerken bilden, wie sie einer gegebenen Gesellschaft zu einem gegebenen Zeitpunkt offeriert werden."[58]

Bourdieu bezeichnet Kunstkompetenz als die Fähigkeit, einem Werk seinen Ort innerhalb der Kunst zuzuweisen und nicht innerhalb des Universums alltäglicher Gegenstände. An den unteren Bildungsschichten (Bourdieu untersuchte die französische Gesellschaft der 1960er und 1970er Jahre und verwendet den Begriff „Klasse"), denen das entsprechende kulturelle

---

[54] Bourdieu, Pierre (1974) S. 164.
[55] Vgl Bourdieu, Pierre (1974) S. 165.
[56] Vgl. Panofsky, Erwin (1978) S. 38-40, zitiert nach Bourdieu, Pierre (1974) S. 165-166.
[57] Vgl. Bourdieu, Pierre (1974) S. 167-169.
[58] Bourdieu, Pierre (1974) S. 169.

Kapital fehlt, diagnostiziert Bourdieu die „Abneigung oder Unfähigkeit, zwischen dem, ‚was gefällt' und dem, ‚was Vergnügen bereitet', genauer gesagt, zwischen dem ‚interesselosen Wohlgefallen', dem einzigen Garanten des ästhetischen Qualität der Betrachtung, und dem Interesse der Sinne zu unterscheiden"[59]. Ihnen ist eine funktionalistische Vorstellung vom Kunstwerk und eine Abneigung gegen alles, was scheinbar mühelos entstanden ist, zu eigen. In Ermangelung eines spezifisch stilistischen Gliederungsprinzips sind sie unfähig, einem Kunstwerk im Universum der Darstellungen seinen Ort zuzuweisen. Daher ist ein Kunstwerk verwirrend, wenn man über keinerlei Rüstzeug verfügt.[60]

Bourdieu zufolge wird jedes Kunstwerk zweimal gemacht, erst von der Künstlerin/vom Künstler und dann von der BetrachterIn/vom Betrachter, bzw. von der Gesellschaft, der die/der BetrachterIn angehört. Die Lesbarkeit eines Kunstwerkes hängt von der Distanz zwischen dem Code, den das Kunstwerk objektiv erfordert und dem individuellen Sachverständnis der BetrachterInnen ab.

In diesem Kontext führt Bourdieu die Begriffe Emissionsniveau und Rezeptionsniveau ein. Emissionsniveau bezeichnet den Grad der Komplexität und Verfeinerung des vom Kunstwerk erforderten Codes, das Rezeptionsniveau bemisst sich daran, inwieweit dieser Code beherrscht wird. Die Lesbarkeit eines Kunstwerkes hängt also von der Distanz zwischen Emissionsniveau des Kunstwerkes und Rezeptionsniveau des Betrachters ab. Geht der Code des Werkes über die Fähigkeiten des Betrachters hinaus, entstehen Ratlosigkeit und Unverständnis.

Um das Emissionsniveau zu vermindern bzw. das Rezeptionsniveau zu erhöhen setzt Bourdieu auf rationale pädagogische Wissensvermittlung: der Code sollte in Form eines Erläuterungstextes mit dem Kunstwerk mitgeliefert werden.[61]

Zur Lesbarkeit eines **zeitgenössischen** Kunstwerks stellt Bourdieu fest:

> Der „Wandel der Wahrnehmungsweisen vollzieht sich nur langsam, da es einen Typus von Kunstverständnis (ein Produkt der Verinnerlichung eines sozialen Codes, der den Verhaltensmustern und dem Gedächtnis so tief eingestanzt ist, daß er auf unbewußter Ebene funktioniert) zu entwurzeln gilt, um ihn durch einen anderen, neuen Code zu ersetzen, der notwendigerweise einen langen und komplizierten Prozeß der Verinnerlichung erfordert."[62]

---

[59] Bourdieu, Pierre (1974) S. 172.
[60] Vgl. Bourdieu, Pierre (1974) S. 172.
[61] Vgl. Bourdieu, Pierre (1974) S. 175-177.
[62] Bourdieu, Pierre (1974) S. 178-179.

Nach Bourdieus Verständnis findet in klassischen Epochen ein Stil seine Vollendung und die KünstlerInnen beuten die von einer als Erbe übernommenen „*ars inveniendi*"[63] bereitgestellten Möglichkeiten bis zu deren Vollendung oder Erschöpfung aus. In Perioden des Bruchs erfinden KünstlerInnen eine neue *ars inveniendi*, eine neue generative Grammatik von Formen als Bruch mit den ästhetischen Traditionen einer Zeit und eines Milieus. In klassischen Perioden ist die Kluft zwischen dem Code der Künstlerin/des Künstlers und dem Code, der der Betrachterin/dem Betrachter zur Verfügung steht, also die Kluft zwischen Emissionsniveau und Rezeptionsniveau, geringer als in Perioden des Bruchs.

Demgemäß wohnt dem Kunstverständnis ein Trägheitsmoment inne. Dies bewirkt, dass Kunstwerke, die mit Hilfe neuer künstlerischer Produktionsinstrumente hergestellt wurden, dazu verurteilt sind, über einen gewissen Zeitraum hinweg durch herkömmliche Wahrnehmungsweisen und Decodierungsschlüssel betrachtet zu werden. Die unableitbare Neuartigkeit von Kunstwerken wird verkannt. Man kann jedoch keine alten Kategorien auf neue Werke übertragen, da die Kunstschaffenden nach Bourdieus Bezeichnung kulturelle Propheten sind.[64]

Bourdieu geht in Opposition zu der „ideologischen Vorstellung, daß sich die modernsten Formen der nichtfigurativen Kunst der kindlichen Unschuld oder der Unwissenheit leichter erschlössen als einem durch Schulausbildung (die man für deformierend hält) erworbenen Sachverständnis."[65] Da die bahnbrechendsten Formen der Kunst die Fähigkeit erfordern, alle verfügbaren Codes zu beherrschen und dann mit ihnen zu brechen, um sich der Befremdlichkeit eines Kunstwerks auszusetzen, erschließen sich neuartige Kunstwerke vorerst nur einigen avantgardistischen RezipientInnen, die ihr Sachverständnis durch häufige Beschäftigung mit Kunst erworben haben. Die empirischen Befunde von Publikumsstudien an europäischen Kunstmuseen stützen Bourdieus Annahme, da Museen moderner Kunst das gebildetste Publikum aufweisen.[66]

Bourdieu sieht bei den BetrachterInnen zeitgenössischer Kunst ein Bedürfnis nach Exklusivität und Distinktion:

> „Da das Werk als Kunstwerk nur in dem Maße existiert, in dem es wahrgenommen, d.h. entschlüsselt wird, wird der Genuß der sich aus dieser Wahrnehmung ergibt –

---

[63] Bourdieu, Pierre (1974) S. 178.
[64] Vgl. Bourdieu, Pierre (1974) S. 178-179.
[65] Bourdieu, Pierre (1974) S. 180.
[66] Vgl. Bourdieu, Pierre (1974) S. 180-181.

mag es sich um den eigentümlichen ästhetischen Genuß oder um indirektere Privilegien wie den Hauch von Exklusivität, den er verschafft, handeln – nur denjenigen zuteil, die in der Lage sind, sich die Werke anzueignen. Nur sie nämlich messen ihnen überhaupt Wert bei, und das nur deshalb, weil sie über die Mittel verfügen, sie sich anzueignen."[67]

Das Bedürfnis, sich Kunstwerke symbolisch anzueignen, kann nur bei denjenigen existieren, die aufgrund ihrer familiären Herkunft und Schulbildung das nötige kulturelle Kapital und damit die Kompetenz zur symbolischen Aneignung besitzen; diejenigen, denen die Mittel zur Aneignung fehlen, haben auch nicht das Bewusstsein der Entbehrung.

„Der symbolische Gewinn, den die materielle oder symbolische Aneignung eines Kunstwerkes verschafft, bemißt sich nach dem Distinktionswert, den dieses Werk der Seltenheit der zu seiner Aneignung erforderlichen Anlage und Kompetenz verdankt und der seine klassenspezifische Verteilung regelt."[68]

Entscheidend zur Aneignung von Kunstkompetenz ist die wiederholte Beschäftigung mit Werken eines bestimmten Stils. Wiederholter Kontakt mit einem Kunstwerk oder einer Klasse von Kunstwerken begünstigt die Verinnerlichung der Regeln, nach denen der kreative Prozess geschieht.[69]

Die Schulerziehung im Gegensatz zur familiären Erziehung forciert ein bewusstes Erfassen der Denk-, Wahrnehmungs- und Ausdrucksmodelle, die man bereits unbewusst beherrscht. Die rationalisierte Pädagogik legt die kreative Grammatik explizit dar. Statt einer intuitiven Ahnung verfügt man durch die schulische Bildung über die ausdrückliche Bezeichnung. Bourdieu streicht die Bedeutung der schulischen Bildung heraus:

„Selbst wenn die Institution der Schule hinsichtlich eines spezifischen Kunstunterrichts nur einen untergeordneten Platz einnimmt (...), selbst wenn sie weder eine spezifische Anregung zur kulturellen Praxis noch ein Arsenal zusammenhängender und z.B. spezifisch auf Werke der Bildhauerei zugeschnittener Begriffe liefert, flößt sie doch eine bestimmte *Vertrautheit* mit der Welt der Kunst ein (die konstitutiv ist für das Gefühl, zur gebildeten Klasse zu gehören), so daß man sich in ihr zu Hause und unter sich fühlt, als sei man der prädestinierte Adressat von Werken, die sich nicht dem ersten besten ausliefern."[70] (Hervorhebung im Original)

---

[67] Bourdieu, Pierre (1974) S. 181.

[68] Bourdieu, Pierre (1999) S. 360.

[69] Vgl. Bourdieu, Pierre (1974) S. 182.

[70] Bourdieu, Pierre (1974) S. 185-186.

Diese Vertrautheit bewirkt eine dauerhafte Aufnahmebereitschaft für Bildung, die die Anerkennung des Wertes von Kunstwerken und die Fähigkeit zur Bildung von Kategorien umfasst.

Der schulische Lehrbetrieb erstreckt sich zwar überwiegend auf literarische Werke, erzeugt aber die Bereitschaft, alle von der Schule anerkannten Werke zu bewundern. Es resultieren daraus die Fähigkeit, AutorInnen, Gattungen, Schulen und Epochen bestimmten Kategorien zuordnen zu können und die Beherrschung eines Begriffsarsenals von Eigennamen und Gattungskategorien. Da moderne MalerInnen die geringsten Chancen haben, einen Platz im Unterricht eingeräumt zu bekommen, wird bezüglich moderner Kunst kein Kunstverständnis vermittelt. Ein Beleg dafür ist, dass in empirischen Studien moderne MalerInnen nur von den InhaberInnen der höchsten Bildungsabschlüsse zitiert werden.[71]

Die Übertragung von schulischen Lernprozessen führt zur Systembildung: ein bestimmter Typus von Beschäftigungen in irgendeinem Bildungsbereich impliziert mit großer Wahrscheinlichkeit einen Typus homologer Beschäftigung in anderen Bereichen: „eifriger Museumsbesuch geht insofern beinahe notwendig mit entsprechend häufigem Theater- und in geringerem Maße Konzertbesuch einher."[72] Diese Hypothese von den strukturellen Vorlieben liegt meinem Forschungskonzept zugrunde. Der Habitus bringt einheitliche Praktiken und damit einen Lebensstil hervor. Mit der kulturellen Praxis des Museumsbesuchs sind vermutlich bestimmte Vorlieben im Musik- und Literaturbereich verbunden.

Der schulische Literatur- und Kunstunterricht setzt vorgängig in der familiären Sozialisation erworbenes kulturelles Kapital voraus: dieses kulturelle Kapital in Form von Museumsbesuchen, Denkmalsbesichtigungen, Konzertbesuchen und Lektüre ist zwischen den Klassen, Schichten oder Milieus ungleich verteilt.

Aufgrund der Mängel des Kunstunterrichts, der nicht methodisch und systematisch vorgeht, profitieren nur diejenigen, die „ihrer familiären Herkunft ein Sachverständnis verdanken, das nach und nach durch unmerkliche Übung erworben wurde."[73] Denn der schulische Unterricht kann nur teilweise die familiären Defizite ausgleichen, die pädagogische Vermittlung kann nur auf dem familiären kulturellen Erbe aufbauen. Zu den Eigenschaften des Kapitals gehört, dass es sich nur dorthin verschlägt, wo bereits Kapital vorhanden ist. Gesellschaftlich

---

[71] Vgl. Bourdieu, Pierre (1974) S. 186-188.
[72] Bourdieu, Pierre (1974) S. 188-189.
[73] Bourdieu, Pierre (1974) S. 190.

bedingte Ungleichheiten werden also reproduziert. Bourdieu kritisiert die Haltung der privilegierten Klassen, die ihr kulturelles Kapital, ihre Bildung als angeboren betrachten und die sozialen Bedingungen des Bildungserwerbs verschleiern.[74]

> „Wenn es so um die Funktion der Bildung steht und die ‚Liebe zur Kunst' nur das Zeichen einer ‚Erwähltheit' ist, das wie eine unsichtbare und unübersteigbare Schranke diejenigen, die dieses Zeichen tragen, von jenen trennt, denen diese Gnade nicht zuteil ward, dann wird verständlich, wieso die Museen schon in den geringsten Details ihrer Morphologie und Organisation ihre wahre Funktion verraten, die darin besteht, bei den einen das Gefühl der Zugehörigkeit, bei den anderen das Gefühl der Ausgeschlossenheit zu verstärken."[75]

Bourdieu beruft sich an dieser Stelle auf empirische Studien die nachweisen, dass sich die unteren Bildungsschichten im Museum bewusst ausgeschlossen fühlen, da ihnen durch fehlende Erläuterungen ihre mangelnde Schulbildung vor Augen geführt wird. Bourdieu unterstellt der herrschenden Klasse – resultierend aus seinen Befragungen von Kunstschaffenden und KunstspezialistInnen – die bewusste Ablehnung von pädagogischen Hilfsmitteln im Kunstmuseum, da die verbesserte Zugänglichkeit der Kunst den KünstlerInnen und Intellektuellen ihre Außergewöhnlichkeit rauben würde:

> „Weil die elitebildende Kraft von kulturellem Besitz oder Konsum – mag es sich um Kunstwerke, Hochschuldiplome oder Filmkenntnisse handeln – unweigerlich sinkt, wenn die absolute Zahl derer steigt, die sich dies aneignen können, wären die entsprechenden Gewinne an Distinktion dem Verfall geweiht."[76]

Letztendlich steht laut Bourdieu die Welt der Kunst zur Welt des alltäglichen Lebens im selben Gegensatz wie das Heilige zum Profanen. Die Unberührbarkeit der Gegenstände, die feierliche Stille, die gleichsam religiöse Weihe der Kunstwerke, schließt diejenigen aus, die mit der Welt der Kunst nicht vertraut sind. Die Intellektuellen indessen suchen Museen auf, um sich von ihrer eigenen Virtuosität zu überzeugen.[77]

---

[74] Vgl. Bourdieu, Pierre (1974) S. 193-196.

[75] Bourdieu, Pierre (1974) S. 198.

[76] Bourdieu, Pierre (1999) S. 361-362.

[77] Vgl. Bourdieu, Pierre (1974) S. 199-200.

1.1.4 Resümee

Wegweisend war Bourdieus Methode, modale Kriterien in der Ungleichheitsforschung heranzuziehen.

> „Bourdieu hat den entscheidenden Anstoß zur Aufklärung über die Macht symbolischer Formen gegeben. Der aufklärerische Impetus besteht darin, die ‚Unschuld' von Ästhetik und Kultur zu widerlegen und ihren Stellenwert für die Aufrechterhaltung sozialer Ungleichheiten aufzudecken. (...) Trotz ‚Freiwilligkeit" in den stilisierungsfähigen Bereichen dürfen daher (...) soziale Ungleichheiten und unterschiedlich große objektive Spielräume bei der Lebensstilanalyse nicht vernachlässigt werden."[78]

Formale Kriterien wie Bildung, Beruf und Einkommen, die über die Klassen- bzw. Schichtzugehörigkeit entscheiden, formen den Habitus eines Menschen. In der Gegenwartsgesellschaft haben die formalen Kriterien jedoch ihre Zuschreibungskraft verloren und die modalen Kriterien an Differenzierungskraft gewonnen. Die Schichtgesellschaft hat sich zu einer Lebensstilgesellschaft gewandelt, in denen Bildung und Einkommen nur mehr sekundäre Differenzierungsmerkmale sind.

Ebenso bedeutend ist Bourdieus Erweiterung des Kapitalbegriffs. Der Begriff des Kapitals wird seither nicht nur in ökonomischen Kontexten verwendet, sondern hat u.a. in der Form des „Humankapitals" Eingang in den Wortschatz gefunden.

Die These Bourdieus in seiner Theorie der Kunstwahrnehmung, dass dem Kunstverständnis ein Trägheitsmoment innewohnt, bietet sich zur empirischen Überprüfung an. Nach Bourdieus Auffassung erschließen sich neuartige Kunstwerke nur einigen avantgardistischen RezipientInnen, woraus sich schließen lässt, dass sich die Publika von Kunst der Klassischen Moderne und zeitgenössischer Kunst unterscheiden müssten.

1.2 Gerhard Schulzes soziale Milieus

Einer der prominentesten Kritiker Bourdieus ist Gerhard Schulze. In seinem Werk *Die Erlebnisgesellschaft* beanstandet er einleitend die ertragreiche Rezeption der *Feinen Unterschiede* in der deutschen Kultursoziologie und empfiehlt, Bourdieu systematisch zu vergessen. Man könne zwar einige analytische Mittel von Bourdieu übernehmen, doch keines seiner Ergebnisse, da das von Bourdieu untersuchte Frankreich des 20. Jahrhunderts eher mit

---

[78] Spellerberg, Annette (1996) S. 73.

dem Deutschland des 19. Jahrhunderts zu vergleichen sei. Schulze kritisiert damit die Bewunderer Bourdieus, die sich durch seine Analyse den Blick auf die deutsche Gesellschaft der Gegenwart verstellen ließen. Man könne in der Soziologie Theorien nicht von ihrem Entstehungszusammenhang auf andere Kontexte übertragen; mit seiner empirischen Studie, auf der die *Erlebnisgesellschaft* basiert, versucht Schulze, die soziale Wirklichkeit in Westdeutschland Mitte der 1980er Jahre mittels einer hermeneutischen Analyse zu rekonstruieren.

Ausgangspunkt Schulzes ist die Feststellung, dass die deutsche Gesellschaft in den 80er Jahren nicht mehr als Schichtgesellschaft bezeichnet werden kann und damit verbunden die Frage, ob es eigentlich noch soziale Großgruppen gibt. Schulze weist darauf hin, dass sich die Bezugspunkte sozialer Unterscheidungen verändert haben.[79] Werner Georg sieht Gerhard Schulzes Ansatz einer individualisierten, postindustriellen Gesellschaft als idealtypischen Gegenentwurf zu Bourdieus klassenkulturellem Ansatz.[80]

Gerhard Schulze führte zur Überprüfung seiner Hypothesen von der individualisierten Erlebnisgesellschaft im Frühjahr 1985 eine empirische Studie durch. Erhebungsgebiet war die Stadt Nürnberg, die samt Vororten ca. 500 000 Einwohner zählt. Die Datenerhebung umfasste neben standardisierten Fragebögen teilnehmende Beobachtung, nicht-standardisierte Interviews in Stadtteilzentren und Beobachtungen auf Straßen und öffentlichen Plätzen.

Die Standardrepräsentativumfrage bestand aus drei Fragebögen: Hauptfragebogen, Zusatzfragebogen und Interviewerfragebogen. Der Hauptfragebogen beinhaltete u.a. Fragen nach Alltagsästhetik, Sozialkontakten, Lebenssituation, Sozialstatus, Gesundheit und Nutzung der kulturellen Infrastruktur. Der Zusatzfragebogen, den die Befragten selbst auszufüllen hatten, enthielt Items aus Persönlichkeitstests, die mit „stimmt zu" oder „stimmt nicht zu" zu beantworten waren. Der Interviewer hatte abschließend einen Fragebogen zur Interviewsituation auszufüllen. Die Befragung beruhte auf einer Zufallsauswahl von Adressen des Einwohnermeldeamts. Insgesamt wurden auf diese Weise 1014 auswertbare Interviews durchgeführt, was einer Ausschöpfungsquote von 60 Prozent entspricht.[81]

---

[79] Vgl. Schulze, Gerhard (2000) S. 16-20.
[80] Vgl. Georg, Werner (1998) S. 79.
[81] Vgl. Schulze, Gerhard (2000) S. 592-593

Anhand der Antwortmuster zu den Fragen nach Freizeitinteressen, Hobbys, Musik- und Literaturgeschmack, TV-Gewohnheiten etc. und bevorzugten Abendgestaltungen ließen sich drei *alltagsästhetische Schemata* herausarbeiten.

Mit Hilfe der zusätzlich erhobenen Informationen über Bildungsstand, Berufsgruppe, Familienstand, Interesse an öffentlichen Angelegenheiten, Einrichtungsstil und körperliches Erscheinungsbild der Befragten und anderem konstruierte Schulze mittels Faktoren- und Korrespondenzanalysen und deren hermeneutischer Interpretation fünf *soziale Milieus*.

In den Ergebnissen sah Gerhard Schulze seine These von der Entkoppelung von Sozialstruktur und Lebensweise bestätigt. Die Daten belegen die Existenz von Großgruppen, allerdings konstatiert Schulze für die westdeutsche Gesellschaft in den 1980er Jahren soziale Milieus statt Schichten oder Klassen.

1.2.1 Alltagsästhetische Schemata

Bei Gerhard Schulze bezeichnet der Begriff *alltagsästhetische Schemata* feste Beziehungen zwischen Gegenständen, die in persönlichen Gewohnheiten, aber auch in der interpersonalen Angleichung komplexer Geschmacksmuster erkennbar werden. Alltagsästhetische Schemata sind soziale Konstruktionen; sie legen fest, welche Möglichkeiten des Erlebens zusammen gehören. Die Gefühle von Zusammengehörigkeit und Unterschiedensein, Affinitäten und Distanzen zwischen alltagsästhetischen Möglichkeiten sind kollektiv codiert. Beispielsweise zählen Museen, Theater, klassische Musik und Volkshochschulkurse zu einer Zeichengruppe, Kino, Rockmusik und Fitnessstudio zu einer anderen. Schulze benennt die empirisch bestätigten Zeichengruppen *Hochkulturschema, Trivialschema und Spannungsschema.* Soziologisch interessant ist der soziale Aspekt der ästhetischen Ordnung, die Tatsache, dass sich die Menschen bei der Entwicklung des eigenen persönlichen Stils teilweise in kollektiven Bahnen bewegen.

Die ästhetischen Wahlmöglichkeiten sind also gruppiert, d.h. die unendlichen Möglichkeiten des Erlebens sind auf eine übersichtliche Zahl von Routinen reduziert. Zur Interpretation dieser Gruppierungen sind kulturgeschichtliches Wissen und eigene kulturelle Erfahrungen unentbehrlich: nur Angehörige einer Kultur, oder wie Schulze sie nennt, Angehörige einer Deutungsgemeinschaft, können Zeichenensembles abgrenzen und mit Bedeutungen verbinden. Außenstehende, also Angehörige einer anderen Kultur, sehen keine Zusammenhänge zwischen diesen verschiedenen Freizeitinteressen. Im Gegensatz zu Bourdieu bringt Schulze diese Geschmacksunterschiede jedoch nicht mit der sozialen Lage in

Verbindung. Der Lebensstil beruht nicht auf Zwängen und Notwendigkeiten, sondern auf ästhetischen Wahl*möglichkeiten*.[82]

„Das Verhältnis einzelner Menschen zu alltagsästhetischen Schemata lässt sich begreifen als eine Beziehung von Nähe oder Distanz: Der eine sucht das Schema, der andere meidet es."[83] Dabei nimmt Schulze für seine alltagsästhetischen Schemata nur eine theoretische Ordnungsvorstellung in Anspruch. In der Realität sind die Grenzen zwischen den Schemata unscharf. Anlehnend an Max Weber betrachte ich die kollektiven Schemata als Schulzes idealtypische Konstruktion eines Analyseinstruments.

Schulze verweist auf eine Reihe ähnlicher Begriffe in der Geschichte der Erforschung sozialer Ungleichheit: so zitiert er *Lebensführung* von Max Weber, *lifestyle* von Feldman und Thielbar, *Lebensstil, Geschmack* und *Habitus* von Pierre Bourdieu. Allerdings decken sich diese Begriffe nur teilweise mit den alltagsästhetischen Schemata, die Schulze speziell zur Analyse sozialer Milieus konstruiert hat. Aus diesem theoretischen Zweck erwachsen fünf Anforderungen an den Begriff alltagsästhetischer Schemata: (1) Historische Relevanz: bisher entwickelte Begriffe wie Lebensstil sind Schulze zufolge zu starr, um der Dynamik moderner, erlebnisorientierter Gesellschaften gerecht zu werden. (2) Konzentration auf Invarianzen: der Begriff der alltagsästhetischen Schemata muss flexibel genug sein, um stabile Elemente der Alltagsästhetik im Lauf der Jahrzehnte und Jahrhunderte festzuhalten. (3) Konzentration auf kollektive Muster: das Analyseinstrument soll möglichst allgemeine, weit verbreitete, intersubjektiv nachvollziehbare Komponenten der Alltagsästhetik erfassen. (4) Offenheit für dimensionalen Wandel: „Alltagsästhetische Schemata sollen es ermöglichen, die historische Ausdifferenzierung des dimensionalen Raumes der Alltagsästhetik zu beschreiben."[84] Schulze kritisiert an Bourdieu, dass dieser von einer eindimensionalen Struktur ausgeht. Fälschlicherweise bezeichne er legitimen, mittleren und populären Geschmack als drei Dimensionen, obwohl sie nach Schulzes Ansicht nur drei Unterteilungen einer einzigen Dimension sind. Damit einhergehend kritisiert Schulze die bei Bourdieu nicht vorgesehene Möglichkeit, dass legitimer und populärer Geschmack bei ein und derselben Person in Relation auftreten. Dieser Fall hat sich jedoch bei Schulze empirisch bestätigt, weshalb nur eine mehrdimensionale Auslegung der alltagsästhetischen Schemata den Anforderungen an

---

[82] Vgl. Schulze, Gerhard (2000) S. 125-129.
[83] Schulze, Gerhard (2000) S. 129.
[84] Schulze, Gerhard (2000) S. 132.

ein Analyseinstrument sozialer Milieus genügt. Wie oben zitiert, lässt sich das Verhältnis einzelner Menschen zu alltagsästhetischen Schemata durch Nähe und Distanz charakterisieren. Ich schließe mich dieser Kritik Schulzes an Bourdieu an, da ich ebenfalls davon ausgehe, dass verschiedene, teilweise gegensätzlich wirkende Vorlieben in einer Person vereint sein können.

(5) Theoretische Flexibilität: Schulze definiert für seine alltagsästhetischen Schemata keine Annahmen über Bedingungen, die die Position des Einzelnen im dimensionalen Raum bestimmen. Dies steht erneut im Gegensatz zu Bourdieu, bei dem sich die persönliche Position im Raum der Lebensstile durch Kapitalbesitz determiniert. Bei Bourdieu sind Stile die distinktive Übersetzung von Unterschieden der Lebenslage. Derartige Bedingungen beschränken die theoretische Flexibilität des Analyseinstruments, und speziell Bourdieu gerät nach Schulze in Erklärungsnot, da die kapitalbedingte Distinktion immer stärker verblasst.[85]

Hochkulturschema

Das Hochkulturschema hat eine lange Tradition und ist besonders klar herausgearbeitet, weshalb die Zeichengruppe und die Handlungstypen allgemein bekannt sind. Zu seinem Inhalt zählen Barock, Klassik und Romantik genauso wie Arnold Schönberg und Andy Warhol. Obwohl im Lauf der Jahrhunderte und Jahrzehnte immer mehr Zeichen dazu kamen und diese Zeichen ständig heterogener wurden, blieb der einheitliche Eindruck durch stetige Erneuerung durch Definitionsagenturen wie Schulen und Universitäten, Museen, Konzertwesen etc. gewahrt.

Der Genuss ist im Hochkulturschema geprägt von Zurückhaltung. Statt Mitsingen, Schunkeln und Heiterkeitsausbrüchen ist im hochkulturellen Genuss konzentriertes Zuhören, stilles Betrachten und versunkenes Dasitzen die Regel. Schulze nennt dies einen „Kodex vergeistigter Empfangshaltung des kunstgenießenden Publikums"[86]. Psychische Erlebnisqualitäten wie meditative Ruhe, Verinnerlichung, Versenkung, Ergriffensein, Verklärung werden gegenüber physischen in den Vordergrund gestellt. Hervorgehoben wird von KünstlerInnen, InterpretInnen und KonsumentInnen das Geistige in der Kunst. In der Kunst ist die Form wichtiger als der Inhalt: „Kunstwahrnehmung hat immer etwas mit der Wahrnehmung formaler Strukturen zu tun, das Erleben von Kunst mit Wiedererkennen."[87]

---

[85] Vgl. Schulze, Gerhard (2000) S. 131-133.
[86] Schulze, Gerhard (2000) S. 143.
[87] Schulze, Gerhard (2000) S. 144.

Schulze konstatiert, dass dieser geistige Kunstgenuss oft nur vorgeschoben wird, um die wahre Absicht, nämlich die Distinktion, zu verschleiern. Auch wenn Schulze also die von Bourdieu besonders hervorgehobene Distinktion nicht negiert, so hält er doch fest, dass „die distinktive Bedeutung des Hochkulturschemas immer mehr ihren hierarchischen Charakter verliert."[88] Nähe zum Hochkulturschema ist aufgrund der Popularisierung der Hochkultur keine Auszeichnung mehr sondern nur noch ein Privatvergnügen neben anderen. Nähe und Distanz zu den alltagsästhetischen Schemata ist nicht mehr durch die Ausstattung mit ökonomischem Kapital bedingt. Stattdessen ist die „Zugänglichkeit des Hochkulturschemas nach wie vor bildungsabhängig. Die Daten bestätigen dies nachdrücklich."[89] In Anlehnung an Bourdieu bezeichnet Schulze die Distinktionsform im Hochkulturschema als antibarbarisch. Die hochkulturellen Feindbilder der Gegenwart sind der Massentourist, der Vielfernseher und der Bildzeitungsleser.

Das Hochkulturschema ist aufgrund von jahrhundertelanger Anhäufung verschiedenster Zeichen geprägt von lebensphilosophischer Heterogenität. In der Hochkultur findet man Optimismus und Pessimismus, Verklärung und Demaskierung, Bach und Wedekind vereint. Diese Tatsache ist durch Affinitäten der Werke nicht erklärbar.

Meine Besucherstudie zielt auf diese Heterogenität bzw. Binnendifferenzierung im Hochkulturschema. Die Museen K20 und K21 gehören zur Zeichengruppe des Hochkulturschemas. Da sie aber unterschiedliche Kunstströmungen und Stile präsentieren, vermute ich eine Differenzierung des Publikums nach Lebensstilen, bzw. mit dem Begriff Schulzes, eine Differenzierung des Kunstpublikums nach sozialen Milieus. Dabei unterstellt Schulze Homogenisierung von so unterschiedlichen Künstlern wie Rodney Graham oder Henri Matisse in den Köpfen der KunstkonsumentInnen, woraus man die Schlussfolgerung ziehen könnte, dass sich das Kunstpublikum nicht lebensstilspezifisch differenziert. Laut Gerhard Schulze werden „die Impressionistenausstellung und die Munch-Retrospektive (...) vom gleichen Publikum besucht, ohne dass der lebensphilosophische Kontrast zwischen den heiteren und den schrecklichen Visionen zu entsprechend gegensätzlichen Erlebnissen führen würde"[90].

---

[88] Schulze, Gerhard (2000) S. 145.

[89] Schulze, Gerhard (2000) S. 146.

[90] Schulze, Gerhard (2000) S. 146.

Die Besucherstudie an den Kunstmuseen K20 und K21 differenziert zwar nicht zwischen den BetrachterInnen expressionistischer und impressionistischer Kunst, zielt aber darauf ab, Lebensstildifferenzen zwischen den Publika zeitgenössischer Kunst und der Klassischen Moderne zu ermitteln.

Trivialschema

Im Trivialschema finden sich Blasmusik, deutscher Schlager, Gartenzwerg, röhrender Hirsch, Gesangsverein, Trachtenumzug, Familienquiz, Dekoration auf dem Fernsehgerät etc. Für diese Zeichengruppe haben sich abfällige Bezeichnungen wie Kitsch, Geschmacklosigkeit und Schnulze etabliert. Der hohen Kultur steht also auch eine niedere gegenüber; die Pendants zum ästhetischen Anspruch und der individuellen Kultiviertheit bilden im Trivialschema Kitsch, vergnügungsorientierte Anspruchslosigkeit und der Massengeschmack.

Im Trivialschema spielt der Körper beim Genuss eine aktive Rolle. Im Bierzelt und auf dem Volksliederabend sind Klatschen, Schunkeln, Mitsingen und Stampfen erlaubt. Wiederholung, Einfachheit und eine gemütliche Atmosphäre kennzeichnen die Erlebnisse.

Die Distinktion im Trivialschema beruht auf der Vorstellung einer Gemeinschaft und richtet sich gegen jede Exzentrik, gegen Außenstehende und Fremde, weshalb Schulze sie als antiexzentrisch bezeichnet. Die Lebensphilosophie des Trivialschemas bezeichnet Schulze als Harmonie; mit der Suche nach Harmonie geht die Ablehnung alles Unbekannten und Neuen einher.[91]

Spannungsschema

Das Spannungsschema ist das historisch jüngste der drei alltagsästhetischen Schemata. Entwickelt hat es sich nach dem zweiten Weltkrieg mit dem Import des Rock'n Roll und seinen Stars Elvis Presley, Fats Domino etc.; anfangs primär eine jugendkulturelle Erscheinung hat sich das Spannungsschema im Laufe der Jahre jedoch über die Jugend hinaus ausgebreitet. In den neuen Musikstilen, die durch Lautstärke, Tempo und expressive Shows gekennzeichnet sind, kommt Spannung klar zum Ausdruck. Auch andere Freizeitgestaltungen wie Fernsehen sind durch Unruhe und Spannung geprägt. Man bevorzugt Krimiserien und Science Fiction und telefoniert nebenbei. Beim Ausgehen bevorzugt man Diskotheken, Kneipen, Spielhallen und Kinos.

Der Körper spielt im Genussschema des Spannungsschemas eine wichtige Rolle. In

---

[91] Vgl. Schulze, Gerhard (2000) S. 150-153.

Discotheken, auf Konzerten und im Sport tobt man sich körperlich aus, begleitet von Lautstärke und Geschwindigkeit. Schulze konstatiert, dass der traditionelle Spannungsaufbau durch das An- und Abschalten ersetzt wurde. Spannung wird als konstanter Zustand nachgefragt. Es besteht ein ständiges Bedürfnis nach Abwechslung und Ausleben der Spannung; deshalb bezeichnet Schulze das Genusschema als *Action*.

Die Distinktion im Spannungsschema richtet sich gegen Langweiler, Spießer und Konservative; gegen Sicherheitsdenken, Konventionsbestimmtheit und Abwehr von Veränderungen. Die Distinktion ist *antikonventionell*. Damit einher geht die Selbstwahrnehmung als interessant, aufregend, einmalig.

Aufgrund der Konzentration auf das Ich, auf Unterhaltung und Selbstverwirklichung bezeichnet Schulze die Lebensphilosophie dieses Spannungsschemas als *Narzissmus*.[92]

Dimensionaler Raum der Stile

Schulze skizziert einen dreidimensionalen Raum der alltagsästhetischen Schemata. Der Entstehungsprozess der drei alltagsästhetischen Schemata und die fortschreitende Differenzierung bis zum historisch jüngsten Spannungsschema legen nahe, dass sich fortwährend neue Schemata entwickeln.

Der dimensionale Raum bedeutet, dass Nähe zu einem Schema nicht notwendig auch Distanz zu einem anderen Schema heißen muss. Es existieren viele Kombinationsmöglichkeiten von Nähe und Distanz um sich seinen eigenen Stil zusammenzubasteln. Hochkulturelle Freizeitaktivitäten wie Museumsbesuche sind also nicht notwendigerweise mit der Ablehnung von Kneipenbesuchen verbunden.[93]

In meiner Besucherstudie sind die Fragebogenitems auf das Hochkulturschema gemünzt. Schulzes alltagsästhetischen Schemata zufolge dürften die Freizeitinteressen Handwerken und Basteln, sowie popkulturelle Musik- und Literaturinteressen seltener angekreuzt worden sein, so dass unter den MuseumsbesucherInnen kaum Anhänger des Trivial- oder Spannungsschemas auszumachen sind - wenngleich häufige Museumsbesuche nicht eine ablehnende Haltung gegenüber handwerklichen Tätigkeiten implizieren.

---

[92] Vgl. Schulze, Gerhard (2000) S. 154-156.

[93] Vgl. Schulze, Gerhard (2000) S. 157.

1.2.2 Milieusegmentierung

Schulzes empirische Studie förderte zu Tage, dass sich die sozialen Großgruppen gewandelt haben; im Zuge des Individualisierungsprozesses formen die Menschen statt Klassen oder Schichten soziale Milieus, die aufgrund des Wandels von der Knappheitsgesellschaft zur Wohlstandsgesellschaft auf anderen Gruppierungsmechanismen beruhen als Klassen und Schichten.

Schulze sieht seinen Milieubegriff als Fortschreibung der Tradition von Theorien großer sozialer Gruppen; er zitiert Max Webers Stände, Bourdieus Geschmack und Klassen und bietet an, statt von Milieus von Lebensstilgruppen zu sprechen. Dabei betont Schulze, dass für den Begriff „Milieu" im Gegensatz zu seinen oben zitierten theoretischen Vorgängern keine Verankerung in den Bereichen Arbeit, Beruf, Einkommen und Besitz gelten soll, so wenig wie er von einer hierarchischen Ordnung zwischen den Milieus ausgeht. Anhand dieser Annahmen wird der historische Wandel der Milieustruktur sichtbar.

Den Wegfall äußerer Zwänge und Notwendigkeiten und den Zuwachs an Kommunikationsmöglichkeiten identifiziert Schulze als Ursachen für den Wandel der Konstitution sozialer Milieus: statt durch Beziehungs*vorgabe* kommen soziale Beziehungen und Milieus in der Gegenwart durch Beziehungs*wahl* zustande.

Einkommensverhältnisse haben auf Beziehungswahlen und Milieukonstitution immer weniger Einfluss. Die soziale Wahrnehmung des Gegenübers entscheidet darüber, ob sich Menschen aufeinander einlassen. Dabei fungieren äußerliche Attribute wie Kleidung, Besitzgegenstände, körperliche Merkmale, Verhalten und Sprachcodes als Zeichen, die subjektive Milieumodelle konstruieren. Alter und Bildung verlieren ihre milieukonstituierende Wirkung. Alltagssoziologisches Wissen über milieutypische Existenzformen entscheidet über das Interesse am anderen.[94]

Die Auswertung der Massendaten und ihre wissenssoziologische Interpretation ergab fünf soziale Milieus in Westdeutschland.

Niveaumilieu

Schulze charakterisiert die soziale Gruppe des Niveaumilieus als ältere Personen mit höherer Bildung, die hochkulturellen Aktivitäten nachgehen. Man geht in die Oper und ins Theater, in Ausstellungen und Dichterlesungen, man liest überregionale Tageszeitungen, *Zeit* und *Spiegel*

---

[94] Vgl. Schulze, Gerhard (2000) S. 169-179.

und bevorzugt im Fernsehen Kulturmagazine und Dokumentationen. Das Niveaumilieu geht auf Distanz zu den Zeichen des Trivialschemas und des Spannungsschemas. Basteln, Fernsehen, Diskothekenbesuche, Pop, Rock, Folk, Schlager, Trivialliteratur werden abgelehnt. Im Niveaumilieu herrscht hierarchisches Niveaudenken vor: es gibt eine Rangordnung der Dinge, die durch RezensentInnen, Theater- und KonzertkritikerInnen, KunsthistorikerInnen und WissenschaftlerInnen kreiert wird. In dieser Welt der Ränge sucht der einzelne nach einer gehobenen Position. Niveau und Perfektion sind Lebensprinzipien. Die Distinktion gegen das Niedere bezeichnet Schulze als antibarbarisch. „Im Gegensatz zu anderen Milieus ist das Niveaumilieu nur auf ein einziges alltagsästhetisches Schema, das Hochkulturschema, ausgerichtet. Genuß ist überwiegend kontemplativ schematisiert, kultivierte Ausdrucksform einer allgemeineren Suche nach Sammlung und Konzentration."[95] Man distanziert sich von ungepflegten Menschen, schlampiger Kleidung, Barbie-Puppen und poppiger Mode. Die Mitglieder des Niveaumilieus bevorzugen gehobene Konversation über Literatur, Theater, Kathedralen und dergleichen. Der Persönlichkeitstest offenbarte für die Mitglieder des Niveaumilieus einen eher dominanten, aufgeschlossenen, flexiblen Charakter, dem eine anspruchsvolle Haltung, auch gegenüber sich selbst, inne ist. Menschen dieses Typs suchen nach Abwechslung und haben großes Interesse an öffentlichen Angelegenheiten. Aufgrund hoher beruflicher Positionen und dementsprechendem Einkommen lässt sich in dieser Gruppe hohe materielle Zufriedenheit feststellen.[96]

Harmoniemilieu

Das Harmoniemilieu setzt sich überwiegend aus älteren Personen mit niedriger Schulbildung zusammen; als Berufe wurden vorwiegend ArbeiterIn, VerkäuferIn oder Hausfrau angegeben. Aufgrund gehäufter handwerklicher und anstrengender Berufe sind die Mitglieder dieses Milieus mehrheitlich der Unterschicht bzw. Arbeiterschicht zuzurechnen.[97] Das Harmoniemilieu zeichnet Distanz zum Hochkulturschema und Nähe zum Trivialschema aus. Schulze diagnostiziert eine milieuspezifische Neigung, zuhause zu bleiben, wie er überhaupt diesem Milieu Zurückgezogenheit und Unauffälligkeit zuschreibt. Vertreter dieses Milieus sind unscheinbar, schlicht und ordentlich gekleidet. Die von den InterviewerInnen notierten körperlichen Merkmale der Personen fallen überwiegend ungünstig für die Interviewten aus:

---

[95] Schulze, Gerhard (2000) S. 287.

[96] Vgl. Schulze, Gerhard (2000) S. 288-289.

[97] Vgl. Schulze, Gerhard (2000) S. 298-299.

Langsamkeit, Behäbigkeit, Ungelenkigkeit. Dazu Gerhard Schulze: „Zur Kultur des Harmoniemilieus gehört das Dicksein. In keinem anderen Milieu ist der Anteil offensichtlich übergewichtiger Personen (beurteilt durch den Interviewer und den Befragten selbst) so hoch wie hier."[98]

In der Einschätzung durch die InterviewerInnen kamen Befragte des Harmoniemilieus am schlechtesten weg: die Befragten waren weniger freundlich, aufgeschlossen, höflich, entgegenkommend und kultiviert. In den Wohnungen fiel den InterviewerInnen Anhäufung und Überdekoration, Gemütlichkeit auf.

Mitglieder des Harmoniemilieus kaufen häufiger als andere im Discounter und bei C&A, machen Urlaub auf Mallorca oder Ausflüge auf Kaffeefahrten.

Die milieutypische Persönlichkeit beschreibt Schulze als egoistisch und fatalistisch; es lassen sich Vermeidung von Neuem, milieuspezifisches Urmisstrauen, paranoide Tendenzen und vegetative Labilität beobachten.

Im Alltag zeigt sich eine Neigung zum Praktischen, zu handwerklichen Tätigkeiten, Putzen, Basteln und Kochen. In diesem Milieu favorisiert man Blasmusik, Schlager, Fernsehquiz, Heimatfilm, Unterhaltungsromane, *Goldenes Blatt, Bildzeitung, Neue Post*, aber nicht *Spiegel, Zeit* und Stadtzeitung. Statt Politik, Wirtschaft und Kultur interessieren in der Zeitung die Kleinanzeigen, Sonderangebote, Werbung und Lokalnachrichten.

Auffällig am Harmoniemilieu ist, dass es nicht auffällt: durch den Rückzug in die Privatsphäre, aufgrund der Neigung, zuhause zu bleiben und fern zu sehen, ist dieses Milieu kaum in der Öffentlichkeit präsent. Das Harmoniemilieu ist die Heimat vom Trivialschema; extravagante Kleidungsstile (witzig, poppig, originell, antispießig) und Außenseiter werden im Harmoniemilieu abgelehnt.[99]

Integrationsmilieu

Im Integrationsmilieu verbindet sich das Hochkulturschema mit dem Trivialschema. Dem Integrationsmilieu gehören ältere Personen der mittleren Bildungsschicht an. „Das Besondere an diesem Milieu ist die Durchschnittlichkeit. Alle anderen Milieus haben ihre

---

[98] Schulze, Gerhard (2000) S. 298.

[99] Vgl. Schulze, Gerhard (2000) S. 197.

charakteristischen Extreme, im Integrationsmilieu dagegen herrscht entweder die Mittellage oder eine reduzierte Form von Besonderheit."[100]

Die „Aura der Durchschnittlichkeit"[101] transportiert sich durch das gepflegte Eigenheim, das unauffällige Auto, die unauffällige Kleidung. Personen aus diesem Milieu streben nach Konformität, wagen keine Experimente und haben ein Unbehagen vor Abweichung.

„Das sozial Erwünschte ist auch das subjektiv Erwünschte. Konventionen werden nicht als Einschränkungen empfunden, sondern als Möglichkeit, sich auszuleben. Indem man das Erwartete und allgemein Gebilligte tut, erlebt man Zugehörigkeit zur Gemeinschaft. (...) Normal zu sein, ist ein erreichbares Ziel."[102]

Aufgrund der Durchschnittlichkeit konnte Gerhard Schulze keine besonderen alltagsästhetischen Merkmale des Integrationsmilieus feststellen. Einzige bemerkenswerte Ausnahme bildet die Gartenarbeit als bevorzugte Freizeitaktivität. Die Neigungen und Abneigungen ähneln teils dem Niveaumilieu, teils dem Harmoniemilieu, gemeinsam ist allen dreien die Distanz zum Spannungsschema. Typisch für das Integrationsmilieu ist die Vermengung von Elementen aus anderen Milieus und deshalb die mittlere Position zwischen Niveau- und Harmoniemilieu. Die Ähnlichkeit mit dem Harmoniemilieu liegt in Häuslichkeit, Regionalismus und Distanz zur neuen Kulturszene, die Gemeinsamkeit mit dem Niveaumilieu beruht auf der klassischen Bildungsorientierung (Oper, Theater, Ausstellungen). Antibarbarische und antiexzentrische Distinktion fließen im Integrationsmilieu zusammen.

Der äußere Anschein der Befragten ist, dass man auf sich achtet und einen guten Eindruck machen will. Der Persönlichkeitstest ergab für dieses Milieu auch eine abwehrende Haltung gegenüber Neuartigem, aber nicht wie im Harmoniemilieu, da dem Integrationsmilieu höhere Reflexivität und intensivere Auseinandersetzung mit öffentlichen Angelegenheiten zuzuschreiben ist. Im Integrationsmilieu herrscht eine relativ hohe Zufriedenheit mit der eigenen Lebenssituation

Die Befragten waren überwiegend Angestellte und Beamtinnen/Beamte der mittleren und unteren Ebene; im Durchschnitt hatten diese weder besonders verantwortungsvolle Jobs noch körperlich anstrengende Arbeit zu verrichten. Die Angestellten, Beamtinnen/Beamten und SachbearbeiterInnen im Integrationsmilieu sind insgesamt betrachtet der Mittelschicht

---

[100] Schulze, Gerhard (2000) S. 301.

[101] Schulze, Gerhard (2000) S. 301.

[102] Schulze, Gerhard (2000) S. 302.

zuzurechnen. In diesem Milieu findet man einen hohen Anteil an Wohneigentum und damit zusammenhängend eine hohe Wohnzufriedenheit.[103]

Selbstverwirklichungsmilieu

Das Selbstverwirklichungsmilieu ist der Gegenentwurf zum Harmoniemilieu. Im Selbstverwirklichungsmilieu zeichnen sich Nähe zum Hochkultur- und zum Spannungsschema und Distanz zum Trivialschema ab. In diesem Milieu sind gegensätzliche Vorlieben für Rockmusik und klassische Musik, für Museums- und Kinobesuche und Kontemplation und Action vereint. Auch lassen sich die beiden Distinktionsformen, antibarbarische und antikonventionelle Distinktion beobachten.

Im Gegensatz zum Harmoniemilieu ist das Selbstverwirklichungsmilieu stark in der Öffentlichkeit präsent. Mitglieder dieses Milieus sind in Cafés, Kneipen, Bistros, Bars, Restaurants, in Kinos und beim Sport anzutreffen. Aufgrund des allen gemeinsamen Bedürfnisses nach Originalität und Selbstverwirklichung ist dieses Milieu stark segmentiert. Ein wichtiger Typ dieses Milieus ist der Student:

> „Milieutheoretisch ist Student-Sein eine Existenzform, für welche die Einbindung in Institutionen nur eine untergeordnete Rolle spielt. Zur Manifestation dieser Existenzform gehört die Teilnahme an neuer Kulturszene und Kneipenszene, die Rhetorik der Selbstverwirklichung und die Symbolik der unabgeschlossenen Entwicklung- Zeichenwechsel, Ortswechsel, Beziehungswechsel, Karrierewechsel, Einsteigen, Umsteigen, Aussteigen."[104]

Das Selbstverwirklichungsmilieu ähnelt in der Alltagsästhetik dem Niveaumilieu durch die gemeinsame Affinität zu Oper, Theater und Museum, distanziert sich jedoch durch die gleichzeitige Affinität zu Diskotheken, Kneipen und Kino von diesem. Der Schnittbereich von Hochkulturschema und Spannungsschema ist im Selbstverwirklichungsmilieu die neue Kulturszene. Deutlich tritt in der Alltagsästhetik die Distanz zum Trivialschema hervor. Blasmusik, Volkslieder, Fernsehshows und Heimatfilme finden im Selbstverwirklichungsmilieu die stärkste Ablehnung.

Die milieutypische Persönlichkeit ist offen, reflexiv, unbekümmert und dominant. Die Vertreter des Selbstverwirklichungsmilieus sind mobil, gehen gerne aus und haben einen großen Freundeskreis.

---

[103] Vgl. Schulze, Gerhard (2000) S. 308-310.

[104] Schulze, Gerhard (2000) S. 312-313.

Auffallend ist, dass Schulze im Selbstverwirklichungsmilieu den Mittelpunkt vieler sozialer Bewegungen lokalisiert. Beispielsweise hatten die Grünen und die Friedensbewegung zum Zeitpunkt der Erhebung Mitte der 80er Jahre die meisten AnhängerInnen im Selbstverwirklichungsmilieu.

Ein Großteil des Selbstverwirklichungsmilieus, nämlich 22 Prozent, lebt noch bei den Eltern, womit sich auch der hohe Anteil an Auszubildenden erklärt. Höher als in anderen Milieus ist auch der Anteil an ledigen Personen. Die meisten Befragten des Selbstverwirklichungsmilieus haben einen Beruf mit „Kopfarbeit" und rechnen sich zur Mittelschicht. Aufgrund des hohen Anteils an Ledigen und noch Auszubildenden ist die materielle Zufriedenheit und die Wohnzufriedenheit niedriger als in anderen Milieus, wohl auch, weil sich die Mitglieder des Selbstverwirklichungsmilieus eher nach oben, am Niveaumilieu orientieren und sich gegen Harmoniemilieu etc. abgrenzen.[105]

Unterhaltungsmilieu

Im Unterhaltungsmilieu finden sich jüngere Personen mit niedriger Schulbildung. Die Arbeitssituation ist durch körperliche Arbeit dominiert. Die durchschnittliche materielle Zufriedenheit ist im Milieuvergleich am geringsten und korrespondiert mit einer niedrigen Wohnzufriedenheit. In der niedrigen Statuslage zeigt sich eine Gemeinsamkeit mit dem Harmoniemilieu. Das Unterhaltungsmilieu befindet sich in einer Mittellage zwischen Selbstverwirklichungs- und Harmoniemilieu, basierend auf diversen Ähnlichkeiten oder Gemeinsamkeiten. Allerdings tendiert das Unterhaltungsmilieu nur zu einem Schema, dem Spannungsschema. Zu allen anderen alltagsästhetischen Schemata geht das Unterhaltungsmilieu auf Distanz.

Wie das Harmoniemilieu ist auch das Unterhaltungsmilieu wenig in der Öffentlichkeit sichtbar, da Erlebnisangebote wie Kino, Discotheken, Spielhallen und Fitnessstudios bevorzugt werden. Die Action-Orientierung dieses Milieus lässt sich an vielen Details beobachten, u.a. an der in diesem Milieu weit verbreiteten Extraausstattung des Autos mit breiten Reifen, Schalensitzen, Sportgurten, Sportlenkrad, Heckspoiler etc.

Das Unterhaltungsmilieu ist auf der Suche nach Abwechslung und Vergnügungen. Man hört Pop, Rock und Schlager und bevorzugt Trivialliteratur, während man sich gegenüber klassischem Theater, Jazz und der neuen Kulturszene distanziert. Die InterviewerInnen hatten einen überwiegend negativen Gesamteindruck vom Unterhaltungsmilieu, der auf der

---

[105] Vgl. Schulze, Gerhard (2000) S. 317-319.

Persönlichkeit der Befragten, dem körperlichen Erscheinungsbild und der Wohnungseinrichtung basiert.[106]

1.2.3 Resümee

In Abgrenzung zu Bourdieu und seinen Anhängern in Deutschland skizziert Schulze eine *Erlebnisgesellschaft*, in der soziale Lage und Lebensstil entkoppelt sind. Entscheidend für den Lebensstil eines Individuums sind nach Schulze nicht mehr Einkommen, Beruf und Bildung, sondern unabhängig von ökonomischen Ressourcen das Streben nach Erlebnisqualität.

Meines Erachtens können sozioökonomische Merkmale nicht vollständig ausgeblendet werden, da Bildung und Beruf einen Einfluss auf Freizeitgestaltung und Sportpräferenzen ausüben und das Einkommen die Handlungsmöglichkeiten begrenzt. Auch Werner Georg sieht in Schulzes Darstellung der *Erlebnisgesellschaft* diese Schwächen:

> „Für jedes der fünf Milieus finden sich Schwerpunkte spezifischer Berufsgruppen und die Merkmale der beruflichen Tätigkeit (...) sowie der Berufsstatus sind stark mit der Milieuzugehörigkeit assoziiert. Offensichtlich sind die beschriebenen Milieus also an konkrete sozialstrukturelle Voraussetzungen und Ressourcen gebunden, ein Tatbestand, der die von Schulze unterstellte ‚Wahl' (...) relativiert."[107]

Annette Spellerberg kritisiert, dass Schulze mit der Erlebnisorientierung unterstellt, dass soziale Ungleichheiten und Einschränkungen selbst gewählt sind.

Sicher aber wird Schulzes Milieubegriff der differenzierten und individualisierten deutschen Gegenwartsgesellschaft besser gerecht als Bourdieus Vorstellung einer Klassengesellschaft und es ist sein Verdienst, die kulturellen Ausdrucksformen nicht nur als Distinktionsmittel, sondern auch als Mittel zum Genuss und als Ausdruck der persönlichen Lebensauffassung zu betrachten.

Bei der Skizzierung der alltagsästhetischen Schemata und den sozialen Milieus darf nicht vergessen werden, dass diese auf empirischen Daten aus dem Jahr 1985 und deren hermeneutischer Interpretation Ende der 1980er Jahre beruhen. Einige Zeichen haben seitdem ihre Bedeutung gewandelt, beispielsweise haben Fitnessstudios durch die Fitness- und Wellnesswelle einen anderen Zeichencharakter erhalten als sie noch in den 80er Jahren hatten. Ebenso ist als Kritik an der *Erlebnisgesellschaft* festzuhalten, dass diese auf der Untersuchung einer regional begrenzten Bevölkerung basiert. Mit dem Buchtitel erhebt Schulze allerdings einen Anspruch auf Allgemeingültigkeit der Ergebnisse für die deutsche Gesellschaft, die

---

[106] Vgl. Schulze, Gerhard (2000) S. 329.

[107] Georg, Werner (1998) S. 89.

aufgrund des Untersuchungsdesigns, in der u.a. Nur-Hausfrauen und AusländerInnen ausgeschlossen wurden[108], nicht anerkannt werden kann. Schulze relativiert den Eindruck des Titels jedoch in der Einleitung seines Buches:

> „Im Titel soll nicht eine absolute, sondern eine komparative Charakterisierung der Gesellschaft zum Ausdruck kommen. ‚Erlebnisgesellschaft' ist ein graduelles Prädikat, das die im historischen und interkulturellen Vergleich relativ große Bedeutung von Erlebnissen für den Aufbau der Sozialwelt kennzeichnet. (...) Der Titel besagt nicht: diese Gesellschaft ist eine Erlebnisgesellschaft, sondern: sie ist es mehr als andere, und zwar in einem Ausmaß, daß es sich lohnt, ihre soziologische Analyse auf diesen Punkt zu fokussieren."[109]

Ziel meiner Studie ist die empirische Überprüfung des These Gerhard Schulzes von der Homogenisierung des Zeichenensembles der Hochkultur in den Köpfen der Kulturkonsumenten. Laut Schulze unterscheiden sich die Konsumenten von Hochkultur trotz deren Heterogenität nicht; unterschiedliche Kunstrichtungen haben trotz konträrer lebensphilosophischer Botschaften das gleiche Publikum.

1.3 Annette Spellerberg: Lebensqualität und Lebensstile

Annette Spellerberg hat 1993 im Rahmen des Wohlfahrtssurveys eine repräsentative Lebensstilumfrage in West- und Ostdeutschland durchgeführt. Ziel ihrer Studie war, Lebensstil und Lebensqualität in Bezug zueinander zu setzen und die Bevölkerungen West- und Ostdeutschlands anhand dieser Merkmale zu vergleichen. Zu diesem Zweck wurden mit dem Zusatzfragebogen zum Wohlfahrtssurvey 1550 Personen in Westdeutschland und 780 Personen in Ostdeutschland befragt.[110]

Annette Spellerberg versucht mit ihrem Ansatz, die bisherigen gegensätzlichen Sichtweisen in der Lebensstilforschung zu integrieren.

Die Vertreter der individualistischen Perspektive nehmen eine Konstruktionsleistung des Individuums an; Ronald Hitzler kreierte den Begriff *Sinnbasteln* (1994), um damit auszudrücken, dass Lebensstile aus individuellen Handlungsstrategien konstruiert werden. Wie oben ausgeführt ist auch Gerhard Schulze mit der *Erlebnisgesellschaft* ein Vertreter der subjektorientierten Perspektive. Die Vertreter dieser subjektorientierten Perspektive stehen in

---

[108] Vgl. Schulze, Gerhard (2000) S. 616.

[109] Schulze, Gerhard (2000) S. 15.

[110] Vgl. Spellerberg, Annette (1996) S. 12.

Opposition zu Pierre Bourdieu, der der sozialen Lage den größten Einfluss auf die Bildung des Lebensstils zuschreibt.

Annette Spellerbergs Anliegen mit ihrer Arbeit ist, diese gegensätzlichen Positionen zu vermitteln.

Spellerberg bringt die von den Befragten subjektiv eingeschätzte Lebensqualität mit den Lebensstilen in Verbindung; bis 1993 hat die Lebensqualität in der Lebensstilforschung kaum Platz gefunden. Unter Lebensqualität versteht Annette Spellerberg den Lebensstandard, das subjektive Wohlbefinden und deren Kombination. Das subjektive Wohlbefinden wurde mittels Fragen nach der Zufriedenheit mit verschiedenen Lebensbereichen eruiert. Die Einschätzung der persönlichen Zukunft ist ebenso eine wichtige Komponente der Lebensqualität.[111] Eine Hypothese für Spellerbergs Studie lautet, dass Lebensqualität nach Lebensstilen variiert. Annette Spellerberg verortet ihren Ansatz zwischen Lebensstil, Lebensqualität und sozialer Lage. Mittels der Verbindungslinien zwischen diesen drei Ansätzen versucht sie, gegensätzliche Auffassungen zu integrieren.[112]

1.3.1 Operationalisierung der Studie

Der deutsche Wohlfahrtssurvey, in dessen Rahmen die Lebensstilstudie durchgeführt wurde, ist eine repräsentative Bevölkerungsumfrage. Zusätzlich zum Hauptfragebogen des Surveys hat Annette Spellerberg einen Lebensstilfragebogen entworfen, mit dem nur ein Teil der Zielpersonen des Wohlfahrtssurveys befragt wurde.

Da der Gestaltung des Alltags im Lebensstilkonzept zentrale Bedeutung zukommt, werden in Lebensstilstudien neben den soziodemographischen Merkmalen konkretes Verhalten im Alltag und Lebensziele in den Mittelpunkt gestellt. „Besondere Beachtung bei der Operationalisierung verdienen expressive Stilisierungsmöglichkeiten des Lebens, die auf das zunehmende Gewicht kulturell-symbolischer Dimensionen sozialer Ungleichheit verweisen."[113] Spellerberg orientiert sich an dem Lebensstilkonzept von Hans-Peter Müller, das u.a. expressives Verhalten, interaktives Verhalten und evaluative Aspekte der Lebensführung einbezieht. Besonders betont werden die Freizeitaktivitäten, da diese frei wählbaren Verhaltensweisen trotz aller Freiwilligkeit noch immer auf materielle und

---

[111] Vgl. Spellerberg, Annette (1996) S. 198-200.

[112] Vgl. Spellerberg, Annette (1996) S. 13-15.

[113] Spellerberg, Annette (1996) S. 78.

kulturelle Ressourcen hinweisen. „Am Freizeitverhalten können sowohl die Organisation des Alltags als auch Gruppenbildungen abgelesen werden. „Lebens-"stile und „Freizeit-"stile werden daher teilweise synonym verwendet (Lüdtke 1989)."[114] Spellerberg unterscheidet ihr Lebensstilkonzept vom Milieukonzept Gerhard Schulzes unter anderem dadurch, dass sie auf Interaktionspartner und –muster der Befragten nicht eingeht.

Annette Spellerberg hat die Fragen zu ihrem Lebensstil-Zusatzfragebogen aus verschiedenen Studien zusammengestellt. Von Schulze teilweise übernommen hat Spellerberg die Fragen zur Alltagsästhetik, so u.a. Fragen zum Musikgeschmack, Fernsehinteressen und Lektüregewohnheiten, die den drei Schemata Hochkulturschema, Trivialschema und Spannungsschema zuzuordnen sind. Eine zusätzliche Säule zur Ermittlung von Lebensstilen bilden die Lebensziele, die Auskunft über die individuelle Bedeutung verschiedener Dimensionen des Alltagslebens geben.

Die Konstruktion von Lebensstiltypen basiert bei Annette Spellerberg auf Freizeitaktivitäten, Verhaltensweisen, Lebenszielen, Kleidungs- und Einrichtungsstil, Musikgeschmack, Literaturvorlieben, Informationsverhalten und auch auf soziodemographischen Merkmalen wie Geschlecht, Alter, Bildungsgrad und Einkommen. Spellerberg verweist darauf, dass der Faktor Zeit den Umfang ihrer Fragebogenbatterie beschränkt hat. Sie erwähnt Essverhalten und Esskultur, Alkoholkonsum und Sexualverhalten, die aufgrund der nur begrenzt verfügbaren Befragungszeit und ökonomischer Schranken nicht in den Lebensstilfragebogen aufgenommen werden konnten.

Die mündlichen Interviews für Spellerbergs Studie, die auf maximal eine Stunde angelegt waren und sich an Personen bis zum Alter von 60 Jahren wendeten (über 60-Jährige wurden aus Zeit- und Kostengründen ausgeschlossen), wurden 1993 von Infratest Sozialforschung durchgeführt. Insgesamt beinhaltete der Lebensstilfragebogen 132 Einzelfragen.[115]

Die Daten wurden mit Hilfe von Faktoren- und Clusteranalysen ausgewertet. Faktorenanalysen ermöglichten eine Reduktion der Daten einer Itembatterie auf wenige übergeordnete Dimensionen. Beispielsweise konnten die 16 Lebensziele in Westdeutschland vier Dimensionen und in Ostdeutschland fünf Dimensionen zugeordnet werden.

---

[114] Spellerberg, Annette (1996) S. 79.

[115] Vgl. Spellerberg, Annette (1996) S. 80-91.

Clusteranalysen ermöglichten nach den Faktorenanalysen eine Extraktion von Lebensstiltypen.[116]

1.3.2 Lebensstiltypen für West- und Ostdeutschland

Aufgrund der unterschiedlichen Anzahl von Befragten im Westen und Osten und aufgrund der Annahme, dass es sich [1993] bei West- und Ostdeutschland noch um zwei heterogene Teilgesellschaften und nicht um eine zusammengewachsene Gesellschaft handelt, hat Spellerberg die Daten getrennt analysiert.

Bei der Extraktion von Lebensstiltypen ergaben sich für West- und Ostdeutschland jeweils neun Cluster, allerdings unterscheiden sich diese Lebensstiltypen teilweise voneinander. Annette Spellerberg ordnet diese neun Lebensstiltypen einerseits drei kulturellen Geschmacksmustern zu, andererseits graphisch entlang einer Achse an, die den Aktionsgrad der Befragten darstellen soll. Die kulturellen Geschmacksmuster ‚etablierte Kultur', ‚moderne Kultur' und ‚populäre, volkstümliche Kultur' sind auf Schulzes alltagsästhetische Schemata zurückzuführen. In der graphischen Darstellung der neun Lebensstiltypen im Balkendiagramm stützt sich Spellerberg auf jene Items, die die Charakteristik eines Lebensstils zum Ausdruck bringen. Es sind dies die Items: Lebensziele, Lebensweise, Freizeitaktivitäten, Musikgeschmack, Fernsehinteressen, Lektüregewohnheiten, Kleidungsstil, Einrichtungsstil, bevorzugte Zeitungsinhalte und Informationsquellen.

Für meine Lebensstilstudie habe ich die Items Lebensziele, Lebensweise, Freizeitaktivitäten, Musikgeschmack, Fernsehinteressen und Lektüregewohnheiten von Annette Spellerberg übernommen. Aufgrund zeitlicher Barrieren und eingeschränktem Fragebogenumfang im Kontext des Museumsbesuchs der Befragten habe ich u.a. auf Einrichtungs- und Kleidungsstilfragen verzichtet. Dennoch gehe ich davon aus, dass ich mit der geringeren Zahl von Items eine ähnliche Zuordnung zu Lebensstiltypen vornehmen kann.

In **Westdeutschland** sind die Lebensstiltypen 1-3 der etablierten Kultur zuzurechnen, die Typen 4-7 sind „Lebensstile mit vorherrschender Spannungs- und Erlebnisorientierung"[117] und die Typen 8 und 9 hegen Präferenzen für volkstümliche Kulturformen. Für die Besucherstudie an den Kunstmuseen erwarte ich, zumindest einen Lebensstil der etablierten Kultur in meinem Sample identifizieren zu können.

---

[116] Vgl. Spellerberg, Annette (1996) S. 103-106.

[117] Spellerberg, Annette (1996) S. 131.

Typ 1: Ganzheitlich kulturell Interessierte

Dieser Lebensstiltyp zeichnet sich durch überdurchschnittliche Kreativität, gesellschaftliches Engagement und eine naturverbundene Lebensweise aus. Familie, Arbeit und der Einsatz für Hilfsbedürftige sind diesem Lebensstiltyp besonders wichtig. Anhand der Angaben lässt sich eine aktive Freizeitgestaltung annehmen: Bücher lesen, Weiterbildung, eigene künstlerische Betätigungen, Basteln und Handarbeiten sind häufige Freizeitaktivitäten. Sport ist weniger von Interesse, aber ebenso wird in dieser Lebensstilgruppe selten bis nie gefaulenzt. Das Desinteresse an Jugendkultur und volkstümlicher Kultur geht einher mit dem Interesse an etablierter Kultur. Bevorzugt werden Sachbücher und Literatur zu Psychologie und Selbsterfahrung gelesen. Der Kleidungsstil ist zeitlos und unauffällig.

In dieser Lebensstilgruppe befinden sich überwiegend Frauen. Dieser Lebensstiltyp kann mehrheitlich das Abitur vorweisen, übt einen Beruf als qualifizierte/r Angestellte/r aus und rechnet sich selbst der Mittel- und Oberschicht zu.[118]

Typ 2: Etablierte beruflich Engagierte

Mehr als die Hälfte in dieser Lebensstilgruppe strebt nach Führungspositionen, hält Abwechslung und Unabhängigkeit und individuelles Engagement für wichtig. Dieser Lebensstiltyp ist extrovertiert, aber familien- und sicherheitsorientiert. Die insgesamt zufriedene Einstellung zeigt sich unter anderem in der hohen Zustimmung zum Item „Ich gehe in meiner Arbeit auf". Der Typ 2 pflegt einen hohen Lebensstandard, führt, eigene Bedürfnisse verfolgend, ein genussreiches Leben. Klassische Musik und Jazz, Sendungen über Kunst und Kultur, sowie folglich auch klassische Literatur und Sachbücher erfahren ein starkes bis sehr starkes Interesse, während triviale und traditionelle Inhalte abgelehnt werden. In dieser sozialen Gruppe legt man Wert auf sein äußeres Erscheinungsbild, auf eine hohe Qualität von Einrichtungsgegenständen und Kleidung, die als elegant und exklusiv beschrieben wird.

Angehörige dieser Lebensstilgruppe ordnen sich zur Mittelschicht und Oberschicht. Das Durchschnittsalter beträgt 44 Jahre; dieser Typ lebt überwiegend in Zweipersonenhaushalten ohne Kinder, hat höhere Bildungsabschlüsse und höhere berufliche Positionen (Beamte und Selbständige) vorzuweisen und folglich ein überdurchschnittliches Einkommen.[119]

---

[118] Vgl. Spellerberg, Annette (1996) S. 125.

[119] Vgl. Spellerberg, Annette (1996) S. 127.

Typ 3: Postmaterielle, aktive Vielseitige

Typ 3 zeichnet sich durch eine postmaterielle, hedonistische Einstellung und einen hohen Aktivitätsgrad aus. Dieser Lebensstiltyp ist viel außer Haus, sucht Unabhängigkeit und Abwechslung. Wichtig sind ihm Zeit für persönliche Dinge und Freunde, unwichtig dagegen Familie, Sparsamkeit und ein naturverbundenes Leben. Überdurchschnittlich häufig wurde den Verhaltensweisen „Genuss in vollen Zügen" und „Leben nach eigenen Wünschen und Bedürfnissen" zugestimmt, sehr selten der Aussage „einfache und bescheidene Lebensführung". Kaum von Bedeutung sind Familie, Religion oder politisches und soziales Engagement. Typische kulturelle und gesellige Freizeitaktivitäten sind Kneipenbesuch, Theaterbesuch, Sport, Freunde treffen. Zuhause beschäftigt man sich mit Musik hören, Weiterbildung und dem PC. Der Musikgeschmack lässt sich durch Ablehnung von volkstümlichen Weisen und Bevorzugung von Klassik, Pop und Rock umreißen. Da dieser Typ sehr aktiv und häufig außer Haus ist, sieht er selten fern. Wenn, dann bevorzugt er Informationssendungen. Die Lektüre besteht aus Sachbüchern, gehobener Literatur, aber auch aus Comics, Esoterik, Psychologie und Science Fiction.

Dieser Lebensstiltyp beschreibt seinen Kleidungsstil als extravagant, die Einrichtung als funktional und mit persönlichem Stil.

In dieser Gruppe sind Männer und Frauen zu gleichen Teilen vertreten, das Durchschnittsalter ist 30 Jahre. Der Großteil lebt in Einpersonenhaushalten in der Großstadt. Die Bildungsabschlüsse, das Haushaltseinkommen und die Schichtzuordnung sind weit über dem Durchschnitt: über 50 Prozent haben Abitur, fast 50 Prozent befinden sich im oberen Einkommensfünftel und ein Drittel ordnet sich der Oberschicht zu.[120]

Typ 4: Häusliche Unterhaltungssuchende

Dieser familiäre Typ ist häuslich, sucht leichte, moderne Unterhaltung und will ein attraktives Äußeres. Er verbringt seine Freizeit überwiegend im häuslichen Umkreis, beschäftigt sich mit Kindern oder mit Fernsehen, Basteln und Gartenarbeit. Statt aktiven Sports gehören der Besuch von Sportveranstaltungen oder Faulenzen zur Freizeitgestaltung. Diese Lebensstilgruppe erlebt einen regelmäßigen, einfachen und bescheidenen Alltag mit hohem Lebensgenuss. Das Interesse an Musik oder Literatur ist nicht besonders ausgeprägt. Neben Pop und Schlager findet auch nur anspruchslose Lektüre Zustimmung; Politik und Sachbücher sind nicht von Interesse. Das Fernsehgerät wird vornehmlich für Unterhaltung

---

[120] Vgl. Spellerberg, Annette (1996) S. 129.

genutzt, aber auch zur Information, für die kaum Printmedien herangezogen werden. In Zeitungen interessieren nur Kleinanzeigen und Werbung. Mit dem jugendlichen Kleidungsstil geht ein moderner Einrichtungsstil einher.

Zu 74 Prozent besteht diese Lebensstilgruppe aus Frauen. Unter ihnen sind Hausfrauen und qualifizierte und einfache Angestellte. Mehr als die Hälfte hat Kinder im Haushalt. Das Durchschnittsalter ist 36 Jahre.

Mehrheitlich können die Befragten dieser Gruppe nur untere Bildungsabschlüsse vorweisen und damit einhergehend niedrige Einkommen. Die Selbstzurechnung erfolgt zur Mittelschicht.[121]

Typ 5: Pragmatisch Berufsorientierte

Die *pragmatisch Berufsorientierten* bilden eine relativ große Gruppe in Spellerbergs Sample (n=226). In dieser Gruppe sind Arbeit, Führungsrollen, Sicherheit, Familie und Sport sehr wichtig, kulturelle und ästhetische Vorlieben dabei kaum ausgeprägt. Dieser Typ ist praktisch und ökonomisch orientiert und verbringt seine Freizeit mit dem Computer, mit Weiterbildung oder beim Sport. Die kulturellen Interessen beschränken sich auf Pop und Rockmusik, Sportsendungen und politische Magazine im TV, sowie auf die Lektüre von Sach- und Fachbüchern, die das überdurchschnittliche Interesse an politischen und gesellschaftlichen Themen befriedigen. Dieser Typ ist funktional eingerichtet und beschreibt seine Kleidung als praktisch, unauffällig und bequem.

Überwiegend Männer (86 Prozent) konstituieren diese Lebensstilgruppe. Das Durchschnittsalter beträgt 37 Jahre, die Hälfte der Befragten hat Kinder im Haushalt. 42 Prozent sind qualifizierte Angestellte, 23 Prozent Facharbeiter und weisen ein durchschnittliches Einkommen auf.[122]

Typ 6: Expressiv Vielseitige

Diesen Lebensstiltyp kennzeichnet durchgehend auffälliges Antwortverhalten, „nahezu alle Punkte sind von überdurchschnittlicher Bedeutung oder großem Interesse. Einzig bei der Beschäftigung mit Kindern, Computern und Gartenarbeit ist Zurückhaltung zu erkennen."[123] Die Freizeit wird überdurchschnittlich außer Haus (Kneipen, Restaurants, Theater, Sportveranstaltungen) verbracht, im eigenen Haushalt gehören handwerkliche Tätigkeiten zur

---

[121] Vgl. Spellerberg, Annette (1996) S. 131.

[122] Vgl. Spellerberg, Annette (1996) S. 133.

[123] Spellerberg, Annette (1996) S. 135.

Freizeitgestaltung. Beim Musikgeschmack zeigt sich eine eindeutige Präferenz für deutschen Schlager, im TV werden Sport, Quiz, Show, Heimatfilme oder Dokumentationen bevorzugt. Annette Spellerberg bezeichnet die alltagsästhetischen Präferenzen dieser Gruppe als eine „Mischung aus Trivial- und Spannungsschema"[124]. Die Lektüre besteht aus Selbsterfahrungsbüchern, Unterhaltungsromanen und Sachbüchern. Das ausgeprägte Informationsinteresse wird durch Printmedien (Zeitschriften und Wochenzeitungen überdurchschnittlich häufig) befriedigt. Der Kleidungsstil dieser Gruppe ist sportlich und figurbetont, der Einrichtungsstil ist modern und exklusiv, aber auch praktisch und preisgünstig.

Insgesamt schreibt Spellerberg diesem extrovertierten Typ ein ausgeprägtes Bedürfnis nach Selbstdarstellung zu.

In dieser Gruppe sind Männer und Frauen etwa zu gleichen Teilen vertreten, aus allen Alters- und Bildungsgruppen. Dieser Typ findet sich eher in der Großstadt als im Dorf, bezieht ein überdurchschnittliches Einkommen und ordnet sich selbst zu zwei Drittel der Mittelschicht, zu einem Drittel der Arbeiterschicht zu.[125]

Typ 7: Freizeitorientierte Gesellige

Attraktivität, Abwechslung, soziale Anerkennung und Freizeitaktivitäten mit Freunden sind in dieser Gruppe überdurchschnittlich wichtig, was sich an der Zustimmung zu den Items „ich lebe nach eigenen Wünschen und Bedürfnissen" und „ich genieße das Leben in vollen Zügen" ablesen lässt. Hilfsbereitschaft ist bei diesem Typ unterdurchschnittlich ausgeprägt.

Genuss, Muße und Geselligkeit stehen in der Freizeit im Mittelpunkt. Man findet diesen Typ in der Kneipe und im Restaurant. Die kulturellen Interessen beschränken sich ausschließlich auf Angebote mit Spannung und Action: Actionfilme, Pop- und Rockmusik, Comics sind von Interesse, volkstümliche Kultur (Heimatfilme, Blas- oder Volksmusik) werden abgelehnt. Ebenso besteht kein Interesse an sachbezogenen Themen. Die Kleidung ist bequem, sportlich und figurbetont, die Einrichtung modern und individuell.

Der *freizeitorientierte Gesellige* ist der jüngste Lebensstiltyp, das Durchschnittsalter ist 27 Jahre. Mehr als die Hälfte sind Frauen. Überwiegend lebt dieser Typ alleine im Haushalt, nur wenige haben Kinder. Die erreichten Bildungsabschlüsse liegen unter dem Durchschnitt (nur elf Prozent haben Abitur), die ausgeübten Berufe variieren. Da sich 22 Prozent noch in

---

[124] Spellerberg, Annette (1996) S. 135.

[125] Vgl. Spellerberg, Annette (1996) S. 135.

Ausbildung befinden, ist das Einkommen in dieser Gruppe unterdurchschnittlich. Ein Drittel der Befragten rechnet sich zur Arbeiterschicht.[126]

Typ 8: Traditionelle, zurückgezogen Lebende

Der *traditionelle, zurückgezogen Lebende* ist ein passiver, desinteressierter Typ, dessen kultureller Geschmack sich auf Volkstümliches und Traditionelles beschränkt. Sowohl zur Hochkultur als auch zur Jugendkultur zeichnet sich eine Distanz ab, dagegen verzeichnet Spellerberg eine große Nähe zu Traditionen. Dieser Typ ist sicherheitsorientiert, passiv, häuslich, isoliert. Familie, Sicherheit und Sparsamkeit sind erstrebenswert, auf Abwechslung, Kreativität oder Engagement wird kein Wert gelegt.

Nach eigener Einschätzung führt dieser Typ ein einfaches, bescheidenes und gleichförmiges Leben. Sehr selten treffen die Verhaltensweisen „ich genieße mein Leben in vollen Zügen" oder „ich lebe nach eigenen Wünschen und Bedürfnissen" zu. Man verbringt die Freizeit vorm Fernseher, im Garten oder mit der Familie. Die Neigung zum Lesen ist sehr gering, in den Printmedien sind Sport, Sachthemen und Politik uninteressant. Der Kleidungs- und Einrichtungsstil wird als unauffällig und preisgünstig charakterisiert.

Der Frauenanteil in dieser sozialen Gruppe beträgt 67 Prozent, das Durchschnittsalter ist 49 Jahre. Die Vertreter dieses Lebensstiltyps haben nur unterdurchschnittliche Bildungsabschlüsse vorzuweisen, so haben 90 Prozent nur den Hauptschulabschluss. Etwa 60 Prozent sind nicht erwerbstätig, u.a. besteht ein hoher Hausfrauenanteil. Die Haushalte in diesem Segment beziehen unterdurchschnittliche Einkommen, 25 Prozent sind arm, die Arbeiterschicht ist überrepräsentiert. Diese Gruppe ist vorwiegend auf dem Dorf oder in Kleinstädten zu finden.[127]

Typ 9: Traditionelle freizeitaktive Ortsverbundene

Diese Lebensstilgruppe ist pragmatisch, sachorientiert und heimatverbunden. Sie führt ein einfaches, geordnetes, freizeitaktives und soziales Leben. Als zentraler Lebensmittelpunkt fungiert die Familie. Aufgrund der Hobbys Basteln und Gartenarbeit bezeichnet Spellerberg diesen Typ auch als „aktive Heimwerker"[128]. Weiterbildung oder Lektüre von Büchern ist nicht von Interesse, der Musikgeschmack ist volkstümlich. Kleidung und Einrichtung dieses Typs sind pragmatisch und funktional. Zu zwei Drittel setzt sich diese Gruppe aus Männern

---

[126] Vgl. Spellerberg, Annette (1996) S. 137.

[127] Vgl. Spellerberg, Annette (1996) S. 139.

[128] Spellerberg, Annette (1996) S. 141.

zusammen. Das Durchschnittsalter liegt bei 49 Jahren. 81 Prozent besitzen lediglich den Hauptschulabschluss, 25 Prozent haben Kinder im Haushalt. Das Einkommen ist unterdurchschnittlich und die Selbsteinstufung erfolgt zu mehr als zwei Drittel zur Arbeiterschicht.[129]

In **Ostdeutschland** ergeben sich andere Schwerpunkte als im Westen. Nur ein Lebensstil ist dem Bereich ‚etablierte Kultur' zuzuordnen, dafür aber fünf in ‚moderne Kultur' und, wie im Westen, drei in ‚populärer, volkstümlicher Kultur'.

Typ 1: Hochkulturell Interessierte

Bei diesem Typ ragen die Lebensziele „phantasievoll, schöpferisch sein" und „viel mit Freunden zusammen sein" heraus. Auch gesellschaftliches Engagement, eine ökologische Lebensausrichtung, Familie und Arbeit sind dieser Gruppe wichtig. Überraschend für die Bevölkerung der ehemaligen sozialistischen DDR ist die Tatsache, dass 22 Prozent nach religiösen Prinzipien leben.

In der Freizeit neigt dieser Typ zur etablierten Kultur: Theater, Bücher und Weiterbildung erfahren großes Interesse, aber auch die Familie und Fernsehen gehören zur Freizeitgestaltung. Die Hochkultur schlägt sich gleichfalls im Musikgeschmack nieder: Oper und Klassik werden favorisiert, aber auch Musical und Volksmusik sind von Interesse. Das Fernsehen wird für kulturelle und Sachinformation genutzt; Sach- und Fachbücher, klassische Literatur, Psychologie und Selbsterfahrung dominieren die Lektüre. In der Zeitung liegt das Hauptinteresse auf dem Kulturteil. Der Kleidungsstil ist elegant und zeitlos.

Männer und Frauen sind zu gleichen Teilen vertreten, überwiegend leben die Befragten in Partnerhaushalten. Das Durchschnittsalter ist 44 Jahre, 44 Prozent der *hochkulturell Interessierten* haben Abitur, mehr als die Hälfte sind qualifizierte Angestellte. 50 Prozent dieses Typs leben in der Großstadt, 60 Prozent fühlen sich der Mittelschicht zugehörig.[130]

Typ 2: Erlebnissuchende Häusliche

Die *erlebnissuchenden Häuslichen* führen ein einfaches und gleichförmiges Leben. Familie und Arbeit, Sicherheit und soziale Einbindung sind ihnen ebenso wichtig wie Abwechslung und Aktivitäten mit Freunden. Gesellschaftliches Engagement und Führungsrollen sowie der Einsatz für Hilfsbedürftige scheinen ihnen nicht erstrebenswert.

---

[129] Vgl. Spellerberg, Annette (1996) S. 141.

[130] Vgl. Spellerberg, Annette (1996) S. 147.

Überdurchschnittlich viel Zeit wird mit Kindern verbracht, allerdings auch viel Zeit passiv vor dem Fernseher, geistig oder körperlich anstrengende Freizeitaktivitäten werden abgelehnt. Der Musikgeschmack beschränkt sich auf Popmusik und Oldies, sowohl klassische als auch volkstümliche Musik werden nicht gehört. Im Fernsehen bevorzugt dieser Typ Spannung und Action (Spielfilme, Krimis, Action und Horror), als Lektüre leichte Unterhaltung und Krimis. Informationen werden nur in geringem Maße nachgefragt, selten in Printmedien, und in diesen fast ausschließlich Werbung und Kleinanzeigen. Die Kleidung dieses Typs ist praktisch, sportlich und figurbetont, die Einrichtung funktional und modern.

In dieser Gruppe befinden sich überwiegend Frauen bis zu 45 Jahren. 60 Prozent dieses Typs leben mit Kindern im Haushalt, 20 Prozent allein. Mittlere Bildungsabschlüsse herrschen vor. Die meist einfachen Angestellten beziehen ein leicht unterdurchschnittliches Einkommen.[131]

Typ 3: Familien-, arbeitsorientierte Stilbewußte

100 Prozent der Befragten in dieser Gruppe (n=68) stimmen der Aussage „ich lebe ganz für meine Familie" zu, 99 Prozent erachten Arbeit und Sicherheit für wichtig, auch der Wunsch nach Attraktivität erfährt herausragende Zustimmung. 90 Prozent gehen in ihrer Arbeit auf, 70 Prozent geben an, überdurchschnittlich viel zu arbeiten. Hohe Zustimmung erfährt auch die Aussage, nach eigenen Bedürfnissen zu leben.

In der Freizeit stehen die Familie und Kinder im Mittelpunkt, aber ebenso außerhäusliche Aktivitäten wie Theater- und Konzertbesuche. Kneipen und Sport sind weniger gefragt. Die musikalischen Vorlieben beziehen sich auf Schlager und Oldies, Volksmusik und Musicals. Im TV werden vor allem Unterhaltungssendungen konsumiert. Die Lektüre besteht aus Krimis, Unterhaltungsromanen sowie moderner Literatur. Im Informationsverhalten schlägt sich ein breites Interesse nieder: sowohl im TV als auch über Printmedien werden alle Themenbereiche abgedeckt. Der Kleidungsstil ist elegant, modisch und qualitätsbetont; das äußere Erscheinungsbild hat insgesamt eine große Bedeutung.

Über 50 Prozent dieser Gruppe sind Frauen; die Hälfte lebt mit Kindern im Haushalt, ein Drittel lebt in Paarhaushalten. Durchschnittlich sind die Befragten dieser Gruppe 45 Jahre alt. 60 Prozent haben die mittlere Reife erreicht, 13 Prozent das Abitur. Beinahe die Hälfte dieser Gruppe arbeitet als qualifizierte Angestellte und bezieht ein durchschnittliches Einkommen; die Selbsteinstufung erfolgt zur Mittelschicht.[132]

---

[131] Vgl. Spellerberg, Annette (1996) S. 149.

[132] Vgl. Spellerberg, Annette (1996) S. 151.

Typ 4: Pragmatisch Berufsorientierte

Neben Familie, Arbeit und Sicherheit sind vor allem gesellschaftliches Engagement, Führungspositionen und Kreativität wichtig. 90 Prozent gehen in ihrer Arbeit auf, 60 Prozent geben an, überdurchschnittlich viel zu arbeiten. Ein Drittel pflegt nach eigenen Angaben einen gehobenen Lebensstandard (zum Vergleich: 18 Prozent im gesamten Sample). Abweichend vom Durchschnitt ist dieser Typ in seiner Freizeitgestaltung aktiv sportlich, besucht Sportveranstaltungen und beschäftigt sich mit dem Computer. Dagegen lässt sich kaum Interesse an Musik und Fernsehen feststellen. Nur Popmusik und Oldies finden Gefallen, Volksmusik wird abgelehnt. Im Fernsehen kann sich diese Gruppe nur für Informationssendungen und Sport begeistern. In der Freizeit wird kaum gelesen; wenn, dann ausschließlich Fachbücher. Bei der Zeitungslektüre legt der *pragmatisch Berufsorientierte* ein überdurchschnittliches Interesse am Politik- und Wirtschaftsteil an den Tag. Die Kleidung ist sportlich, leger, bequem aber auch elegant.

60 Prozent dieser Gruppe sind männlich, im Durchschnitt 36 Jahre alt. Die Hälfte lebt mit Kindern im Haushalt. 50 Prozent haben Abitur und mehr als zwei Drittel haben überdurchschnittliche Berufspositionen (54 Prozent sind qualifizierte Angestellte, 14 Prozent selbständig) inne, woraus ein überdurchschnittliches Einkommen resultiert. 60 Prozent ordnen sich zur Mittelschicht, 25 Prozent zur Arbeiterschicht. Diesen Lebensstiltyp findet man vorwiegend in größeren Gemeinden.[133]

Typ 5: Expressiv Vielseitige

Auffällig an diesem Lebensstiltyp ist, dass er auf mehr Dinge Wert legt als alle anderen Lebensstiltypen. Besonders gesellschaftliches Engagement und Führungspositionen stechen als wichtig hervor, während eine negative Abweichung bezüglich der Einschätzung von Familie und Sicherheit besteht.

Der *expressiv Vielseitige* ist umweltbewusst, hilfsbereit, hedonistisch und individualistisch. Er betreibt ein breites Spektrum an Freizeitaktivitäten, so u.a. Sport, Theaterbesuche, aber auch Gartenarbeit. Er zeigt ein überdurchschnittliches Interesse an Klassik und Jazz, aber noch mehr an Pop und Rock, Schlager und Oldies. Wichtig ist diesem Typ vor allem Abwechslung und Unterhaltung. Das hohe Informationsbedürfnis wird mit Hilfe von Printmedien gestillt, dieser Typ liest Politik, den Wirtschaftsteil und Lokales in der Zeitung. Der Kleidungsstil ist

---

[133] Vgl. Spellerberg, Annette (1996) S. 153.

auffällig: sexy, modisch, auffallend, jugendlich, elegant sind die angekreuzten Selbstbeschreibungen dieser Gruppe. Die Einrichtung ist exklusiv und ökologisch korrekt. Es besteht in dieser Gruppe ein ausgeglichenes Verhältnis zwischen den Geschlechtern, ebenso sind alle Altersklassen zu gleichen Teilen vertreten. Ein hoher Anteil hat Abitur (34 Prozent), niedrige Berufspositionen sind selten, womit sich auch das hohe Einkommen dieser Gruppe erklärt. Die Hälfte ordnet sich demnach auch der Mittelschicht zu. Diese Gruppe findet man überdurchschnittlich oft in kleineren Wohnorten.[134]

Typ 6: Hedonistische Freizeitorientierte

Abweichend vom Durchschnitt werden in dieser Gruppe Freunde, Urlaub und Abwechslung als genauso wichtig betrachtet wie sinnvolle Arbeit und Familienleben. Unwichtig erscheint andererseits gesellschaftliches Engagement. Das eigene Leben wird in vollen Zügen genossen und nach eigenen Bedürfnissen gelebt. Im Mittelpunkt steht das persönliche Vergnügen durch Fernsehen, Faulenzen, Computerspiele, Sport und Kneipenbesuche.

Intellektuelle Beschäftigung oder Zeit mit der Familie finden kaum Zustimmung. Diese Lebensstilgruppe ist sehr jugendkulturell orientiert: Rock, Pop und Punk, Action, Science Fiction, Fantasy, Videoclips, Spielfilme, Lektüre von Science Fiction und Krimis gehören zur Freizeitgestaltung. Volkstümliche Musik ist verpönt, politische Informationen sind uninteressant. Informationen werden primär über Radio und TV statt über Printmedien eingeholt. Der Kleidungsstil ist praktisch, sportlich, ungezwungen und jugendlich, die Einrichtung ist modern, individuell und funktional. Insgesamt ist dieser Typ sehr unkonventionell und freizeitorientiert.

82 Prozent dieser Gruppe sind männlich, über die Hälfte lebt allein. Der *hedonistische Freizeitorientierte* ist die jüngste Gruppe: das Durchschnittsalter liegt bei 25 Jahren. 20 Prozent leben mit kleinen Kindern im Haushalt. Nur zwei Prozent haben Abitur, ein Großteil arbeitet als Facharbeiter oder ist noch in Ausbildung.[135]

Typ 7: Traditionelle, zurückgezogen Lebende

Streben nach Sicherheit und eine sparsame Lebensführung sind diesem Typ sehr wichtig. Er ist sehr häuslich, statt Beisammensein mit Freunden und gesellschaftliches Engagement sind Familie und Arbeit bedeutsam. Er führt ein einfaches und regelmäßiges Leben, strebt nicht nach Führungspositionen oder Genuss. Auffallend ist ebenso, dass dieser Typ nicht in der

---

[134] Vgl. Spellerberg, Annette (1996) S. 155.

[135] Vgl. Spellerberg, Annette (1996) S. 157.

Arbeit aufgeht und in der Freizeit nicht aktiv ist. Er bewegt sich bevorzugt im häuslichen Umkreis. „Gartenarbeit ist überdurchschnittlich beliebt. Sport und Kultur sind unwichtig."[136] Der Musikgeschmack beschränkt sich ausschließlich auf Volks- und Blasmusik, Schlager und Oldies. Im Fernsehen sind nur Spielfilme, Shows, Serien und Heimatfilme, aber keine Kultur- und Informationssendungen von Interesse. Bücher werden kaum gelesen, wenn, dann nur einfache Romane.

Bei der Zeitungslektüre zeigt sich das geringe Interesse an Politik, dafür umso mehr am Lokalteil und an Kleinanzeigen. Die Kleidung ist pragmatisch und zweckmäßig, nicht elegant oder auffallend; die Wohnungseinrichtung hat ebenfalls nur funktional und preisgünstig zu sein.

Männer und Frauen sind in diesem gesellschaftlichen Segment zu gleichen Teilen vertreten. Das Durchschnittsalter beträgt 50 Jahre. 80 Prozent leben im Dorf oder in der Kleinstadt. 59 Prozent leben mit dem Partner im Haushalt, ein Fünftel hat Kinder, ebenfalls ein Fünftel lebt allein. Niemand von den 56 Befragten in dieser Gruppe hat Abitur, weshalb auch untere Berufspositionen vorherrschen. 60 Prozent sind bereits nicht mehr erwerbstätig, 29 Prozent sind arbeitslos. Aufgrund dieser Konstellationen ist das Einkommen dieser Gruppe weit unter dem Durchschnitt. 80 Prozent ordnen sich der Arbeiterschicht zu.[137]

Typ 8: Konforme Traditionelle

Der Unterschied zu dem vorhergehenden Lebensstil aus dieser Gruppe ist, dass Freunde, Attraktivität und Naturverbundenheit wichtiger erscheinen und Führungsrollen und gesellschaftliches Engagement noch unwichtiger.

Beim Musikgeschmack zeigt sich eine Zuspitzung: außer Volksmusik findet keine andere Musikrichtung Zustimmung. Im TV sind Heimatfilme, Shows und Serien sehr beliebt. Bei der Lektüre zeigt sich eine eindeutige Präferenz für Arzt-, Schicksals- und Unterhaltungsromane. Es lässt sich keinerlei Affinität zum Spannungs- oder Hochkulturschema feststellen. Die Zeitungslektüre besteht aus der Lektüre von Lokalteil und Kleinanzeigen.

Die Kleidung dieses Typs ist unauffällig aber von hoher Qualität, die Einrichtung ist behaglich und preisgünstig bei ebenfalls hoher Qualität.

Bemerkenswert ist der Frauenanteil von 91 Prozent. Zwei Drittel leben in Zweipersonen-

---

[136] Spellerberg, Annette (1996) S. 159.

[137] Vgl. Spellerberg, Annette (1996) S. 159.

haushalten auf dem Dorf oder in der Kleinstadt. In dieser Lebensstilgruppe befinden sich kaum Jüngere. 60 Prozent sind nicht erwerbstätig, 22 Prozent sind Arbeitslose, 31 Prozent Rentner, womit sich das leicht unterdurchschnittliche Einkommen erklären lässt. Der eigenen Wahrnehmung entspricht eine Zuordnung zur Unterschicht.[138]

Typ 9: Traditionelle freizeitaktive Ortsverbundene

Der *traditionelle Ortsverbundene* hegt sehr konventionelle Lebensziele wie Familie, Arbeit und Sicherheit. Abwechslung, Urlaub, Kreativität, Führungspositionen, attraktives Äußeres und Zusammensein mit Freunden erscheinen nicht erstrebenswert.

In der eigenen Einschätzung ist dieser Typ sozial, führt ein einfaches Leben (zu 100 Prozent), ist freizeitaktiv, religiös und lebt in gleichmäßigen Bahnen.

Die Freizeit wird in häuslicher Umgebung verbracht (Familie, Kinder, Garten).

Im Musikgeschmack zeigt sich eine Präferenz für Oldies, Schlager und Volksmusik. Sport ist nur passiv in Form von Fernsehübertragungen interessant. In dieser Gruppe wird kaum gelesen, wenn, dann Fachbücher. Informationen werden aus Tageszeitung und TV beschafft; bei der Zeitungslektüre zeigt sich kein Interesse am Feuilleton. Der Kleidungsstil ist unauffällig, die Einrichtung funktional und behaglich.

Zwei Drittel dieses Typs sind Männer, überwiegend 45-bis 61-Jährige. Knapp ein Drittel lebt im Haushalt mit Kindern, fast alle übrigen in Zweipersonenhaushalten. Es herrschen niedrige Bildungsabschlüsse vor (40 Prozent sind ohne Abschluss), nur sieben Prozent haben Abitur. Etwa 50 Prozent sind nicht mehr berufstätig, der Rest sind qualifizierte Angestellte und Facharbeiter. Diese soziale Gruppe bezieht ein durchschnittliches Haushaltseinkommen Die Selbsteinstufung erfolgt zu 65 Prozent zur Arbeiterschicht, zu 27 Prozent zur Mittelschicht.[139]

Vier Lebensstile sind, abgesehen von kleineren Differenzierungen, in West- und Ostdeutschland ähnlich, die anderen Lebensstile sind unterschiedlich. Bei einer Analyse der Daten für Gesamtdeutschland ergeben sich zwölf Lebensstile, die jedoch die ostdeutschen Eigenheiten verdecken, weshalb sich Spellerberg für die getrennte Analyse und Darstellung der Lebensstile entschieden hat.

---

[138] Vgl. Spellerberg, Annette (1996) S. 161.

[139] Vgl. Spellerberg, Annette (1996) S. 163.

1.3.3 Bedeutung sozialstruktureller Merkmale

Bemerkenswert an Spellerbergs Konstrukten ist, dass sie soziodemographische Merkmale explizit in die Typenbeschreibung der einzelnen Lebensstile aufnimmt.

„Trotz Reichtums- und Bildungszuwachs, Massenmedien und freierer Lebensgestaltung, die manchen Sozialwissenschaftler zur These der Entkoppelung von Lebensstil und sozialer Lage veranlaßten, läßt sich anhand der alters-, bildungs-, geschlechts- und schichtspezifischen Vorlieben belegen, daß die objektiven Lebensbedingungen und die Stellung in der Gesellschaft immer noch mit Lebensstilen im Zusammenhang stehen – und zwar in beiden Landesteilen."[140]

In der Analyse des Zusammenhangs zwischen der sozialen Lage und dem Lebensstil zeigt sich, dass der sozio-ökonomische Status einen signifikanten Einfluss auf die Gestaltung des Alltags ausübt. So haben die hochkulturell Interessierten überdurchschnittlich häufig ein hohes Berufsprestige. Dagegen haben die häuslichen Typen niedrige Berufspositionen inne. Besonders auffällig ist der Zusammenhang bei den Nichterwerbstätigen: in der Gruppe der Geselligen, außerhäuslich Aktiven sind Auszubildende überrepräsentiert, in den familienorientierten Lebensstilen Hausfrauen und in den Lebensstilgruppen mit volkstümlichem Geschmack Rentner (in Westdeutschland).

Im Osten zeigt sich ein stärkerer Zusammenhang zwischen Armut und Lebensstil als im Westen. So sind beispielsweise unter den hochkulturell Interessierten keine Armen, unter den zurückgezogen Lebenden aber 14 Prozent. Spellerberg sieht ihre Ergebnisse als Bestätigung von Bourdieus Ansatz, dass sich soziale Ungleichheiten im Geschmack manifestieren und reproduzieren.[141]

Einen entscheidenden Einfluss auf den Lebensstil hat auch der Faktor Bildung, von Bourdieu auch als kulturelles Kapital bezeichnet. Eine Tabelle bei Spellerberg offenbart, dass zwischen Bildung und Lebensstiltyp ein stärkerer Zusammenhang als zwischen sozio-ökonomischem Status und Lebensstil besteht. Am Beispiel der westdeutschen Lebensstile betrachtet, haben in den drei hochkulturell interessierten Lebensstilgruppen etwa 50 Prozent das Abitur, in den beiden volkstümlich interessierten Gruppen nur ein bis vier Prozent.[142] „Bildung und Lebensstilausprägung stehen in einem deutlichen Zusammenhang. Die kulturellen Fähigkeiten und Wissensbestände haben damit für unterschiedliche Aktivitäts- und Geschmacksmuster

---

[140] Spellerberg, Annette (1996) S. 171.

[141] Vgl. Spellerberg, Annette (1996) S. 176-177.

[142] Vgl. Spellerberg, Annette (1996) S. 181.

größere Bedeutung als das ökonomische Kapital."[143] Auch bei der Analyse der Daten nach geschlechtsspezifischen Unterschieden in der Zusammensetzung der Lebensstiltypen zeigt sich, dass das Geschlecht eine differenzierende Variable ist. Allerdings zeigen sich die geschlechtsspezifischen Unterschiede im Westen stärker als im Osten. Im Westen sind in den häuslichen Lebensstilen die Frauen in der Mehrheit, während in den berufs- und sportorientierten Lebensstilen Männer überrepräsentiert sind. Im Osten ist dieser Zusammenhang nicht so auffällig, da in der ehemaligen DDR Beruf und Familie für die Frauen besser zu vereinbaren waren und deshalb kaum „Nur-Hausfrauen" anzutreffen sind. Die „Familienphase" ließ Spellerberg auch einen Zusammenhang zwischen Alter und Lebensstil vermuten, im Westen wiederum stärker als im Osten. Der Zusammenhang zwischen Lebensphase und Lebensstil ist jedoch schwächer als angenommen.[144]

1.3.4 Resümee

Zusammenfassend ist für Spellerbergs Studie festzuhalten, dass sozialstrukturelle Merkmale wie beruflicher Status, Einkommen, Bildung, Geschlecht und Alter einen signifikanten Einfluss auf die „Wahl" des Lebensstils haben.

> „Alter, Bildung und Geschlecht weisen die stärksten Zusammenhänge zum Lebensstil auf. (...) Die theoretisch begründete Annahme über die Wirkungsrichtung beim Zusammenhang von beispielsweise Bildung und Lebensstil läßt die Schlussfolgerung zu, daß die sozialstrukturellen Merkmale die Ausprägung von Lebensstilen maßgeblich bestimmen. Alltägliche Verhaltensweisen, Geschmacksmuster und Orientierungen dürften dabei stärker durch Alter, Bildung und Geschlecht bestimmt sein als durch die ökonomische Lage. Zugleich läßt dieses Ergebnis nicht den Umkehrschluß zu, soziale Ungleichheiten wären im Alltag der Menschen bedeutungslos, wie die Analysen zum Zusammenhang von Einkommen, Bildung und Lebensstilen gezeigt haben. Für die Lebensstilzugehörigkeit scheinen jedoch neben den kulturellen Kompetenzen demographische Faktoren ausschlaggebender. Sie beeinflussen die Alltagsorganisation und –gestaltung offensichtlich stärker als ökonomische Ungleichheiten."[145]

Mittels einer Diskriminanzanalyse hat Spellerberg den starken Zusammenhang zwischen sozialer Lage und Lebensstil bestätigt. Damit belegt sie u.a. Bourdieus These von der Bedeutung des Kulturkapitals für Habitus und Lebensstil und widerlegt Gerhard Schulzes Behauptung von der Entkopplung von Lebensstil und sozialer Lage und Hitzlers Annahme von der autonomen Konstruktion von Lebensstilen. Lebensstile sind aber nicht allein auf die

---

[143] Spellerberg, Annette (1996) S. 182.

[144] Vgl. Spellerberg, Annette (1996) S. 188-191.

[145] Spellerberg, Annette (1996) S. 192.

Ressourcenausstattung zurückzuführen, da bei gleicher Ausstattung verschiedene Lebensstile existieren, Lebensstile also nicht nur vertikal, sondern auch horizontal nebeneinander anzuordnen sind.[146]

In Kapitel 5 nehme ich einen Vergleich von Spellerbergs Lebensstilen der etablierten Kultur [in Westdeutschland] und dem oder den Lebensstil(en) der KunstmuseumsbesucherInnen vor.

1.4 Die *Sinus-Milieus*

Annette Spellerberg nimmt häufig Bezug auf die *Sinus-Milieus*.

Das Heidelberger Sozialforschungsinstitut *Sinus Sociovision* hat Ende der 1970er Jahre für Deutschland ein Milieukonzept entwickelt. Die *Sinus-Milieus* sind vergleichbar zu Annette Spellerbergs Lebensstiltypologie. *Sinus Sociovision* konzipiert im Jahr 2002 zehn Lebensstiltypen; 1993 identifizierte Spellerberg zwölf Lebensstile.

Neben den soziodemographischen Merkmalen beruht die Konstruktion der *Sinus-Milieus* auch auf Einstellungen zu Arbeit, Familie, Geld und Konsum sowie auf Interessen und Verhaltensweisen. Dabei sind die Grenzen zwischen den Milieus fließend; es gibt Berührungspunkte und Übergänge.

In der graphischen Darstellung werden die Milieus an der x-Achse nach der Grundorientierung und an der y-Achse nach der sozialen Lage positioniert. Die soziale Lage wurde nach den Kategorien Oberschicht/Obere Mittelschicht, mittlere Mittelschicht und Untere Mittelschicht/Unterschicht differenziert; die Grundorientierung wurde in die drei Wertgruppen Traditionelle Werte (Pflichterfüllung, Ordnung), Modernisierung I (Konsum-Hedonismus, Postmaterialismus) und Modernisierung II (Patchworking, Virtualisierung) gegliedert. Diese Zuordnung zu sozialer Lage und Einstellung erfolgt wie bei Spellerberg, wobei die Grundorientierung ebenfalls mit den alltagsästhetischen Schemata Gerhard Schulzes konform geht.[147]

Aus der international gebräuchlichen Bezeichnung der Abschnitte auf der Werteachse mit den Buchstaben A bis C und auf der Schichtachse mit den Zahlen von eins bis drei ergeben sich Milieukoordinaten, beispielsweise Sinus B12 oder Sinus A23, die zur Illustration mit aus der soziologischen Forschungstradition hervorgegangenen Milieubezeichnungen ersetzt werden. Die *Sinus-Milieus* werden regelmäßig in verschiedenen Ländern erhoben. Die für Deutschland

---

[146] Vgl. Spellerberg, Annette (1996) S. 193-197.

[147] Vgl. www.sinus-milieus.de/content/grafik/kurzbeschreibung%20l2002.pdf S. 3.

im Jahr 2002 ermittelten Milieus sind *die Etablierten, die Postmateriellen, die Modernen Performer, die Konservativen, die Traditionsverwurzelten, die DDR-Nostalgischen, die Bürgerliche Mitte, die Konsummaterialisten, die Experimentalisten, die Hedonisten.*

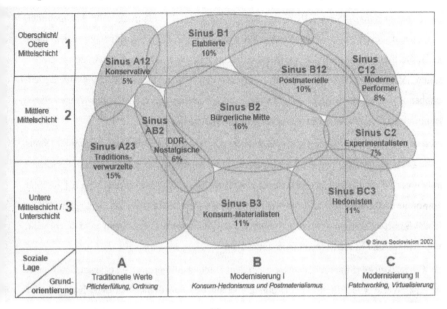

Abbildung 1: Sinus-Milieus in Deutschland 2002[148]

1.4.1 Milieubeschreibung

Die inhaltliche Beschreibung und Abgrenzung der *Sinus-Milieus* erfolgt nach Grundorientierung, Lebensstil und soziale Lage. Die soziale Lage geht als passive, Wertorientierungen und Lebensstile als aktive Variable in das *Sinus*-Modell ein. Das Institut trägt damit der Tatsache Rechnung, dass soziale Zugehörigkeit heute weniger von schichtspezifischen Merkmalen als von Lebensstil-Gemeinsamkeiten geprägt ist.

Die Etablierten (Sinus B1), zu denen etwa zehn Prozent der deutschen Bevölkerung gehören, sind karriereorientiert, zielstrebig und legen großen Wert auf beruflichen und materiellen Erfolg. „Sie konsumieren edel und genießen den Luxus, den sie sich auf Grund ihrer privilegierten finanziellen Situation leisten können."[149] Die als Elite zu bezeichnenden Etablierten grenzen sich bewusst nach unten ab. Zu den soziodemographischen Merkmalen ist

---

[148] www.sinus-milieus.de/content/grafik/kurzbeschreibung%20012002.pdf S. 3.

[149] www.sinus-milieus.de/content/grafik/kurzbeschreibung%20012002.pdf S. 7.

festzuhalten, dass die diesem Milieu Zugehörigen zwischen 40 und 60 Jahre alt sind, ein überdurchschnittlich hohes Bildungsniveau und höhere und höchste Einkommen vorzuweisen haben.[150]

Die Postmateriellen (Sinus B12), ca. zehn Prozent der Bevölkerung, sind hochgebildet, tolerant und weltoffen. Sie legen Wert auf Kreativität und Selbstverwirklichung und weniger auf Besitz und Konsum. Das Altersspektrum dieses Milieus reicht von Anfang 20 bis zu den jungen Alten. Dieses Milieu hat im Milieuvergleich das höchste Bildungsniveau, ein gehobenes Einkommensniveau und setzt sich überwiegend aus höheren Angestellten, BeamtInnen, FreiberuflerInnen und StudentInnen zusammen.[151]

Etwa acht Prozent der Deutschen sind nach der Sinus-Analyse *moderne Performer* (Sinus C12). Dieses junge Milieu ist flexibel, mobil und leistungsorientiert. *Moderne Performer* streben nach Selbständigkeit und materiellem Erfolg und zeichnen sich durch Flexibilität und Multioptionalität aus. Sie sind mit einem Altersschwerpunkt unter 30 das jüngste Milieu. Neben Selbständigen und FreiberuflerInnen mit gehobenem Einkommen sind auch viele SchülerInnen und StudentInnen in diesem Milieu.[152]

Die Konservativen (Sinus A12) entsprechen dem Bildungsbürgertum. Sie pflegen Traditionen und alte Werte wie Pflicht und Ordnung, Neben der beruflichen Karriere hat auch der familiäre Zusammenhalt eine große Bedeutung. Zu diesem Milieu gehören v.a. ältere Personen über 60 Jahre. Mit den überdurchschnittlichen Bildungsabschlüssen in diesem Milieu gehen gehobene Berufspositionen (vor dem Ruhestand) und höheres Einkommen bzw. höheres Vermögen einher.[153]

Die Traditionsverwurzelten (Sinus A23), ca. 15 Prozent der Bevölkerung, streben nach Ordnung und Sicherheit und sind skeptisch gegenüber modischen Neuerungen. Sie entstammen dem Kleinbürgertum oder der traditionellen Arbeiterkultur und pflegen Werte wie Pflichterfüllung, Disziplin und Moral. Auch in diesem Milieu sind überwiegend ältere Personen ab 65 Jahren vertreten. Unterdurchschnittliche Bildungsabschlüsse und daraus

---

[150] Vgl. www.sinus-milieus.de/content/grafik/kurzbeschreibung%20012002.pdf S. 7.
[151] Vgl. www.sinus-milieus.de/content/grafik/kurzbeschreibung%20012002.pdf S. 8.
[152] Vgl. www.sinus-milieus.de/content/grafik/kurzbeschreibung%20012002.pdf S. 9.
[153] Vgl. www.sinus-milieus.de/content/grafik/kurzbeschreibung%20012002.pdf S. 10.

resultierend einfache Berufe (vor der Pensionierung) führen zu einem kleinen bis mittleren Einkommen.[154]

Die DDR-Nostalgischen (Sinus AB2), immerhin ein sechsprozentiger Anteil an der deutschen Gesamtbevölkerung, die sich als VerliererInnen der Wiedervereinigung betrachten, hatten vor 1989 Führungspositionen in der Politik, Verwaltung oder Kultur inne. Arbeitslosigkeit oder die Herabstufung zu einfachen Berufen nach der Wende führen zu Verbitterung und Ablehnung der westlich geprägten Welt. Die *DDR-Nostalgischen* neigen zur Verklärung der Vergangenheit und pflegen die alten Werte des Sozialismus. Der Großteil ist über 50 Jahre alt, hat niedrige bis mittlere Bildungsabschlüsse (aber auch HochschulabsolventInnen sind überrepräsentiert) und geht einfachen Berufen als Angestellte/r oder ArbeiterInnen nach. Auffällig ist ein hoher Anteil an BezieherInnen von Altersübergangsgeld oder Rente; die noch Berufstätigen beziehen kleine bis mittlere Einkommen.[155]

Eine relativ große Gruppe, nämlich 16 Prozent der Bevölkerung, bildet die *bürgerliche Mitte* (Sinus B2). Der Altersschwerpunkt liegt bei 30 bis 50 Jahren, es herrschen mittlere Bildungsabschlüsse, mittlere Berufsgruppen und mittleres Einkommen vor. Angehörige der bürgerlichen Mitte sind status- und leistungsorientiert und zielstrebig. Beruflicher Erfolg, eine gesicherte Position und moderater Wohlstand sind angestrebte Lebensziele. Der Lebensstil ist geprägt von dem Wunsch, ein komfortables Leben, umgeben von FreundInnen und Gleichgesinnten, zu führen. Der Altersschwerpunkt dieses kinderfreundlichen Milieus liegt zwischen 30 und 50 Jahren.[156]

Die Konsummaterialisten (Sinus B3) streben nach Anerkennung und versuchen, über den Konsum Anschluss an die Mittelschicht zu halten. Niedrige Bildungsabschlüsse beschränken allerdings ihre beruflichen Chancen, weshalb der Wunsch nach Wohlstand und einem genussreichen Leben in Gegensatz zur Realität stehen. In diesem Milieu häufen sich Arbeitslose und ArbeiterInnen und soziale Benachteiligungen.[157]

Die Experimentalisten (Sinus C2), die etwa sieben Prozent der Bevölkerung ausmachen, sind sehr individualistisch, spontan, tolerant und offen gegenüber unterschiedlichen Lebensstilen, Szenen und Kulturen. Materieller Erfolg, Status und Karriere sind ihnen unwichtig.

---

[154] Vgl. www.sinus-milieus.de/content/grafik/kurzbeschreibung%20012002.pdf S. 11.

[155] Vgl. www.sinus-milieus.de/content/grafik/kurzbeschreibung%20012002.pdf S. 12.

[156] Vgl. www.sinus-milieus.de/content/grafik/kurzbeschreibung%20012002.pdf S. 13.

[157] Vgl. www.sinus-milieus.de/content/grafik/kurzbeschreibung%20012002.pdf S. 14.

Stattdessen engagieren sie sich für Randgruppen und pflegen kreative Hobbys. Die Experimentalisten sind das jüngste Milieu, in dem überdurchschnittlich viele SchülerInnen und StudentInnen vertreten sind. Das hohe Bildungsniveau führt zu qualifizierten Berufspositionen und überdurchschnittlichem Haushaltseinkommen.[158]

Die Hedonisten (Sinus BC3), elf Prozent der Deutschen, sind immer auf der Suche nach Abwechslung und Unterhaltung und deshalb häufig in krassen Szenen und Clubs anzutreffen. Gegensätzlich zu ihrem Freizeitleben führen die Hedonisten ein angepasstes Berufsleben. *Die Hedonisten* sind die moderne Unterschicht; die ArbeiterInnen oder einfachen Angestellten haben niedrige bis mittlere Bildungsabschlüsse. Ein hoher Anteil von SchülerInnen und Auszubildenden erklärt den hohen Prozentsatz von Personen ohne eigenes Einkommen. In diesem Milieu ist der Altersschwerpunkt unter 30 Jahre, aber auch 50-Jährige sind vertreten.[159]

Sinus Sociovision fasst die Milieus zu Lebenswelt-Segmenten zusammen. *Die Etablierten, die Postmateriellen, die Modernen Performer* zu Leitmilieus, *die Konservativen, die Traditionsverwurzelten, die DDR-Nostalgischen* zu traditionellen Milieus, *die Bürgerliche Mitte* und *die Konsum-Materialisten* zu Mainstream-Milieus und schließlich *die Experimentalisten und die Hedonisten* zu hedonistischen Milieus. Diese Zusammenfassung ist aber nur eine der möglichen Einteilungen. Je nach Problemstellung können die Milieus auch nach anderen Kriterien zusammengefasst werden.[160]

1.4.2 Anwendungsbereiche

Die *Sinus-Milieus* dienen weltweit seit den 1980er Jahren kommerziellen Zwecken. Markenartikelhersteller, Dienstleistungsunternehmen, Werbe- und Mediaagenturen nutzen sie zur Zielgruppenbestimmung und als Entscheidungshilfe für Marketing, Produktentwicklung und Kommunikation. Ebenso wie die Milieus können auch Produkte, Marken und Medien wie oben abgebildet graphisch angeordnet werden. Da Lebensstilunterschiede heute stärker als Schichtunterschiede die soziale Zugehörigkeit bestimmen, haben die Dimensionen der sozialen Lage nur mehr eine passive Rolle in der Markt- und Meinungsforschung.[161]

---

[158] Vgl. www.sinus-milieus.de/content/grafik/kurzbeschreibung%20012002.pdf S. 15.

[159] Vgl. www.sinus-milieus.de/content/grafik/kurzbeschreibung%20012002.pdf S. 16.

[160] Vgl. www.sinus-milieus.de/content/grafik/kurzbeschreibung%20012002.pdf S. 5.

[161] Vgl. www.sinus-milieus.de/content/grafik/kurzbeschreibung%20012002.pdf S. 3-6.

1.4.3 Resümee

Auch wenn die *Sinus*-Milieus in erster Linie für kommerzielle Zwecke ermittelt und verwendet werden, lässt sich ihre Essenz nicht von der Hand weisen: in Deutschland existieren zehn soziale Milieus bzw. Lebensstiltypen im Jahr 2002. Ihre Charakteristika beruhen auf der Kombination von lebensstilspezifischen und sozioökonomischen Merkmalen. Ein ähnliches Ergebnis ermittelte Annette Spellerberg 1993.

1.5 Rudolf Richters Dimensionen der Lebensstilanalyse

Rudolf Richter stellt in seinem Beitrag *Der Lebensstil - Dimensionen der Analyse* in dem von ihm herausgegebenen Buch *Sinnbasteln* fest, dass die den Lebensstilstudien zugrunde liegenden Indikatoren, etwa Freizeitgestaltung, Wohnen, Kleidung, Arbeit, Familie etc., ähnlichen Dimensionen zuzuordnen sind.

Gegen die Vermengung von Fragen zu Einstellungen, Werthaltungen und Aktivitäten in der Sozialforschungspraxis konstruiert Richter ein theoretisches Gerüst für die Analyse von Lebensstilen, basierend auf der phänomenologischen Soziologie.[162]

1.5.1 *Lebenswelt*, Alltag und ihre Dimensionen

Nach der Interpretation von Richter bedeutet der von Husserl formulierte und von Schütz präzisierte Begriff *Lebenswelt* „die Gesamtheit an Handlungsmöglichkeiten, das Repertoire an Dingen für Handlungsmöglichkeiten, das Gesellschaftsmitgliedern im alltäglichen Handeln prinzipiell zur Verfügung steht."[163] Das Verhaltensrepertoire ist gleichwohl strukturell begrenzt: das Geschlecht, das Bildungsniveau und das soziale Umfeld schränken die Individuen in ihren Handlungsoptionen ein. Die Lebenswelt verlangt nach Handlungen; angelehnt an Grathoff (1989) entwickelt Richter ein Analyseraster mit sechs Sinndimensionen der Lebenswelt: Handeln (1): welche Handlungen von VertreterInnen bestimmter Lebensstile werden vollzogen. Subjektivität (2): Elemente individueller Sozialisation beeinflussen den Lebensstil. Intersubjektivität (3): Konstruktionsprinzip des Zugehörigkeitsgefühls zu einem Lebensstil. Generationenlagen (4): generationenspezifische Lebensstile. Vielfältige Realitäten (5): welche Realitäten konstruieren die VertreterInnen von Lebensstilen. Wissenschaft als

---

[162] Vgl. Richter, Rudolf (1994) S. 50-51.
[163] Richter, Rudolf (1994) S. 52.

charakteristische Sinndimension der Lebenswelt (6) sucht nach der sozialen Typik von Lebensstilen.

Untrennbar verbunden mit dem Begriff Lebenswelt ist der *Alltag*. Eine inhaltliche Definition von Alltag ablehnend und von einer dynamischen Beziehung zwischen Lebenswelt und Alltag ausgehend, legt Richter fünf Dimensionen des Alltäglichen fest, aus denen die Kriterien für die Analyse von Lebensstilen ermittelt werden können. Diese fünf Dimensionen sind die zeitliche (1), die räumliche (2), die personal-kulturelle (3) und die sächlich-kulturelle Dimension (4) sowie die soziale Alltäglichkeit (5). Lebensstile können beispielsweise nach Zeitabschnitten und Zeitstrukturen, nach geographischen Räumen und individualisierenden Elementen untersucht werden.[164]

1.5.2 Distinktionsebenen des Lebensstils

Lebensstile sind nicht individuell. „Vielmehr werden sie von verschiedenen Personen geteilt, die einander - würden sie einander begegnen - als ähnlich empfinden, sich gut verstehen würden."[165] Die Sichtbarkeit der Lebensstilkomponenten – wie Kleidung, Mimik und Sprache – fließt in eine von Richters Definitionen von Lebensstil ein; angelehnt an Max Webers Definition von sozialem Handeln definiert Richter:

> „Lebensstil ist eine Art sozialen Handelns nach bestimmbaren Konglomeraten situativer Alltäglichkeit, die einem Kollektiv eigen sind. Wir wollen darunter die äußeren Erscheinungsformen der Identität eines Kollektivs verstehen, mit Hilfe derer sich das Kollektiv von anderen abgrenzt."[166]

Entsprechend der Vielfalt und Variabilität von Lebensstilmerkmalen unterscheidet Richter zwischen drei Ebenen des Lebensstils: subtile Distinktionsmerkmale, Distinktionsmerkmale und attributive Kultur.

Subtile Distinktionsmerkmale werden in der Primärsozialisation vermittelt und sind den Mitgliedern eines Lebensstils selbstverständlich und damit nicht bewusst. Subtile Distinktionsmerkmale können sowohl Besonderheiten der Kleidung als auch charakteristische Verhaltensweisen sein. Sie dringen nur ins Bewusstsein, wenn Abweichungen auftreten. Diese unbewussten Distinktionsmerkmale sind einer standardisierten Erhebung mit einem

---

[164] Vgl. Richter, Rudolf (1994) S. 52-56.

[165] Richter, Rudolf (1994) S. 58.

[166] Richter, Rudolf (1994) S. 59.

Fragebogen nicht zugänglich, da sie von den Mitgliedern eines Lebensstils selten verbalisiert werden können und dem Fragebogenersteller meist nicht bekannt sind.

Dagegen sind Distinktionsmerkmale bewusst eingesetzte Zeichen, die über einen längeren Zeitraum stabil sind. Zu diesen „offensichtlichen" Merkmalen gehört die Hausbibliothek, die private Sammlung von Kunstwerken, Esskultur und Wohnkultur im Allgemeinen sowie exklusive Kleidung. Auch in Einstellungen und Werthaltungen finden sich Distinktionsmerkmale, die durch eine standardisierte Erhebung ermittelbar sind.[167]

Die von Richter als attributive Kultur bezeichneten Merkmale sind flüchtig und austauschbar. Zeitgeisterscheinungen wie vorübergehende Moden können kurzzeitig Gemeinsamkeiten zwischen Personen unterschiedlicher sozialer Herkunft oder unterschiedlichen Lebensstils vortäuschen. Lebensstile beruhen dagegen auf stabilen Kriterien, weshalb attributive Merkmale bei der Analyse von Lebensstilen unberücksichtigt bleiben. Die den Lebensstil konstituierenden Merkmale sind mittels einer Kombination aus qualitativen und quantitativen Methoden nachzuweisen.

1.5.3 Orientierungsdimensionen des Lebensstils

Anhand der Hypothese, dass „es allgemeingültige Dimensionen gibt, die die Art und Weise eines Lebensstils bestimmen und die daher auch ein Klassifikationsraster für Lebensstile darstellen können"[168] ermittelt Richter drei Dimensionen, mit denen man die Lebensstile klassifizieren kann. Diese Orientierungsdimensionen sind Bewegen – Bewahren, Aktiv Passiv, Außengerichtet – Innengerichtet. Mit Max Webers Definition von sozialem Handeln lässt sich „Lebensstil als ein soziales Handeln [...] beschreiben, als ein inneres oder äußeres Tun oder Erdulden, das sich an anderen orientiert und stabilisierend oder mobilisierend an Vergangenheit oder Zukunft orientiert ist."[169]

Die Handlungen eines Menschen können bewegend sein, Veränderungen bewirken und auf Neues abzielen oder aber bewahrend sein, also Veränderungen vermeidend und Traditionen pflegend. Als Beispiel zieht Richter den Musikgeschmack heran, der je nach seiner Ausprägung sowohl bewegend (Vorliebe für Rockmusik) als auch bewahrend (Vorliebe für klassische Oper) sein kann.

---

[167] Vgl. Richter, Rudolf (1994) S. 60-61.

[168] Richter, Rudolf (1994) S. 62.

[169] Richter, Rudolf (1994) S 62-63.

Ebenso lassen sich Freizeitaktivitäten und Vorlieben nach aktiv oder passiv differenzieren. Außengerichtet sind Handlungen dann, wenn die Bezugspunkte außerhalb der Privat- und Persönlichkeitssphäre liegen, innengerichtet, wenn sie sich auf die Privatsphäre oder die eigene Persönlichkeit beziehen. Anhand dieser Dimensionen kann man Aktivitäten und Einstellungen von Menschen beschreiben und damit Lebensstile abbilden.[170] Allerdings kann beispielsweise die Beschäftigung mit dem Computer in der Freizeit sowohl innen- als auch außengerichtet sein.

1.5.4 Resümee: empirische Überprüfung der Analysedimensionen

Hartmut Lüdtke hat versucht, Richters theoretische Konstruktion von Orientierungsdimensionen empirisch zu überprüfen. Durch eine vergleichende Auswertung von mehr als 20 Lebensstilstudien hat Lüdtke festgestellt, dass die drei Dimensionen Richters mittels einer Korrespondenzanalyse von soziodemographischen und modalen Kriterien ermittelt werden können. Lüdtke hat zusätzlich eine vierte Dimension ausgemacht: in der „Ressourcendimension"[171] verschmelzen Bourdieus soziales, kulturelles und ökonomisches Kapital.

Angelehnt an Richter und Lüdtke behaupte ich, dass sich die Publika von K20 und K21 anhand der Items nach Richters Orientierungsdimensionen differenzieren lassen. Die in meinem Fragebogen enthaltenen Lebensstilvariable (Freizeitbeschäftigungen, Musik- und Literaturgeschmack, Werte) können nach den Dimensionen Traditionalismus - Modernität, Gestalten - Bewahren, Außen - Innen analysiert werden.

1.6 Christian Tarnai und Ulf Wuggenig - Kunstwelten im internationalen Vergleich: Wien-Hamburg

1.6.1 Konfiguration der lebensstilvergleichenden Besucherstudie

Christian Tarnai und Ulf Wuggenig haben 1993 eine lebensstilvergleichende Studie an zwei Museen zeitgenössischer Kunst in Wien und Hamburg durchgeführt. Einleitend zu ihren Ausführungen steht die Feststellung, dass das Feld der avantgardistischen Kunst bis zum Zeitpunkt ihrer Studie von der soziologischen Forschung vernachlässigt wurde. Dies gründet ihrer Ansicht nach zum einen auf der Tatsache, dass SoziologInnen sich eher mit

---

[170] Vgl. Richter, Rudolf (1994) S. 62-63.
[171] Lüdtke, Hartmut (1995) S. 87.

Populärkultur als mit Kultur der Eliten befassen, zum anderen auf der dem Kunstsystem innewohnenden Aversion gegenüber der Soziologie. Diese Antinomie zwischen Kunst und Soziologie beruhe auf „grundlegenden Differenzen in Überzeugungen, Werten und intellektuellem Stil".[172]

Mit ihrer Studie *Kunstwelten im internationalen Vergleich* verfolgten Tarnai und Wuggenig das Ziel, Unterschiede im Kunstsystem zwischen Peripherie und Zentrum bezüglich Verhaltensweisen, Kompetenzen, lebensstilrelevanten Überzeugungen, Präferenzen und Werten zu ermitteln. Als Peripherie des Kunstsystems wurden Laien, als Zentrum die Professionellen, also KünstlerInnen, KritikerInnen, KuratorInnen etc., bezeichnet. An früheren kunstsoziologischen Untersuchungen kritisieren sie, dass selbige derartige Differenzen zwischen Laien und Professionellen nicht zum Gegenstand hatten, sondern im Untersuchungsdesign selbst reproduzierten.[173]

1.6.2 Theoretischer Bezugsrahmen

Der theoretische Bezugsrahmen dieser Studie kontrastiert Pierre Bourdieu und Daniel Bell, die die „einflußreichsten soziologischen Arbeiten, die sich mit der Kunst des 20. Jahrhunderts unter dem Aspekt des Lebensstil beschäftigt haben"[174], publiziert haben. Während Bourdieu in seinen Ausführungen zur Bildenden Kunst das Konzept der Distinktion und seine sozialstrukturellen Voraussetzungen in den Mittelpunkt rückt, stehen im Zentrum von Bells Überlegungen die Phänomene des Modernismus und Postmodernismus.[175]

Bourdieus Grundgedanke in seinen Ausführungen zur Kunstrezeption ist die Distinktion; wie unter Punkt 1.1.3 ausgeführt, sind Distinktion und Differenzierung bereits objektiv im Kunstwerk angelegt. Die symbolische Aneignung von Kunstwerken, die höhere Anforderungen an die RezipientInnen stellen, sichert Distinktion, weil sie kulturelle Ressourcen voraussetzt, die in der Gesellschaft ungleich verteilt sind. In Bourdieus Konzeption des künstlerischen Feldes finden sich Überlegenheit denen gegenüber, die von Zwängen beherrscht sind, Ablehnung von Gewöhnlichem und Stilisierung des Lebens. „Grundlage dieser Ästhetik und des damit korrespondierenden Habitus und Lebensstils sind

---

[172] Tarnai, Christian/Wuggenig, Ulf (1995) S. 51.

[173] Vgl. Tarnai, Christian/Wuggenig, Ulf (1995) S. 54.

[174] Tarnai, Christian/Wuggenig, Ulf (1995) S. 55.

[175] Vgl. Tarnai, Christian/Wuggenig, Ulf (1995) S. 56.

historisch betrachtet die relative Autonomie des künstlerischen Feldes und sozialstrukturell gesehen Existenzbedingungen, die eine Distanz zur Sphäre des Notwendigen erlauben."[176] Bells Abhandlung über *Die kulturellen Widersprüche des Kapitalismus* ist ein kulturkritisches Werk, das sich, 1976 erstmals in den USA erschienen, antimodernistisch gegen die Kunst des 20. Jahrhunderts richtet. Bell teilt die moderne Gesellschaft in drei Makrobereiche: ‚Sozialstruktur', ‚politische Ordnung' und ‚Kultur'. Er sieht den Bereich Kultur vom axialen Prinzip der ‚Selbstverwirklichung' bestimmt. In der Kunst des 20. Jahrhunderts wird die Idee der Selbstverwirklichung radikalisiert und fällt auf die Sozialstruktur zurück. Daraus resultiert der Verfall bürgerlicher Werte. Die kulturelle Strömung des Modernismus führt zu entfesseltem Individualismus; entscheidende soziale Einheit ist nicht mehr die Gruppe, sondern das Individuum. Das Streben nach Unabhängigkeit und die „Vergötzung des Selbst"[177] personifiziert sich in der Rolle des Künstlers. Bei Daniel Bell erscheint die Distinktion als Individualismus. Unter Individualismus fasst Bell die im kulturellen Bereich beobachtete Abwendung von der Vergangenheit, die Hinwendung zur Zukunft und das Streben nach Neuem zusammen. Er unterstellt den Individuen im Kunstfeld den „Verzicht auf Grenzen oder moralische Beschränkungen"[178]. Bells These ist, dass in der Postmoderne zwischen Kunst und Leben kein Unterschied mehr besteht. Da in der postmodernen Kultur niemand mehr auf der Seite von Tradition und Ordnung steht, gibt es keine Avantgarde mehr. Die Kunst der 1960er Jahre erscheint ihm als Angriff auf das Normalverhalten.[179] Zusammenfassend konstatieren Tarnai und Wuggenig, dass Bell das Kunstfeld als „gesellschaftliche Brutstätte eines grenzen- und bindungslosen Individualismus, der dazu beiträgt, die letzten Reste einer asketischen bürgerlichen Moral zu untergraben"[180] betrachtet. Bells und Bourdieus Ausführungen über die Avantgardekunst stimmen in zwei Punkten überein: beide diagnostizieren den Individualismus und die Ablehnung traditioneller bürgerlicher Werte.

> „*Bell* unterstreicht den Antirationalismus des kulturellen Individualismus und dessen Angriffe auf Tradition, Moral, Konventionen und die Werte des „Normalverhaltens", *Bourdieu* verweist auf die Feindseligkeit gegenüber dem Kommerziellen („Anti-

---

[176] Tarnai, Christian/Wuggenig, Ulf (1995) S. 56.

[177] Bell, Daniel (1991) S. 29.

[178] Tarnai, Christian/Wuggenig, Ulf (1995) S. 58

[179] Vgl. Bell, Daniel (1991) S. 69-70.

[180] Vgl. Tarnai, Christian/Wuggenig, Ulf (1995) S. 58.

Ökonomismus"), auf den moralischen Agnostizismus und auf die Negation des bürgerlichen Geschmacks."[181] (Hervorhebungen im Original)

Christian Tarnai und Ulf Wuggenig ziehen außerdem die Thesen der amerikanischen Kunstkritikerin Suzi Gablik (1985) und Diana Cranes (1987) über das amerikanische Kunstsystem zur empirischen Überprüfung heran. Suzi Gablik vertritt die These, dass die Avantgardekunst in die gesellschaftliche Mitte integriert worden sei. Rebellion und Abneigung hätten sich Mitte der 80er Jahre in Akzeptanz und Zusammenarbeit verwandelt. Kommerz und Bürokratie hätten dazu geführt, dass Avantgardekunst das Rebellische verloren hat.[182]

Diana Crane behauptet ebenfalls, dass die Gegenwartskunst gesellschaftlich aufgewertet wurde. Die Lebensbedingungen der KünstlerInnen hätten sich verändert. Statt der Opposition der Avantgardekunst gegen die Mittelschicht beobachtet Crane die Integration der AvantgardekünstlerInnen in die Mitte der Gesellschaft.[183]

Die Thesen Bourdieus, Bells, Cranes und Gabliks unterziehen Tarnai und Wuggenig einer empirischen Überprüfung. Dabei verweisen sie auch auf den Entstehungszusammenhang dieser Theorien. Soziologische Theorien lassen sich nicht ohne weiteres auf andere Gesellschaften und Zeiträume übertragen; Bells Analysen entstanden unter dem Eindruck radikaler Kunstströmungen in den 60er Jahren und Bourdieus Ausführungen über das Kunstfeld beruhen nur zum Teil auf empirischen Untersuchungen. Cranes und Gabliks Thesen beziehen sich auf die Beobachtung des amerikanischen Kunstsystems Mitte der 80er Jahre. Dennoch lassen sich die oben ausgeführten Thesen empirisch gut überprüfen.

1.6.3 Operationalisierung und Auswertung

Für die empirische Studie wurde das Publikum der Ausstellung *Der zerbrochene Spiegel*, die im Jahr 1993 sowohl in Wien als auch in Hamburg gezeigt wurde, befragt. Diese Ausstellung war eine der wichtigsten Kunstausstellungen im Jahr 1993 und zog sowohl Laien als auch Professionelle an, in beiden Städten jeweils ca. 16.000 BesucherInnen.

Inhalt des umfangreichen Fragebogens waren Fragen nach kunstbezogener Sozialisation, Bewertungen von Kunstwerken und Ausstellungen, Besuch von Ausstellungen und

---

[181] Tarnai, Christian/Wuggenig, Ulf (1995) S. 58.

[182] Vgl. Gablik, Suzi (1985) S. 56-57.

[183] Vgl. Crane, Diana (1987) S. 10.

Kunstmessen, Lektüre von Kunstzeitschriften, Präferenzen für künstlerische Stile und Richtungen, kunst- und kunstweltbezogene Einstellungen und ferner zu kulturellen Interessen, lebensstilrelevanten Werten, Lebenszielen und religiösen Orientierungen. Insgesamt 700 Variable in einem 25-seitigen Fragebogen wurden erhoben. Der Fragebogen war zum Selbstausfüllen und wurde an ausgewählte BesucherInnen, die um ihre Adressen gebeten wurden, versandt. In Wien wurden an 1900 BesucherInnen Fragebögen versandt, die in 42 Prozent der Fälle ausgefüllt zurückgeschickt wurden; in Hamburg betrug die Rücklaufquote bei 1200 ausgesandten Fragebögen 55 Prozent. Jeweils etwa ein Drittel der beiden Stichproben erreichte professionelles Publikum.[184]

Die Items der Frage nach lebensstilrelevanten Wertorientierungen wurden einer Faktorenanalyse unterzogen. Dabei kristallisierten sich vier Subdimensionen heraus: Hedonismus, soziale Werte, kulturelle Werte, Traditionalismus. Tarnai und Wuggenig beschränken die Darstellung ihrer Ergebnisse auf die Subdimension Traditionalismus.

Der Vergleich zwischen dem deutschen und dem österreichischen Sample erfolgte auf der Basis eines Mittelwertvergleichs. Die Autoren der Studie vermuteten Unterschiede zwischen (Nord-)Deutschland und Österreich bezüglich der Identifikation mit Religion, Familie und Vaterland.

Des Weiteren wurde die Latent-Class-Analyse von Paul Lazarsfeld herangezogen. Die Latent-Class-Analyse ist eine „Methode, um Gruppen von Personen zu identifizieren, die durch eine typische Merkmalskombination gekennzeichnet sind und sich auf dieser Basis von anderen Gruppen unterscheiden lassen."[185]

Zur Prüfung der These Cranes und Gabliks, dass zwischen Zentrum und Peripherie des Kunstsystems keinerlei Unterschiede mehr bestehen, eignet sich die Korrespondenz-Analyse. Die Korrespondenzanalyse ist ein von Bourdieu erstmals verwendetes Mittel zur Visualisierung von Daten. Für die Korrespondenzanalyse wurden der Wohnsitz (Zentrum – Umland) und die Stellung in der Kunstwelt (Laie – Experte) dichotomisiert. Gablik und Crane argumentieren, dass die Avantgardekunst so in die gesellschaftliche Mitte integriert worden ist, dass sie nicht mehr als Subkultur mit einem spezifischen Lebensstil gelten kann. Demzufolge dürften zwischen Zentrum und Peripherie der Kunstwelt bezüglich Traditionalismus und Individualismus keine Unterschiede bestehen.

---

[184] Vgl. Tarnai, Christian/Wuggenig, Ulf (1995) S. 55.

[185] Tarnai, Christian/Wuggenig, Ulf (1995) S. 62.

1.6.4 Ergebnisse der Studie Wien-Hamburg

Ein Mittelwertvergleich zwischen den Antworten der BesucherInnen in Hamburg und in Wien zeigt schwache Unterschiede zwischen beiden Stichproben. Im Wiener Sample ist die nationale Identifikation stärker als im Hamburger Sample; überdies ist den WienerInnen Wohneigentum wichtiger als den HamburgerInnen.

Die Latent-Class-Analyse zeigte ebenfalls keine großen Unterschiede zwischen dem Hamburger und dem Wiener Sample. „Die mit Hilfe der LCA vorgenommene Differenzierung der Kunstpopulationen ist in beiden Studien sehr ähnlich. In beiden Fällen lassen sich Gruppen von Personen mit ‚hohem', ‚mittlerem' und ‚niedrigem' Traditionalismus erkennen. Die Gruppen haben in beiden Kunstwelten in etwa die gleiche Größe."[186] Nationale Identifikation und Religiosität sind in der österreichischen Kunstwelt minimal stärker ausgeprägt als in der norddeutschen Kunstwelt.

Unterschiede zwischen Zentrum und Peripherie der Kunstwelt zeigen sich nur im Wiener Sample: das Wertprofil des niedrigen Traditionalismus bzw. hohen Individualismus ist im Wiener Zentrum stärker verbreitet (48,3 Prozent) als in der Peripherie der Kunstwelt, die außerhalb Wiens lebt (18,3 Prozent). In Wien bestätigt sich also die These Cranes und Gabliks, dass das künstlerisch-intellektuelle Milieu in der Mittelschicht aufgegangen ist, nicht.

Im Hamburger Sample ist nur eine schwache Tendenz in diese Richtung erkennbar.[187] Zwischen Zentrum und Peripherie der Hamburger Kunstwelt lässt sich kein Unterschied nachweisen. Hier bestätigen sich die Thesen Cranes und Gabliks, dass die künstlerische Avantgarde in die Mitte der Gesellschaft integriert ist.

1.6.5 Resümee

Tarnai und Wuggenig können letztendlich mittels Korrespondenzanalyse, Latent-Class-Analyse und Mittelwertvergleich nur schwache Unterschiede innerhalb des Publikums zeitgenössischer Kunst feststellen.

Die Ausstellung *Der zerbrochene Spiegel* zog in Hamburg und Wien ein ähnliches Publikum an, das sich zudem nur in Wien intern differenziert. In Hamburg lässt sich keine Binnendifferenzierung des Kunstpublikums feststellen.

---

[186] Tarnai, Christian/Wuggenig, Ulf (1995) S. 64.

[187] Vgl. Tarnai, Christian/Wuggenig, Ulf (1995) S. 72.

Die Thesen Cranes und Gabliks von der Integration der Avantgardekunst in die Mitte der Gesellschaft haben sich in dieser Studie als zutreffend herausgestellt. Auch Daniel Bells These, dass in der Postmoderne zwischen Kunst und Leben kein Unterschied mehr besteht und es deshalb keine Avantgarde mehr gibt, lässt sich mit diesem Ergebnis erhärten. Nur im Wiener Sample bestätigte sich die Hypothese Tarnais und Wuggenigs von den lebensstilspezifischen Differenzen zwischen Zentrum und Peripherie der Kunstwelt.

1.7 Kunstsoziologische Rezeptionsforschung

Jürgen Gerhards hat 1997 den Band *Soziologie der Kunst. Produzenten, Vermittler und Rezipienten* mit der Intention herausgegeben, den Mangel an deutschsprachiger Einführungsliteratur zur Kunstsoziologie zu beseitigen. Autoren dieses Bandes sind u.a. Niklas Luhmann, Hans-Peter Thurn, Hans-Joachim Klein und Pierre Bourdieu. In seinen *Einführenden Bemerkungen* konstatiert Gerhards, dass die Kunstsoziologie im Jahr 1997 im deutschsprachigen Raum keine institutionalisierte Teilsoziologie ist. Im Gegensatz dazu war die Kunstsoziologie in den USA zu diesem Zeitpunkt bereits eine etablierte Teildisziplin, wovon Lehrveranstaltungen, Überblicksaufsätze und Einführungsbücher zeugten.

Gerhards definiert den Gegenstandsbereich der Kunstsoziologie als den „Versuch, die auf die Kunst bezogenen Handlungen von Menschen zu beschreiben und ihre Ursachen und Folgen zu analysieren."[188] Er gliedert den Kunstprozess auf in die Produktion, Vermittlung und Rezeption von Kunst und strukturiert danach den Einführungsband.[189] Zur Rezeption von Kunst stellt Gerhards fest, dass die Bemühungen seit Beginn des 20. Jahrhunderts, die Museen zu popularisieren und die Partizipation der unteren Schichten zu steigern, das Publikum verändert haben. „Die kontinuierliche Erhöhung des Bildungsniveaus der Bevölkerung, die Erhöhung der verfügbaren Freizeit und des verfügbaren Einkommens bilden einige der Voraussetzungen einer kontinuierlichen Erweiterung des Publikums der Kunst."[190]

Unter dem Kapitel „Rezeption und Aneignung von Kunst" präsentiert Pierre Bourdieu seine Theorie der Kunstwahrnehmung.

Hans-Joachim Klein legt in seinem Beitrag die Sozialgeschichte der Kunstrezeption und der Besucherforschung dar. Er führt den Heidelberger Kultursoziologen Alfred Weber und Else

---

[188] Gerhards, Jürgen (1997) S. 8.

[189] Vgl. Gerhards, Jürgen (1997) S. 7-8.

[190] Gerhards, Jürgen (1997) S. 17.

Bodenheimer-Biram an, die zu Beginn des 20. Jahrhunderts empirisch-sozialwissenschaftliche Untersuchungen zu Kunst und Kunstmuseen durchgeführt haben. Er hebt Bodenheimer-Birams Studie *Die Industriestadt als Boden neuer Kunstentwicklung* zum Zusammenhang von Lebensstilkomponenten wie kulturellen Freizeitaktivitäten, Wohnungsdekoration und Kunstkompetenz als Pioniertat hervor.[191]

In den USA wurde schon in den 20er Jahren Grundlagenforschung zu Präsentation und Rezeption im Kunstmuseum betrieben. Diese Studien bestanden aus Verhaltensbeobachtungen zu Aufenthaltsdauer, Bewegungsrichtung etc., ohne Berücksichtigung soziodemographischer Merkmale der BesucherInnen. Klein betrachtet die Studien Robinsons und Meltons als „Meilensteine auf dem Weg zur Etablierung musealer Besucherforschung".[192]

Exemplarisch für Besucherforschung an Kunstmuseen möchte ich näher auf Studien von Rainer Wick aus dem Jahr 1973 und von Hans-Joachim Klein aus den 80er Jahren eingehen.

1.7.1 Rainer Wick: *Das Museumspublikum als Teil des Kunstpublikums*

Rainer Wick beanstandet 1978 in seinem Beitrag *Das Museumspublikum als Teil des Kunstpublikums* in dem von ihm herausgegebenen Band *Kunstsoziologie. Bildende Kunst und Gesellschaft*, dass das Publikum der Kunst bis zu seiner Studie im Jahr 1973 weitgehend aus der soziologischen Forschung ausgeblendet war. Kritik übt er auch daran, dass der Begriff „Publikum" meist im Singular verwendet wird, obwohl es *das* Publikum nicht gibt. Zwischen verschiedenen Kunstpublika bestehen strukturelle Unterschiede; Publika von Kunstsendungen im Fernsehen überschneiden sich hinsichtlich ihrer strukturellen Zusammensetzung wahrscheinlich mit Publika von Kunstmuseen, jedoch kann nicht davon ausgegangen werden, dass sie identisch sind.[193]

Zum Zweck der Untersuchung eines Teilpublikums des Publikums der Bildenden Kunst hat Rainer Wick im Mai 1973 eine einwöchige Besucherbefragung an zwei Kunstmuseen in Nordrhein-Westfalen durchgeführt. Gegenstand seiner Untersuchung waren die Publika des Wallraff-Richartz-Museums in Köln und des Rheinischen Landesmuseums in Bonn.

---

[191] Vgl. Klein, Hans-Joachim (1995) S. 339.

[192] Klein, Hans-Joachim (1995) S. 343.

[193] Vgl. Wick, Rainer (1978) S. 259-260.

Das Hauptinteresse im Anfangsstadium der kunstsoziologischen Publikumsforschung lag auf den soziodemographischen Merkmalen der BesucherInnen. Neben den Standardmerkmalen Geschlecht, Alter, Bildung und Beruf hat Wick jedoch auch Fragen zur Kunstkompetenz, zum Besuchsmotiv und zu Kunstpräferenzen gestellt. Hauptergebnis dieser wenig umfangreichen Besucherstudie war, dass das Kunstmuseumspublikum eine ausgesprochene Bildungselite darstellt.[194]

Ein bemerkenswertes Resultat ergab die offene Frage nach den bevorzugten Kunstrichtungen. Eine Inhaltsanalyse förderte zutage, dass „in rund zwei Dritteln aller Fälle solche Kunstrichtungen präferiert werden, die seit mehr als einem halben Jahrhundert als historisch abgeschlossen und als fester Bestandteil des kulturellen Fundus zu bezeichnen sind."[195] Dieses Resultat hat sich in der Studie, die ich 2002 im Rahmen meiner Diplomarbeit durchgeführt habe, bestätigt und geht konform mit der These Bourdieus, dass die Kunstproduktion der Kunstrezeption immer voraus ist.

Auch der Fragebogen zur vergleichenden Studie an einem Museum für Kunst der Klassischen Moderne und einem Museum für zeitgenössische Kunst enthält die offene Frage nach Kunstpräferenzen.

Im Jahr 2002 bevorzugten 50 Prozent der BesucherInnen des K20 die Kunst der Klassischen Moderne. Es stellt sich die Frage, inwiefern sich die Publika von K21 von K20 bezüglich Kunstpräferenzen unterscheiden.

1.7.2 Hans-Joachim Klein: *Der gläserne Besucher*

Die Studie *Der gläserne Besucher* von Hans-Joachim Klein war sowohl inhaltlich als auch in der Durchführung umfangreicher gestaltet. Befragt wurden in den Jahren 1984 bis 1986 insgesamt mehr als 50.000 BesucherInnen an fast 40 verschiedenen Museen in Westdeutschland und West-Berlin. Verglichen wurden dabei die Publikumsstrukturen von Heimatmuseen, Technikmuseen, Kunstmuseen etc.[196]

Kleins Fragebogen beinhaltete Fragen nach Alter, Geschlecht, Erwerbstätigkeit und Bildung sowie Fragen rund um den Museumsbesuch; so beispielsweise Fragen zur Begleitung, zum gewählten Verkehrsmittel, zur geplanten Aufenthaltsdauer, zum Besuchsmotiv oder zum

---

[194] Vgl. Wick, Rainer (1978) S. 264-267.
[195] Wick, Rainer (1978) S. 271.
[196] Vgl. Klein, Hans-Joachim (1990) S. 23.

favorisierten didaktischen Informationsmedium. Zusätzlich wurden die Besucherströme mit den Wochentagen, der Tageszeit und dem Wetter korreliert. 1990 wurde der 400 Seiten starke Forschungsbericht über die deutsche Museumslandschaft veröffentlicht.

Auch Mitte der 80er Jahre, ein Jahrzehnt nach Rainer Wicks Studie, zeigte sich noch, dass überwiegend die Bildungselite an Kunstmuseumsbesuchen partizipiert. Klein hat festgestellt, dass das Publikum von Kunstmuseen im Vergleich zu den anderen Museumstypen die höchsten Bildungsabschlüsse aufweist.[197]

Das Geschlechterverhältnis an den Kunstmuseen war mit 52 zu 48 Prozent ausgeglichen; die am stärksten vertretene Altersgruppe war Mitte der 1980er Jahre die Gruppe der 20- bis 29-Jährigen.[198]

1.7.3 Resümee

Im Rahmen meiner Diplomarbeit (2002) habe ich mit Hilfe des Fragebogens aus dieser Untersuchung eine Besucherstudie am K20 durchgeführt und die Ergebnisse mit denen von Wick und Klein verglichen. Im Besucherspiegel Kleins habe ich ausschließlich die Daten der Kunstmuseen herangezogen. Wesentliches Resultat des Vergleichs mit Wick und Klein war, dass der Akademikeranteil in den Kunstmuseen trotz Bemühungen um Partizipation unterer Schichten zuungunsten niedrigerer Bildungsabschlüsse weiter gestiegen ist und somit nur die ausgesprochene Elite am Kunstgenuss partizipiert.

Besucherstudien zielten bis weit in die 80er Jahre hinein lediglich auf die strukturelle Zusammensetzung des Publikums und nicht auf Lebensstil ab; formale Kriterien wie Einkommen, Bildung und Geschlecht standen im Mittelpunkt des Interesses, modale Kriterien wie in der Lebensstilforschung entscheidend blieben außen vor, d.h. der Kunstmuseumsbesuch wurde nicht mit anderen Interessen, Hobbys und Vorlieben in Zusammenhang gebracht.

Die unter Punkt 1.6 skizzierte Studie von Tarnai und Wuggenig von 1993 ist eine Kunstmuseumsbesucherstudie, die explizit auf Lebensstil(-unterschiede) und nicht nur auf sozialstrukturelle Charakteristika des Publikums zeitgenössischer Kunst abzielt.

---

[197] Vgl. Klein, Hans-Joachim (1990) S. 181.
[198] Vgl. Hans-Joachim Klein (1990) S. 143-149.

Zusammenfassung

Im Zentrum meiner Dissertation steht eine lebensstilvergleichende Besucherstudie, die durch oben ausgeführte empirische Studien und Theorien maßgeblich in ihrer Konzeption beeinflusst wurde, an den Kunstmuseen K20 und K21 in Düsseldorf. Meine aus oben angeführten Theorien sich ergebenden Hypothesen über die Publika von K20 und K21 sollen durch die Studie empirisch überprüft werden.

Bourdieus in der Theorie der Kunstwahrnehmung aufgestellte These, dass sich das Publikum avantgardistischer Kunst vom restlichen Kunstpublikum abhebt, ist der Ausgangspunkt meiner Überlegungen und meiner Konzeption der Studie. Zur Prüfung dieser These habe ich ein Museum für zeitgenössische Kunst und ein Museum für Klassische Moderne ausgewählt. Zur Rezeption avantgardistischer Kunst sind nach Bourdieu Decodierungskompetenzen und damit kulturelles Kapital notwendig, das in der Gesellschaft ungleich verteilt ist. Die Zusammensetzung von kulturellem, sozialem und ökonomischem Kapital konstituiert den *Habitus*, oder in der neueren Ungleichheitsforschung, den *Lebensstil*. Eine unterschiedliche Ausstattung mit kulturellem Kapital - und für die Rezeption der Kunst der Klassischen Moderne und zeitgenössischer Kunst ist nach Bourdieu unterschiedliches kulturelles Kapital notwendig – bringt unterschiedliche Lebensstile hervor.

Gegen die These von der Binnendifferenzierung des Kunstpublikums wendet sich Gerhard Schulze, der trotz der Heterogenität des im Hochkulturschema vereinten Zeichenensembles die Homogenität des Kunstpublikums konstatiert. Als Beispiel führt er Impressionismus und Expressionismus an, die trotz ihrer lebensphilosophischen Gegensätzlichkeit das gleiche Publikum anziehen würden.

Dazu ist anzumerken, dass meine Besucherstudie nicht auf diese spezielle lebensphilosophische Binnendifferenzierung des Kunstsystems abzielt, sondern untersuchen soll, ob avantgardistische Kunst ein in ihren Werten, Einstellungen und Interessen anderes Publikum anzieht als bereits vermittelte, ältere Kunst und im Speziellen, der Klassischen Moderne.

Mit seiner Annahme der Homogenität von Kulturkonsumenten behauptet Schulze auch, dass das Publikum eines Arnold-Schönberg-Konzerts sich nicht vom Publikum eines Vivaldi-Konzerts unterscheidet. Diese These impliziert auch, dass sich BetrachterInnen von Minimal Art nicht von BetrachterInnen Alter Meister abheben.

Mit meiner Konzeption der Studie versuche ich, diese These von der Homogenität des Hochkulturschemas in den Köpfen des Publikums zu widerlegen.

Annette Spellerberg hat in ihrer Studie eine Lebensstiltypologie der deutschen Gesellschaft ermittelt, die drei Lebensstile vorsieht, die an Hochkultur interessiert sind. Dazu ist zu sagen, dass Annette Spellerberg bereits weniger als ein Jahrzehnt nach Schulze neun Lebensstile statt nur fünf (Milieus) in der deutschen Gesellschaft nachweist. Die drei der etablierten Kultur zuzurechnenden Lebensstile sind der *ganzheitlich kulturell Interessierte*, der *etablierte beruflich Engagierte* und der *postmaterielle aktive Vielseitige*.

Annette Spellerbergs Lebensstiltypologie wird bestätigt von den *Sinus*-Milieus des *Sinus Sociovision* Sozialforschungsinstitut in Heidelberg, das zehn Lebensstile in Deutschland ermittelt. Das Institut *Sinus Sociovision* ordnet die Lebensstile nicht nach kulturellem Geschmack, sondern nach sozialer Lage und Grundorientierung an. Dabei gehören vier Lebensstile zur oberen Mittelschicht bzw. Oberschicht.

Die Lebensstilcharakteristiken vorgenannter Studien möchte ich dem Lebensstil oder den Lebensstilen der KunstmuseumsbesucherInnen gegenüberstellen und so herausfinden, wie groß der Anteil der Bevölkerung ist, der an Kunstmuseumsbesuchen partizipiert.

Christian Tarnai und Ulf Wuggenig haben bereits 1993 eine Lebensstilstudie in den Kunstwelten Hamburgs und Wiens durchgeführt, um zu analysieren, ob es eine lebensstilspezifische Binnendifferenzierung des Publikums avantgardistischer Kunst nach Zentrum und Peripherie gibt und ob sich die Publika einer Ausstellung, die in Norddeutschland ebenso wie in Österreich gezeigt wurde, in ihren Lebensstilen unterscheiden. In dieser Studie bestätigte sich die These von Diana Crane und Suzi Gablik, dass die Avantgarde bereits in die Mitte der Gesellschaft integriert wurde und keine Lebensstilunterschiede mehr zwischen den BetrachterInnen avantgardistischer Kunst und der Mitte der Gesellschaft bestehen. Bestätigt hat sich in diesem Ergebnis auch die These Daniel Bells, dass in der Postmoderne kein Unterschied mehr zwischen Kunst und Leben besteht und dies das Ende der Avantgarde bedeutet.

Ziel meiner Studie ist nicht, Lebensstildifferenzen *innerhalb* des Avantgarde-Publikums festzustellen, sondern Lebensstildifferenzen *zwischen* dem Avantgardepublikum und dem Publikum der Klassischen Moderne nachzuweisen.

Mittels Rudolf Richters Beurteilungsdimensionen zur Analyse von Lebensstilen (aktiv - passiv, bewegend - bewahrend und außengerichtet - innengerichtet) möchte ich die vermuteten unterschiedlichen Lebensstile der beiden Publika beschreiben, wobei sich der Unterschied zwischen dem Avantgardepublikum und dem Publikum älterer Kunst nicht in dieser extremen Polarisierung manifestieren dürfte.

Aus der kunstsoziologischen Rezeptionsforschung habe ich Fragestellungen zu Kunstkompetenz und Kunstverständlichkeit übernommen. Auch an diesen Fragestellungen werde ich die Hypothese testen, dass die Publika der beiden Sammlungen unterschiedlich sind. In verschiedenen Studien hat sich zudem bestätigt, dass die Publika moderner Kunst der Bildungselite angehören. Womit ich wieder zu den Anfängen zurückkehre, nämlich zu Bourdieus These, dass das Publikum avantgardistischer Kunst die höchsten Bildungsabschlüsse vorweisen kann, was in folgenden Ausführungen bestätigt oder falsifiziert werden soll.

2 Die Museen K20 und K21 der Stiftung Kunstsammlung Nordrhein-Westfalen

2.1 Warum die Kunstsammlung Nordrhein-Westfalen?

Zur empirischen Überprüfung der Thesen von Pierre Bourdieu, Gerhard Schulze, Daniel Bell, Diana Crane und Suzi Gablik habe ich die Museen K20 und K21 in Düsseldorf ausgewählt. Die Museen K20 und K21 sind „Geschwistermuseen" der Stiftung Kunstsammlung Nordrhein-Westfalen und beherbergen Kunst der Klassischen Moderne einschließlich Kunst bis 1980 bzw. zeitgenössische Kunst.

Die Stiftung Kunstsammlung Nordrhein-Westfalen wurde 1961 nach dem Erwerb von 88 Werken Paul Klees durch die nordrhein-westfälische Landesregierung im Jahr davor gegründet. Die 88 Werke Klees wurden von der Landesregierung angekauft, um den 1933 von Düsseldorf, wo er an der Kunstakademie lehrte, ins Exil geflohenen Künstler zu ehren; vorerst fand die Ausstellung im Schloss Jägerhof in Düsseldorf ihren Platz. Die Klee-Sammlung bildete die Basis für weitere Ankäufe von Kunstwerken. Mit der Vergrößerung der Sammlung im Laufe der Jahre wurde der Bau eines neuen Museums notwendig, das 1986 am Grabbeplatz in Düsseldorf eröffnet wurde.[199]

Bis zum Jahr 2002 bestand die Kunstsammlung Nordrhein-Westfalen nur aus dem Haus am Grabbeplatz in der Düsseldorfer Altstadt. Mit der Gründung des Museums für zeitgenössische Kunst im April 2002 wurde die Kunstsammlung in zwei Häuser getrennt: das Museum für Kunst des 20. Jahrhunderts am Grabbeplatz wurde K20, das Museum für Kunst des 21. Jahrhunderts im „Ständehaus", dem ehemaligen Landesparlament am Kaiserteich, K21 genannt. Die Entfernung zwischen den beiden Museen beträgt ca. 1,3 Kilometer. Der derzeitige Direktor, Nachfolger des ersten Direktors Werner Schmalenbach, ist Armin Zweite. Interessant ist, dass die Intention des ersten Direktors Werner Schmalenbach war, nur gesicherte Werte in den Bestand aufzunehmen und keine Gegenwartskunst anzukaufen.[200] Sein Nachfolger Armin Zweite ist diesbezüglich aufgeschlossener und „risikofreudiger".

Die beiden Häuser sind von Dienstag bis Freitag von 10 bis 18 Uhr, samstags, sonntags und feiertags von 11 bis 18 Uhr geöffnet. An jedem ersten Mittwoch im Monat findet ein von

---

[199] Vgl. Schmalenbach, Werner (1989) S. 5-7.

[200] Vgl. von Alemann, Heine (1997) S. 212.

KPMG gesponserter Kunstabend mit speziellem Führungs- und Vortragsprogramm statt, an dem bis 22 Uhr geöffnet ist, und das bei freiem Eintritt ab 18 Uhr.

Erwachsene BesucherInnen zahlen regulär 6,50 Euro Eintritt, Gruppen ab 10 Personen 4,50 Euro pro Person, SchülerInnen und StudentInnen zahlen 4,50 Euro und Schulklassen 2 Euro pro Person.

Für die beiden Museen wird ein Kombiticket angeboten, das 10 Euro für Erwachsene und 8 Euro ermäßigt bzw. für GruppenbesucherInnen kostet.

Die beiden Museen K20 und K21 eignen sich deshalb für eine lebensstilvergleichende Studie an Kunstmuseen, da ihre Sammlungsgebiete in Kunst des 20. Jahrhunderts und Kunst des 21. Jahrhunderts getrennt sind. An diesen Museen, die organisatorisch zusammen gehören, aber aufgeteilt auf zwei Häuser unterschiedliche Sammlungsgebiete präsentieren, lässt sich die Bourdieusche These, wonach die Rezeption von Kunst einem Trägheitsmoment unterliegt und zeitgenössische Kunst vom Publikum nicht dieselbe Anerkennung erhält wie bereits vermittelte, ältere Kunst, empirisch gut überprüfen. Entsprechend Bourdieus These lautet meine Vermutung, dass K20 und K21 unterschiedliche Publika anziehen.

Die Trennung der Sammlungsgebiete der beiden Häuser orientiert sich nicht strikt nach dem Entstehungsjahr eines Kunstwerkes, sondern nach der Konzeption desselben. Dazu Direktor Armin Zweite im Vorwort zu *Startkapital*, der Publikation der Kunstsammlung zur Eröffnung des K21:

> „Halten wir jedoch fest, dass eine solche Demarkationslinie nicht als starr und unflexibel anzusehen ist. Ältere Werke, die aber deutlich auf Zukünftiges verweisen, können durchaus im Ständehaus Platz finden, wie umgekehrt Arbeiten, die erst jetzt entstanden sind, jedoch frühere Konzeptionen weiterführen, am Grabbeplatz zu sehen sein werden. Es ist weniger die Entstehungszeit als vielmehr die sich in den Werken manifestierende künstlerische Haltung, die darüber entscheidet, welche Kunst in welchem Haus am sinnvollsten zu zeigen ist."[201]

Die Konzeption der Aufteilung der Sammlung korrespondiert mit Bourdieus Auffassung vom Kunstproduktionsprozess: eine neue *ars inveniendi* kann nicht mit verfügbaren Codes betrachtet werden. Neue Kunstformen werden nur von einigen avantgardistischen RezipientInnen verstanden, wobei, wie Armin Zweite schreibt, im 21. Jahrhundert

---

[201] Zweite, Armin (2002) S. 6.

entstandene Kunst nicht zwangsläufig bahnbrechend und avantgardistisch ist. So findet in K21 Kunst Platz, die innovativ, zukunftsweisend, experimentell und ungesichert ist.[202] Ausschlaggebend für die Wahl der beiden Häuser zur Überprüfung meiner Hypothesen war überdies vielmehr, dass K20 und K21 zusammengehören. Für jede/n BesucherIn ersichtlich, sind K20 und K21 zwei Dependancen derselben Sammlung. Mit der Aufteilung der Kunstsammlung Nordrhein-Westfalen auf zwei Häuser wurde eine neue Corporate Identity kreiert.[203] Das Logo der Kunstsammlung besteht aus zwei Zeilen: oben steht „K20K21", darunter „Kunstsammlung Nordrhein-Westfalen". Dabei ist „K20" blau und „K21" rot gedruckt. Diese farbliche Unterscheidung bezieht sich auf alle Publikationen und Merchandising-Artikel der Kunstsammlung wie Eintrittskarten, Flyer, Programmhefte, Plakate, Fahnen und Buttons. Beispielsweise sind Faltblätter einheitlich designed und unterscheiden sich nur nach blau für K20 und rot für K21 auf Vorder- bzw. Rückseite. Dieses Corporate Design sorgt für eine einheitliche Präsentation der Kunstsammlung Nordrhein-Westfalen. Die beiden Museen werden als zusammengehörig erkannt. Die Werbung der Kunstsammlung zielt darauf ab, dass potenzielle BesucherInnen über beide Häuser und ihre Ausstellungen informiert werden. Flyer, Programme und Plakate machen allein durch das Logo immer auf beide Häuser aufmerksam. Dennoch ist davon auszugehen, dass sich die AdressatInnen der Öffentlichkeitsarbeit und damit ein Teil der BesucherInnen gegen die Kombikarte und bewusst für nur eines der beiden Museen entscheiden. Hinter dieser Entscheidung für oder gegen die Kunst des 20. Jahrhunderts bzw. 21. Jahrhunderts stehen Werte und Einstellungen, die die entsprechenden Kunstpräferenzen begründen.

2.2 K20 Kunstsammlung Nordrhein-Westfalen, am Grabbeplatz

Die Sammlung, die ab dem Jahr 1961 entstand, hatte ihren Schwerpunkt auf der Malerei des 20. Jahrhunderts. Bis zum Umzug in das eigens von dem dänischen Architekturbüro Dissing und Weitling entworfene Museumsgebäude am Grabbeplatz in der Altstadt Düsseldorfs im Jahr 1986 war die Sammlung auf mehr als 200 Kunstwerke angewachsen.[204]

Das Herzstück der Sammlung bildet die Malerei der westeuropäischen und amerikanischen Moderne. Die Sammlung des K20 umfasst Werke von Henri Matisse, Pablo Picasso, Ernst

---

[202] Vgl. Zweite, Armin (2002) S. 6.

[203] Vgl. Zweite, Armin (2002) S. 7.

[204] Vgl. Schmalenbach, Werner (1989) S. 5-7.

Ludwig Kirchner, Wassily Kandinsky, Piet Mondrian, Max Ernst, Salvador Dalí, Joan Miró, Joseph Beuys und Andy Warhol.

Das Gebäude besitzt insgesamt auf drei Etagen eine Ausstellungsfläche von 3200 Quadratmetern. Im Erdgeschoss des K20 befindet sich eine Halle für Wechselausstellungen, die zum Zeitpunkt der Besucherstudie im Februar 2003 die Rauminstallation *On The Spending Money Tenderly* der kanadisch-amerikanischen Künstlerin Jessica Stockholder beherbergte.

Zwei- bis dreimal pro Jahr finden Sonderausstellungen statt, so zum Beispiel im Sommer 2002 eine Surrealismus-Ausstellung, die einen wahren Besucherboom erlebte.

Zum K20 gehören eine Fachbibliothek für Kunst des 20. Jahrhunderts, ein Museumsshop, ein Vortragssaal, ein Videoraum, ein Museumscafe und eine pädagogische Abteilung. Die pädagogische Abteilung bietet eine Vielfalt von Seminaren, Führungen, Diskussionsrunden, Workshops und Fortbildungen an; der „Kunsttipp am Mittag" ist eine speziell für Berufstätige konzipierte Kurzführung am Donnerstag von 12.30 Uhr bis 13 Uhr.

2.3 K21 Kunstsammlung Nordrhein-Westfalen, im Ständehaus

Das K21 ist ein Museum für internationale Kunst der Gegenwart. Es ist im ehemaligen nordrhein-westfälischen Landesparlament untergebracht. Das sogenannte „Ständehaus", das speziell für museale Zwecke umgebaut wurde, ist ein repräsentativer Bau des 19. Jahrhunderts, der im Süden der Düsseldorfer Innenstadt am Kaiserteich liegt. Er bietet auf mehreren Etagen eine Ausstellungsfläche von 5300 Quadratmetern. Besonders eindrucksvoll ist das gläserne Kuppeldach, von dem man einen Ausblick über Düsseldorf hat, sowie das 1200 Quadratmeter Ausstellungsfläche bietende Untergeschoss, von dem aus durch unter dem Wasserspiegel liegende Fenster in den angrenzenden Kaiserteich geblickt werden kann.

Die Ausstellungsräume in den Geschossen 1 bis 3 sind kabinettartig, da sie vormals die ehemaligen Arbeitszimmer des Landesparlaments waren; unter dem Kuppeldach befindet sich aus konservatorischen Gründen ausschließlich eine Skulpturengalerie.

Zum Museum gehören ein Shop, Räumlichkeiten für Kurse und die „Bar am Kaiserteich".

Das Ausstellungsprogramm des K21 beginnt etwa mit der Zeit um 1980, zu der sich ein grundlegender Wandel, die postmoderne Wende, vollzogen hat.[205]

---

[205] Vgl. Zweite, Armin (2002) S. 6.

Gezeigt wird die eigene Sammlung zeitgenössischer Kunst genauso wie die Leihgaben privater rheinischer SammlerInnen. Unter anderen sind Kunstwerke von Marcel Brodthaers, Katharina Fritsch, Thomas Ruff, Bill Viola zu sehen; zum Zeitpunkt der Befragung fand im Untergeschoss eine Ausstellung des kanadischen Künstlers Rodney Graham statt.[206]

Ziel meiner Studie ist, am Beispiel der Museen K20 und K21 herauszufinden, ob und inwiefern sich die Publika der Klassischen Moderne und von zeitgenössischer Kunst in ihren Lebensstilen unterscheiden.

---

[206] Vgl. Zweite, Armin (2002) S. 6-8.

3 Operationalisierung

3.1 Fragebogenkonstruktion

Die Schwierigkeit bei einer Lebensstilumfrage im Kunstmuseum besteht darin, einen aussagekräftigen Fragebogen zu kreieren, der möglichst viele lebensstilrelevante Bereiche abdeckt und gleichzeitig kurz genug ist, um die zu Befragenden nicht durch überlange Befragungsdauer abzuschrecken.

Für die Erhebung habe ich die Vor-Ort-Befragung gewählt, da eine postalische Befragung aufgrund vermuteter geringer Rücklaufquoten und hoher Kosten nicht in Frage kam.

Bei der Konstruktion meines Erhebungsinstruments orientierte ich mich an den Originalfragebögen von Rainer Wick, Hans-Joachim Klein, Gerhard Schulze und Annette Spellerberg. Die leitende Überlegung war, die lebensstilrelevanten Fragen sowohl durch Fragen nach Werten und Einstellungen als auch nach Freizeitaktivitäten abzudecken. Angelehnt an Spellerbergs Intention, beide Richtungen der Lebensstilforschung zu integrieren, habe ich Teile ihres Zusatzfragebogens zum Wohlfahrtssurvey 1993 übernommen; von zehn Themenkomplexen in Spellerbergs Studie flossen fünf Komplexe in meinen Fragebogen ein.

Angesichts der nur begrenzt verfügbaren Befragungszeit habe ich die Fragen so ausgewählt, dass für die BesucherInnen ein Zusammenhang mit dem Museumsbesuch erkennbar war. Das waren die Fragen nach Freizeitgestaltungen (18 Items), Musik- und Literaturgeschmack (je 12 Items), Lebenszielen (16 Items), wichtigen Lebensbereichen (11 Items) und Verhaltensweisen (13 Items). Die Lebensbereiche sind nicht dem Zusatzfragebogen, sondern dem Hauptfragebogen des Wohlfahrtssurveys entnommen.

Die Freizeitaktivitäten mussten in einer vierstufigen Skala nach der Häufigkeit ihrer Ausübung beurteilt werden, die Musik- und Literaturpräferenzen in fünfstufigen Skalen nach dem Ausmaß des Interesses, die Lebensziele und Lebensbereiche in vier Ausprägungen der Wichtigkeit und die Verhaltensweisen in vier Stufen nach ihrem Zutreffen.

Obwohl Fragen zum Kleidungsstil, zur Wohnungseinrichtung oder zu den Fernsehgewohnheiten interessant und aufschlussreich gewesen wären, habe ich auf sie im Rahmen der Museumsbesucherbefragung verzichtet. Annette Spellerbergs Fragebogen enthielt zusätzlich Fragen zu Zeitschriftenlektüre, Informationsverhalten, Fernsehinteressen und Kleidungs- und Einrichtungsstil.[207]

Zu Beginn meines Fragebogens stand die Frage nach der Häufigkeit des Besuchs des jeweiligen Museums. Dieser folgte die Frage nach dem bereits erfolgten oder geplanten Besuch des jeweils anderen Museums. Da K21 zum Zeitpunkt der Besucherbefragung erst knapp ein Jahr bestand, ist die Wahrscheinlichkeit, K20 in den vergangenen 17 Jahren bereits einmal besucht zu haben, bei weitem größer. Doch die Frage nach der Absicht, K21 ebenfalls zu besuchen oder eben nicht, verrät die primären Kunstinteressen, wobei berücksichtigt werden muss, dass die Gründe für einen Nicht-Besuch des jeweiligen Museums zumindest für auswärtige BesucherInnen vielseitig sein können.

Aufgrund der imposanten Architektur des Ständehauses aus dem 19. Jahrhundert habe ich auf Hinweis von Julia Breithaupt, meiner Ansprechpartnerin in der Kunstsammlung Nordrhein-Westfalen, eine Frage nach dem Beweggrund des Museumsbesuchs hinzugenommen. Wie die Erhebung zeigt, kommen viele BesucherInnen nicht wegen der Kunstwerke, sondern allein wegen dem Raumerlebnis in das historische Gebäude. Für sie steht die Architektur des ehemaligen Landesparlaments mit dem neu konstruierten Kuppeldach und ihre Adaption für museale Zwecke im Vordergrund.

Die Fragen nach der bevorzugten Kunstrichtung, der Verständlichkeit von zeitgenössischer Kunst und der Lektüre von Kunstpublikationen sind der Besucherfragung Rainer Wicks entnommen.

Insgesamt enthielt der Fragebogen einschließlich der soziodemographischen Angaben, die Geschlecht, Alter, Schulabschluss und Beruf erfassten, 18 Fragen mit 134 Items auf drei Seiten (siehe Anhang). Bis auf die Frage nach den bevorzugten Kunstrichtungen handelt es sich bei allen Fragen um geschlossene Fragen.

3.2 Besucherbefragung

Die Befragung an den beiden Kunstmuseen fand im Februar 2003 statt; pro Museum habe ich mir eine Woche Zeit genommen, um jeden Öffnungstag abzudecken. Aufgrund der niedrigen Besuchszahlen in der Kunstsammlung Nordrhein-Westfalen in den Monaten Januar und Februar habe ich meinen Stichprobenplan so festgelegt, dass wochentags jeder zweite und am Wochenende jede/r dritte BesucherIn in meine Stichprobe eingehen sollte.

---

[207] Vgl. Spellerberg, Annette (1996) S. 82.

Dabei habe ich persönlich im Museum nach systematischer Zufallsauswahl von Dienstag bis Freitag jede/n zweite/n BesucherIn und am Wochenende jede/n dritte/n BesucherIn angesprochen und einen Fragebogen überreicht. Aus Gruppen bis zu 20 TeilnehmerInnen habe ich zwei, aus größeren Gruppen drei TeilnehmerInnen angesprochen, meist während der „Sammlungsphase" im Kassenraum. Das Führungspersonal der Kunstsammlung war instruiert und hat auf mein Anliegen Rücksicht genommen.

Zielgruppe waren Personen im Alter von ca. 16 bis 70 Jahren, die entweder deutsch oder englisch sprachen. Ausländische BesucherInnen, die keiner der beiden Sprachen mächtig waren, habe ich von der Befragung ausgeschlossen. Auf Basis dieser Auswahl strebte ich eine Stichprobengröße von jeweils etwa 200 Befragten an. Zur Überwachung habe ich täglich eine Stichprobenkontrollliste geführt.

Die BesucherInnen wurden von mir bei Herantreten an die Kasse gezählt und nach dem Lösen des Tickets angesprochen. Den Fragebogen habe ich auf einem Klemmbrett mit einem Bleistift überreicht. Den BesucherInnen blieb es selbst überlassen, ob sie den Fragebogen sofort in der Eingangshalle ausfüllen wollten oder während des Museumsbesuchs.

Nach Abschluss der Befragung hatte ich 237 auswertbare Fragebögen von K20 und 217 auswertbare Fragebögen von K21.

Als Problem stellte sich heraus, dass manche BesucherInnen nicht alle Items der einzelnen Lebensstilfragen bei der Beantwortung berücksichtigt, sondern einzelne, besonders „ansprechende" Items „herausgepickt" haben; dadurch erhielt ich einige nicht auswertbare Fragebögen.

Die Verweigerungsquote betrug in beiden Museen an den verschiedenen Öffnungstagen zwischen 13 und 18 Prozent.

3.3 Codierung

Die erhaltenen Fragebögen habe ich wie im Codeplan im Anhang ersichtlich codiert und in SPSS erfasst. Dabei habe ich den ordinalskalierten Daten eine 1 für „nie", „gar nicht" oder „unwichtig" und eine 4 für „oft", „sehr wichtig" oder „trifft voll und ganz zu", bzw. eine 5 für „sehr stark" bei den Fragen 8 und 9 zugeordnet.

Bei nominalskalierten Daten habe ich die Antwortmöglichkeiten durchnummeriert.

Für die Auswertung erwies es sich als praktikabel, neue Variablen zu generieren. So habe ich die Variable „Bildungsabschluss" in AkademikerInnen und Nicht-AkademikerInnen und die

Variable „Besuchsinteresse" in KunstinteressentInnen und ArchitekturinteressentInnen dichotomisiert.

Für die Clusteranalysen habe ich sämtliche Items binär codiert und dichotomisiert.

3.4 Auswertungsverfahren

Das Skalenniveau meiner Variablen, nominal und ordinal, begrenzt die Anzahl der möglichen Auswertungsverfahren. So eignen sich für dieses Skalenniveau primär Häufigkeitsauszählungen, Kreuztabulierungen und Chi-Quadrat-Tests. Daneben habe ich Faktorenanalysen und zur Lebensstilextraktion Clusteranalysen herangezogen.

Die offene Frage nach bevorzugten Kunstrichtungen wurde mittels einer Inhaltsanalyse bearbeitet; aus den Antworten auf die Frage nach der Häufigkeit der Lektüre von Kunstpublikationen bzw. des Besuchs von Kunstausstellungen habe ich, angelehnt an Rainer Wick, einen Index konstruiert.

3.4.1 Häufigkeitsauszählung, Kreuztabulierung, Indexbildung

Sämtliche Variablen von Besuchshäufigkeit über die Lebensstilitems zu den demographischen Angaben wurden in einem ersten Schritt einer Häufigkeitsauszählung samt prozentueller Berechnung unterzogen. Um die ArchitekturbesucherInnen herauszurechnen, habe ich sämtliche Variablen umcodiert, falls die Antwort auf Frage 3 „wegen der Architektur" lautete. Alle ArchitekturinteressentInnen fielen bei den folgenden Auszählungen als „Systemmissings" aus der Auswertung. Wie in Kapitel 4 ausgeführt, macht es einen Unterschied, ob die Ergebnisse insgesamt oder ohne Berücksichtigung der ArchitekturinteressentInnen betrachtet werden.

Um bei einigen Variablen den Einfluss anderer Variablen bzw. Korrelationen zu eruieren, habe ich diese kreuztabuliert.

Angelehnt an die Besucherstudie von Rainer Wick und seinen Auswertungsverfahren habe ich aus den Antworten zu Frage 6 einen Kunstkompetenz-Index generiert. Dem liegt die Auffassung zugrunde, dass sich Kunstkompetenz durch die Lektüre von Kunstberichten in der Tagespresse, Kunstzeitschriften und Kunstbüchern und durch den Besuch von Kunstausstellungen erwerben lässt. Dieser ungewichtete Index setzt sich aus der Summe der angekreuzten Antworten zusammen, wobei „nie" mit 1, „selten" mit 2, „nicht so häufig" mit 3 und „häufig" mit 4 bewertet wurde. Dabei kamen nur die Fragebögen in die Wertung, bei denen Frage 6 vollständig ausgefüllt wurde. Das Minimum ergibt somit 4 Punkte, das

Maximum 16 Punkte. Die Werte 4-7 habe ich als geringere Kunstkompetenz, 8-12 als mittlere Kunstkompetenz und 13-16 als höhere Kunstkompetenz bezeichnet. Die Ergebnisse dazu folgen unter 4.12.

3.4.2 Signifikanztests

Um die Antworten der Publika beider Museen zu vergleichen und auf Signifikanz zu prüfen, habe ich eine Gruppenvariable generiert, die die 454 Fälle dem K20 oder dem K21 zuordnet. Für ordinalskalierte Daten bieten sich lediglich der Chi-Quadrat-Test und der Mann-Whitney-U-Test an. Beide Tests wurden für alle Variablen gerechnet.

Dazu ist festzuhalten, dass es in der empirischen Sozialforschung verbreitet ist, trotz Ordinalskalenniveau der Daten Signifikanztests für intervallskalierte Daten zu verwenden. So hat Annette Spellerberg ihre Daten mittels Kolmogorov-Smirnov[208] und Tarnai und Wuggenig haben ihre Daten mit einem Mittelwert-Test[209] auf Signifikanz geprüft. Zum Vergleich habe ich meine Daten ebenfalls einem Mittelwert-Test für intervallskalierte Daten unterzogen.

Die in Kapitel 4 dargestellten Ergebnisse beruhen auf Chi-Quadrat-Tests mit einer Irrtumswahrscheinlichkeit von fünf Prozent.

3.4.3 Faktorenanalysen

Mittels Faktorenanalyse erreiche ich eine Dimensionsreduktion der einzelnen Fragen von beispielsweise 18 Items auf 5 Faktoren; die Items einer Frage werden miteinander korreliert und in voneinander unabhängige Faktoren zusammengefasst. So kann man die Antworten auf die Frage nach dem Musikgeschmack auf wenige Dimensionen zurückführen. Ich habe die Lebensstilvariablen sowohl einzeln als auch gemeinsam (71 Items) Faktorenanalysen unterzogen.

Auswertungsverfahren ist die Hauptkomponentenanalyse, rotiert nach der Varimax-Technik, um die Daten besser interpretieren zu können und mit paarweisem Ausschluss fehlender Daten. Extraktionskriterium für Faktoren ist ein Eigenwert größer als 1.

---

[208] Siehe Spellerberg, Annette (1996) S. 94, 98 und 100.

[209] Siehe Tarnai/Wuggenig (1995) S. 61.

3.4.4 Clusteranalysen

Das Ziel der Clusteranalyse ist das Auffinden einer empirischen Typologie. Mittels der Clusteranalyse sollen die MuseumsbesucherInnen in homogene Lebensstilgruppen zusammengefasst werden. Innerhalb der Cluster bzw. Lebensstilgruppen sollte Homogenität, zwischen den Lebensstilgruppen Heterogenität bestehen.[210]

SPSS bietet für die Clusteranalyse zwei Verfahren, die hierarchische Clusteranalyse sowie die Clusterzentrenanalyse. Die Größe meines Datensatzes (mehr als 400 Fälle), legt die Verwendung der Clusterzentrenanalyse nahe, da die hierarchische Clusteranalyse nur für kleine Datensätze geeignet ist.

Die Clusterzentrenanalyse erwartet, dass die Anzahl der zu berechnenden Cluster vorgegeben wird. Ich habe die Daten jeweils mit verschiedenen Clustervorgaben analysiert und interpretiert.

Da meine Daten nicht intervallskaliert vorliegen, ist eine Umcodierung in binäre Daten notwendig. Dabei werden alle Antwortmöglichkeiten in binäre Daten verwandelt, d.h. es wird nur noch zwischen „Merkmal vorhanden" und „Merkmal nicht vorhanden" – erfasst mit 1 bzw. 0 – differenziert.

Ich habe Clusteranalysen sowohl mit einzeln binär codierten Antwortausprägungen, d.h., das gesamte Antwortspektrum von „nie" bis „oft" bzw. „unwichtig" bis „sehr wichtig", wurde berücksichtigt, gerechnet, als auch mit dichotomisierten Variablen in zwei Dichotomisierungsvarianten. Bei einer 2-2-Dichotomisierung geht so viel an Information verloren, dass die Clusteranalyse keine Aussagekraft mehr besitzt. Bei einer 1-3-Dichtomisierung, d.h. beispielsweise „oft" ist 1 und die drei anderen Antwortmöglichkeiten werden null gesetzt, verlieren sich die extremen Ausprägungen wie „nie" oder „trifft überhaupt nicht zu", die letztendlich auch zur Charakterisierung von Lebensstilen beitragen.

Die Cluster wurden ausschließlich inhaltlich interpretiert. SPSS weist darauf hin, dass die F-Tests nicht zur Interpretation herangezogen werden sollen, da die Cluster von SPSS so gewählt werden, dass die Differenzen zwischen Fällen maximiert werden. Die ausgewiesenen Signifikanzen können somit nicht zur Interpretation verwendet werden.

Clusteranalysen wurden sowohl getrennt für beide Publika als auch unter Verwendung der Gruppenvariable über beide Publika zusammen gerechnet.

---

[210] Vgl. Bacher, Johann (1994) S. 1-2.

3.4.5 Inhaltsanalyse

Die offene Frage nach den bevorzugten KünstlerInnen oder Kunstrichtungen wurde durch eine Inhaltsanalyse der genannten Angaben bearbeitet. Die Nennungen von KünstlerInnen oder Kunstrichtungen wurden in die von mir festgelegten Kategorien von Alter Kunst, Klassischer Moderne, Kunst nach 1945 und zeitgenössischer Kunst eingeordnet.

Anhand dieser Zuordnung wird ersichtlich, welche Kunstrichtungen den größten Zuspruch erfahren, ob der „time lag" existiert, d.h. ob zeitgenössische KünstlerInnen seltener genannt werden, und ob sich die Kunstpräferenzen der beiden Publika unterscheiden.

In einem ersten Schritt habe ich alle Nennungen ausgezählt und die Existenz der genannten KünstlerInnen mit Hilfe der Internetsuchmaschine Google[211] überprüft. Einige Nennungen waren unbrauchbar, da sie sich auf Musik bezogen oder nicht lesbar waren.

Sodann habe ich versucht, alle genannten KünstlerInnen mit Hilfe eines Kunstlexikons und mit Hilfe des Internets zu Kunstrichtungen zuzuordnen. Etliche Nennungen fielen bei diesem Arbeitsschritt aus der Wertung, da für sie keine Zuordnung zu Kunstrichtungen möglich war. So geschehen bei „Malerei" und letztendlich auch bei „Moderne" bzw. „moderne Kunst", da aus diesen Nennungen keine Intention oder kein besonderes Interesse des Befragten ersichtlich ist. Da die Moderne um 1870 einsetzt und auch aktuelle, zeitgenössische Kunst als moderne Kunst bezeichnet wird, ist bei diesen Begriffen keine Zuordnung zu einer Kategorie möglich.

Kategorie 1 umfasst Alte Kunst bis ca. 1870. Kategorie 2 beginnt mit dem Impressionismus und endet etwa 1945, im Anschluss daran beginnt Kategorie 3 und geht bis etwa 1980. Die letzte Kategorie 4 schließlich umfasst zeitgenössische Kunst ab ca. 1980.

Als methodisches Problem ist festzuhalten, dass einige der genannten KünstlerInnen nicht eindeutig einer Kunstrichtung zuzuordnen waren, da sich ihr Schaffen über die von mir festgelegten zeitlichen Grenzen erstreckte. Aus diesem Grund habe ich einige wenige KünstlerInnen zwei Kategorien zugeordnet, so zum Beispiel Gerhard Richter, der seit den 1960er Jahren bis heute künstlerisch tätig ist, in die Kategorien 3 und 4.

Eine Zuordnung entsprechend Armin Zweites Konzeption, nachdem die in den Kunstwerken sich manifestierende Haltung der Künstlerin/des Künstlers über die Kategorie entscheidet,

---

[211] Suchmaschine http://www.google.de

war mir in solchen Fällen nicht möglich, da ich ohne entsprechende Fachkenntnis die Avantgarde künstlerischer Werke nicht beurteilen möchte.

4 Die Publika der Museen K20 und K21

Überblick

Der Darstellung der Ergebnisse des Publikumsvergleichs möchte ich die Antwortverteilung auf die Frage nach dem Interessensschwerpunkt des Museumsbesuchs allen anderen Ergebnissen voranstellen. Die Frage nach dem Interessensschwerpunkt drängte sich auf, da sich im Laufe der ersten Monate nach Eröffnung des K21 im April 2002 abzeichnete, dass etliche BesucherInnen den Eintrittspreis nur zwecks Besichtigung der Architektur des Gebäudes und nicht wegen der darin ausgestellten Kunst entrichteten. Deshalb war es für die Kunstsammlung von Interesse, den Anteil der ArchitekturbesucherInnen am Publikum zu erfahren, und für mein Forschungsinteresse vonnöten, zwischen Kunst- und ArchitekturbesucherInnen zu differenzieren, da nur Erstere Gegenstand meiner Studie zur Binnendifferenzierung des Kunstpublikums sind.

Als Antwortmöglichkeiten waren der Reihe nach vorgesehen: (1) die Ständige Sammlung, (2) die Sonderausstellung, (3) die Architektur des Museumsgebäudes. Dabei interessierte mich nicht speziell, wie viele BesucherInnen sich für die Sonderausstellung interessierten, aber um das Antwortspektrum nicht zu durchschaubar zu gestalten, habe ich das Kunstinteresse noch in Dauerausstellung und Sonderausstellung differenziert. Diejenigen, die die Architektur als ihr Hauptinteresse angegeben haben, nenne ich im Folgenden „ArchitekturinteressentInnen", den großen Rest „KunstinteressentInnen".

In K20 gaben drei Personen, das sind 1,4 Prozent, in K21 72 Personen, das sind 38,7 Prozent der BesucherInnen, die Architektur als ihr Besuchsinteresse an. K20 am Grabbeplatz wurde 1986 eröffnet; seitdem hat die Architektur des Gebäudes an Anziehungskraft verloren. K21 jedoch, im April 2002 erst eröffnet, befindet sich in einem historischen Gebäude aus dem 19. Jahrhundert, das in seiner Neukonzeption ein Anziehungspunkt nicht nur für KunstinteressentInnen in Düsseldorf ist.

Im Auswertungsprozess stellte sich bei K21 sehr bald heraus, dass es einen Unterschied macht, ob man die ArchitekturinteressentInnen in die Auswertung mit einbezieht, oder ob man sie außer Acht lässt. Also gelten im Folgenden, wo nicht anders festgehalten, die Ergebnisse nur für die KunstinteressentInnen. Die 72 BesucherInnen, die die Architektur des ehemaligen Landesparlamentes als Hauptinteresse für ihren Besuch angegeben haben, wurden herausgerechnet, da sie die Ergebnisse in vielen Fällen deutlich verzerrten. Wo die

Verzerrung besonders auffällig ist, d.h. wo die Unterschiede zwischen den Kunst- und den ArchitekturinteressentInnen besonders groß sind, habe ich diese angegeben. Für K20 habe ich die ArchitekturinteressentInnen ebenfalls abgezogen, auch wenn es nur drei Personen waren, die bei 237 BesucherInnen das Ergebnis kaum beeinflussten.

Ich kann zwar nicht annehmen, dass die ArchitekturinteressentInnen keinerlei Interesse an der Kunst gezeigt haben, da ein Großteil von ihnen auch die Frage nach den bevorzugten Kunstrichtungen beantwortet hat; ich nehme aber die Antwort, dass sie sich wegen der Architektur ins K21 begeben haben, als eindeutiges Statement. Da unter den 72 Personen sicher nicht wenige sind, die wirklich nur wegen der Architektur des umgebauten Landesparlaments den Eintritt bezahlt haben, habe ich sie in meinen Lebensstilanalysen nicht berücksichtigt, weil mich primär das Kunstpublikum interessiert.

Die Darstellung der Ergebnisse beginnt mit den soziodemographischen Merkmalen; die lebensstilspezifischen Fragen werden in der Reihefolge, in der sie auf dem Fragebogen angeführt wurden, präsentiert. Die lebensstilbezogenen Fragen habe ich Faktorenanalysen unterzogen, um sie auf wenige Dimensionen zu reduzieren. Der jeweiligen Erläuterung der Dimensionen habe ich eine Tabelle über die Faktorenstruktur samt Faktorladungen vorangestellt.

Für jeden Fragenkomplex erfolgt die Darstellung der Ergebnisse in einer Gegenüberstellung von K20 und K21.

Es stellte sich schon bei den Häufigkeitsauszählungen heraus, dass sich die Publika der beiden Museen in ihrer Freizeitgestaltung, ihren Interessen und Verhaltensweisen und auch in ihrer soziodemographischen Struktur kaum unterscheiden. Nur wenige Items differenzieren die Publika signifikant. Auffällige bzw. signifikante Differenzen sind durch Tabellen anschaulich dargestellt.

So ist aufschlussreich, dass entgegen meiner Erwartung das Publikum der zeitgenössischen Kunst nicht jünger ist als das Publikum der Klassischen Moderne, sondern im Gegenteil der Altersschwerpunkt in K20 bei den Twens und in K21 bei den 30-39-Jährigen liegt.

Dennoch ist aufgrund der Abweichungen in den Antworten (auch wenn sie nicht signifikant sind) festzustellen, dass das Publikum von K20 tendenziell „klassischer" ist. So hat beispielsweise Weiterbildung im Publikum von K20 einen höheren Stellenwert als im Publikum von K21. Ebenso lesen die BesucherInnen des K20 mehr als die BesucherInnen des K21, die wiederum in höherem Ausmaß dem Fernsehen zugeneigt sind. Das Publikum des

K21 geht häufiger in die Kneipe und ins Restaurant, treibt mehr Sport und beschäftigt sich öfter mit dem Computer.

Unterschiede zeigen sich auch in den kulturellen Vorlieben: die Vorliebe für Klassische Musik, Oper, Jazz/Blues und Gedichte ist in K20 stärker ausgeprägt als in K21. Unterschiedliche Werte zeigen sich auch in der Beurteilung von Sparsamkeit und dem Glauben.

Nur wenige der erwähnten Differenzen sind signifikant, was darauf schließen lässt, dass die Publika in ihrem Lebensstil so unterschiedlich nicht sind.

4.1 Geschlecht

Auf die Frage nach dem Geschlecht gab es in beiden Museen keine Antwortverweigerungen. Gemäß dem Statistischen Bundesamt Deutschland waren im Jahr 2002 51,1 Prozent der Bevölkerung in Deutschland weiblich und 48,9 Prozent männlich (für das Jahr 2003 lagen noch keine Daten vor).[212]

K20

Von den 237 BesucherInnen des K20 sind 47,7 Prozent männlich und 52,3 Prozent weiblich. Die ArchitekturbesucherInnen verzerren das Ergebnis nicht wesentlich: das Kunstpublikum ist zu 47,4 Prozent männlich, 52,6 Prozent sind weiblich. Dies ist eine – nicht signifikante – Abweichung von der Gesamtbevölkerung um 1,5 Prozent. D.h., das Kunstpublikum des K20 hat in etwa dasselbe Geschlechterverhältnis wie die Bevölkerung Deutschlands.

K21

46,6 Prozent der BesucherInnen des K21 sind männlich, 53,5 Prozent weiblich. Ohne ArchitekturbesucherInnen sieht das Verhältnis ähnlich aus. 47,6 Prozent des Kunstpublikums sind männlich, 52,4 Prozent weiblich.

Das Publikum des K21 weicht minimal stärker von der Geschlechterproportion der deutschen Bevölkerung ab als das Publikum des K20: in K21 sind 2,4 Prozent mehr Frauen als in der Bevölkerung und 0,9 Prozent mehr Frauen als in K20 vertreten. Diese Differenzen sind nicht signifikant. Die Publika von K20 und K21 sind bezüglich der Geschlechterproportion beinahe identisch. Das Interesse für Klassische Moderne bzw. zeitgenössische Kunst ist offensichtlich nicht geschlechtsspezifisch.

---

[212] www.destatis.de

4.2 Alter

Auch die Frage nach dem Alter haben alle BesucherInnen in beiden Museen beantwortet. Die Frage sah sechs Altersgruppen zur Selbstzuordnung vor: (1) bis 19 Jahre, (2) 20 bis 29 Jahre, (3) 30 bis 39 Jahre, (4) 40 bis 49 Jahre, (5) 50 bis 59 Jahre und (6) 60 Jahre und älter. Meine Hypothese lautete, dass das Publikum der zeitgenössischen Kunst jünger ist als das Publikum der Klassischen Moderne. In der Annahme unterschiedlicher Lebensstile der Kunstpublika ist die Annahme alterspezifischer Differenzen enthalten.

Im Jahr 2002 waren in Deutschland 32,4 Prozent der Bevölkerung unter 30 Jahre alt. Aus dieser Altersgruppe interessiert mich nur der Anteil der über 15-Jährigen, da meine Zielpersonen im Kunstpublikum zumindest 16 Jahre alt sein sollten. Die 15-30-Jährigen haben einen 17-prozentigen Anteil an der deutschen Bevölkerung. Das Statistische Bundesamt sowie die Jahrbücher der Statistik Austria nehmen eine andere Altersgruppeneinteilung vor, so dass mir die Anteile der Altersgruppen zwischen 30 und 60 Jahren nicht getrennt vorliegen. Zusammen hat diese Gruppe einen Anteil von 43,4 Prozent an der Gesamtbevölkerung. 24,1 Prozent sind über 60 Jahre alt.[213]

K20

Den größten Anteil am Publikum des K20 stellen die Twens: 29,9 Prozent der BesucherInnen des K20 sind zwischen 20 und 29 Jahre alt. Nur 1,3 Prozent sind unter 20 Jahre. Der Anteil der 30 bis 39-Jährigen beträgt 17,5 Prozent und gut ein Fünftel des Publikums ist zwischen 40 und 49 Jahre alt. 16,2 Prozent sind zwischen 50 und 59 Jahre und 15 Prozent sind älter als 60 Jahre.

Mit 30 Prozent sind die 15-30-Jährigen in K20 eindeutig überrepräsentiert, die über 60-Jährigen dagegen sind nicht entsprechend ihres Anteils an der Bevölkerung im Kunstpublikum vertreten. Vermutlich liegt das daran, dass der immer höhere Anteil an 80- und 90-Jährigen an der Bevölkerung Museumsbesuche nicht mehr zu seiner Freizeitbeschäftigung zählt und dementsprechend aus der Gruppe der über 60-Jährigen nur die bis 80-Jährigen vertreten sind.

K21

Auffallend ist, dass in meiner Stichprobe keine BesucherInnen unter 20 Jahren anzutreffen sind. Zusammen mit den ArchitekturbesucherInnen sind von 217 Personen 18,9 Prozent 20

---

[213] Statistik Austria (2003) S. 502.

bis 29 Jahre alt, 24,4 Prozent 30 bis 39 Jahre, 17,1 Prozent 40 bis 49 Jahre, 19,4 Prozent 50 bis 59 Jahre, 20,3 Prozent über 60 Jahre.

Rechnet man die ArchitekturbesucherInnen heraus, wird das Publikum der zeitgenössischen Kunst jünger. Die über 60-Jährigen machen nur noch 17,2 statt 20,3 Prozent aus, dafür steigt der Anteil der 20 bis 29-Jährigen von 18,9 Prozent auf 21,4 Prozent und der der 30 bis 39-Jährigen von 24,4 Prozent auf 28,3 Prozent. Auch die Anteile der 40 bis 49-Jährigen und 50 bis 59-Jährigen sinken zugunsten der unter 40-Jährigen auf jeweils 16,6 Prozent. Beinahe die Hälfte des Publikums der zeitgenössischen Kunst ist damit unter 40 Jahre alt.

Die KunstinteressentInnen sind also jünger als die ArchitekturinteressentInnen des K21.

Die Hypothese, dass das Publikum der zeitgenössischen Kunst jünger ist als das Publikum der Klassischen Moderne, bestätigt sich nicht. Setzt man eine Trennlinie bei den 30-Jährigen, so zeigt sich vielmehr das Gegenteil, nämlich dass mehr als 30 Prozent der BesucherInnen von K20 unter 30 Jahre sind, in K21 jedoch nur 21,4 Prozent. In K20 liegt der Altersschwerpunkt bei den Twens, in K21 bei den 30 bis 39-Jährigen. Auch ist in K21 der Anteil der über 60-Jährigen höher.

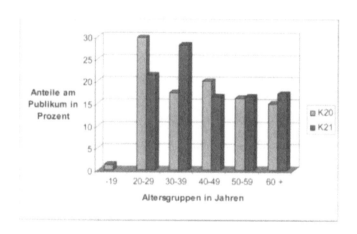

Abbildung 2: Altersvergleich zwischen K20 und K21

Der oben abgebildete Altersunterschied zwischen den Publika ist nicht signifikant. Dennoch bietet dieser Altersunterschied für manche der Lebensstilvariablen eine Erklärung an. Die unterschiedlichen Altersgruppen haben unterschiedliche Interessen, Zeitbudgets und finanzielle Ressourcen.

Das Interesse an und die Aufgeschlossenheit für avantgardistische Kunst stehen in Zusammenhang mit dem Alter, wenn auch anders als erwartet. Dennoch lässt sich mit Bourdieu erklären, weshalb das Publikum der zeitgenössischen Kunst älter ist als das Publikum der Klassischen Moderne. Das Sachverständnis für avantgardistische Kunst wird durch wiederholte Beschäftigung mit Kunstwerken erworben. Über 50-Jährige hatten naturgemäß schon mehr Zeit, sich mit Kunstwerken zu befassen als unter 30-Jährige und besitzen folglich eher entsprechende Decodierungskompetenzen. Mit dem Erwerb von Kunstkompetenz beginnt man meist, indem man sich zuerst mit bereits decodierten, vermittelten Kunstrichtungen auseinandersetzt.

4.3 Bildungsabschluss

Als Bildungsabschlüsse wurden folgende Antwortmöglichkeiten vorgegeben: (1) Hauptschule, (2) Realschule, (3) Abitur, (4) Studium in natur- oder ingenieurswissenschaftliche Richtung, (5) Studium in sozial- oder geisteswissenschaftliche Richtung, (6) Studium in wirtschaftswissenschaftliche Richtung, (7) Studium Kunst, Kunstgeschichte, Design und (8) Anderes.

Ich vermutete im Publikum der zeitgenössischen Kunst in Übereinstimmung mit Bourdieu[214] die höheren Bildungsabschlüsse und eine stärkere Tendenz zur kunstbezogenen Ausbildung. Die Beschäftigung mit zeitgenössischer Kunst erfordert die Beherrschung von Decodierungsregeln, die nur in höheren Bildungsinstitutionen und vor allem im kunstbezogenen Studium vermittelt werden.

K20

Drei Prozent der BesucherInnen des K20 haben einen Hauptschulabschluss, neun Prozent besitzen den Realschulabschluss und 13,3 Prozent haben das Abitur abgelegt. Die AkademikerInnen teilen sich wie folgt auf: 12,9 Prozent haben ein natur- oder ingenieurwissenschaftliches Studium abgeschlossen, 22,7 Prozent haben einen Abschluss in einem geistes- oder sozialwissenschaftlichen Fach, 8,6 Prozent ein wirtschaftswissenschaftliches Studium und mehr als ein Viertel, nämlich 26,2 Prozent haben ein Studium in Kunst, Kunstgeschichte oder Design absolviert. 0,4 Prozent haben einen anderen Bildungsabschluss und 3,9 Prozent irgendein Studium, das nicht den einzelnen Kategorien zuzuordnen war. Damit beträgt der Akademikeranteil am Publikum 74,3 Prozent.

---

[214] Vgl. Bourdieu, Pierre (1974) S. 180-181.

K21

In K21 zeigt sich auch beim Bildungsabschluss ein Unterschied zwischen dem Gesamtpublikum und dem kunstinteressierten Publikum. Vom Gesamtpublikum haben 3,2 Prozent die Hauptschule und 11,6 Prozent die Realschule absolviert und 19 Prozent haben in Richtung Kunst, Kunstgeschichte oder Design studiert. Ohne die ArchitekturinteressentInnen sinkt der Anteil der niedrigeren Schulabschlüsse von 14,8 auf 13,2 Prozent und der Anteil der Kunst/Kunstgeschichte/Design-Studenten und –Absolventen steigt auf 22,9 Prozent.

Erstaunlich ist jedoch, dass in K20 nur 12 Prozent kein Abitur, in K21 aber 14,8 Prozent kein Abitur vorweisen können und mit 22,9 Prozent 3,3 Prozent weniger eine Ausbildung in Richtung Kunst erworben haben bzw. anstreben. In K20 haben insgesamt 74,3 Prozent der BesucherInnen irgendein Studium, in K21 „nur" 73,6 Prozent. Die Hypothese von den höheren Bildungsabschlüssen in K21 und der höheren Affinität zu einer kunstbezogenen Ausbildung muss also verworfen werden.

Bourdieus These, dass die RezipientInnen avantgardistischer Kunst die höheren Bildungsabschlüsse vorweisen können, lässt sich anhand meines Publikumsvergleich nicht bestätigen.

Folgende Abbildung veranschaulicht die annähernde Gleichverteilung der Abschlüsse.

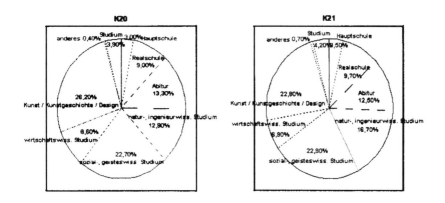

Abbildung 3: Bildungsabschlüsse in K20 und K21

4.4 Beruf

Als Antworten waren vorgesehen: (1) ArbeiterIn, (2) Angestellte/r, Beamtin/Beamter, (3) Selbständige/r, FreiberuflerIn, (4) teilerwerbstätig, (5) in Ausbildung, (6) RentnerIn, (7) Hausfrau/Hausmann, (8) StudentIn, (9) SchülerIn, (10) arbeitslos.

K20

Die BesucherInnen des K20 teilen sich wie folgt auf die nachstehenden Berufe auf: 1,7 Prozent sind ArbeiterInnen, 33,5 Prozent sind Angestellte oder BeamtInnen, 15,9 Prozent sind Selbstständige oder FreiberuflerInnen. 11,2 Prozent sind teilerwerbstätig, 1,3 Prozent in Ausbildung, und neun Prozent sind bereits RentnerInnen. Drei Prozent des Publikums sind Hausfrau bzw. Hausmann, 18,5 Prozent StudentInnen, 1,3 Prozent SchülerInnen, 4,7 Prozent arbeitslos.

K21

Auch bei den Berufen zeigt sich zwischen dem Gesamtpublikum und dem Kunstpublikum nach Abzug der ArchitekturinteressentInnen ein großer Unterschied. Vom Gesamtpublikum sind 1,4 Prozent ArbeiterInnen, 29,8 Prozent Angestellte/BeamtInnen, 19,5 Prozent Selbstständige/FreiberuflerInnen, 9,3 Prozent teilerwerbstätig, 0,5 Prozent in Ausbildung, 16,7 Prozent RentnerInnen, 4,7 Prozent Hausfrau/Hausmann, 15,3 Prozent StudentInnen und 2,8 Prozent arbeitslos.

Nach Abzug der ArchitekturinteressentInnen sinken die Anteile der Angestellten/BeamtInnen um mehr als fünf Prozent auf 24,1 Prozent und der Anteil der RentnerInnen um gut vier Prozent auf 12,4 Prozent während der Anteil der FreiberuflerInnen um mehr als sechs Prozent auf 26,2 Prozent ansteigt. Um drei Prozent auf 18,6 Prozent steigt auch der Anteil der StudentInnen.

In K21 sind mehr als ein Viertel selbständig, während in K20 nur 15,9 Prozent freiberuflich tätig sind. Der Anteil der StudentInnen am Publikum ist fast identisch. Der Anteil der RentnerInnen ist in K21 gut drei Prozent höher, worauf der höhere Anteil an über 60-Jährigen bereits schließen ließ.

4.5 Tätigkeitsbereich

Als Antwortkategorien waren vorgegeben: (1) Industrie/Handwerk/Landwirtschaft, (2) Handel/Banken/Versicherungen/andere Dienstleistungen, (3) Verwaltung/Recht, (4) Unterricht/Erziehung/Kunst/Kultur/Presse und (5) Sonstige.

K20

11,8 Prozent haben zu dieser Frage die Angabe verweigert. 27,8 Prozent des Publikums sind nicht erwerbstätig und fallen damit auch aus dieser Statistik. Von den restlichen 60 Prozent Erwerbstätigen sind 11,9 Prozent im Bereich Industrie, Handwerk, Landwirtschaft, 23,8 Prozent im Dienstleistungssektor (Handel, Banken, Versicherungen, andere Dienstleistungen) und 8,4 Prozent in Verwaltung und Recht. Den größten Anteil stellen mit 43,4 Prozent die im Bereich Unterricht, Erziehung, Kunst, Kultur, Presse Tätigen. 12,6 Prozent konnten sich keinem dieser Bereiche zuordnen.

K21

13,4 Prozent der 217 Befragten verweigerten die Angabe, 21,7 Prozent sind nicht oder nicht mehr erwerbstätig. Von den restlichen Befragten arbeiten 14,9 Prozent in Industrie, Handwerk oder Landwirtschaft, 23,4 Prozent rechnen sich zum Bereich Handel, Banken, Versicherungen, andere Dienstleistungen, 9,9 Prozent zu Verwaltung und Recht. 42,6 Prozent des berufstätigen Publikums sind in Unterricht, Erziehung, Kunst, Kultur oder Presse beschäftigt, 9,3 Prozent ordneten sich zu „Sonstige" zu.

Ohne die ArchitekturbesucherInnen sinkt der Anteil der Beschäftigten in Industrie, Handwerk und Landwirtschaft auf 11,5 Prozent, dafür steigt der Anteil der Beschäftigten im Dienstleistungsbereich auf 28,7 Prozent. In den anderen Bereichen bleiben die Anteile in etwa gleich. Von den ArchitekturinteressentInnen in K21 sind 20,4 Prozent im Bereich Industrie, Handwerk und Landwirtschaft beschäftigt.

Der hohe Anteil an Beschäftigten im Bereich Kunst und Kultur in beiden Museen erklärt sich durch die Tatsache, dass diese BesucherInnen entsprechendes kulturelles Kapital und Kunstkompetenz angehäuft haben, und dementsprechend aufgeschlossener gegenüber zeitgenössischer Kunst sind als IndustriearbeiterInnen und LandwirtInnen, deren fehlende Bildung und geringe Kunstkompetenz sich als wesentliche Zugangshürden zum Kunstmuseum erweisen.

Die ArchitekturinteressentInnen unterscheiden sich in Alter, Bildungsabschluss und Tätigkeitsbereich stark von den KunstinteressentInnen, weshalb ich die Entscheidung getroffen habe, die ArchitekturinteressentInnen bei der Analyse der Lebensstile des Kunstpublikums außer Acht zu lassen.

4.6 Wohnort

Die Herkunft der Museumsbesucher wurde in fünf Kategorien erfasst: (1) Düsseldorf, (2) Umland bis zu 30 Kilometer, (3) 30 bis 100 Kilometer Entfernung, (4) übriges Deutschland und (5) Ausland.

Ich vermutete, dass K21 weniger FernbesucherInnen, und da vor allem BesucherInnen aus dem Ausland, als K20 anzieht. K20 hat eine bedeutende Sammlung von Kunst der Klassischen Moderne und Renommee über Deutschland hinaus erlangt. Ausländische BesucherInnen planen eher einen Besuch in einem Museum, dessen Sammlung von Weltruf ist, als in einem neuen Museum zeitgenössischer Kunst, dessen Sammlung nicht voraussehbar ist. Zeitgenössische Kunst hat weniger Anhänger als die Klassische Moderne, was sich in den BesucherInnenzahlen und damit auch in meinen Stichprobengrößen niederschlägt. Neben dem deutschen Künstler Magnus von Plessen zeigte K21 im Jahr 2003 aber auch den kanadischen Künstler Rodney Graham. Das K21 ist also auch für ausländische BesucherInnen, die sich für zeitgenössische Kunst interessieren, attraktiv.

K20

24,5 Prozent der BesucherInnen des K20 stammen aus Düsseldorf, 16,5 Prozent aus dem näheren Umland. 15 Prozent der BesucherInnen kommen aus dem Umkreis von 30 bis 100 Kilometer Entfernung, 26,5 Prozent restliches Deutschland, 17,9 Prozent reisten aus dem Ausland an.

K21

Die Verteilung des Publikums von K21 ist auffällig anders. Die meisten BesucherInnen stammen aus Düsseldorf selbst, nämlich 35,2 Prozent. 19,3 Prozent kommen aus dem Umland bis zu 30 Kilometer, 13,8 Prozent aus dem Gürtel bis zu 100 Kilometer, 20,7 Prozent aus einer weiteren Entfernung aus Deutschland. Nur elf Prozent der BesucherInnen stammen aus dem Ausland. Das liegt sicher nicht alleine am Bekanntheitsgrad der Museen, da das K20 vor der Eröffnung des Museums für zeitgenössische Kunst den Namen „Kunstsammlung Nordrhein-Westfalen" trug und nun beide Museen in der Öffentlichkeitsarbeit und Tourismuswerbung immer gemeinsam auftreten. Die unterschiedliche Attraktivität liegt sicher im Sammlungs- bzw. Ausstellungsschwerpunkt: die Klassische Moderne hat mehr Anhänger als die zeitgenössische Kunst, was sich auch dadurch zeigt, dass ich im selben Befragungszeitraum von einer Woche in K21 20 Fragebögen weniger erhalten habe und zudem mehr als ein Drittel der BesucherInnen das K21 primär wegen der Architektur und nicht wegen der zeitgenössischen Kunst besichtigte.

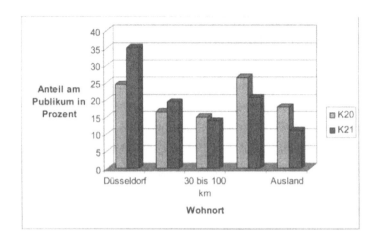

Abbildung 4: Herkunft der BesucherInnen von K20 und K21

4.7 Besuchshäufigkeit

Die erste Frage des Fragebogens erhob die Anzahl der Vorbesuche im jeweiligen Museum. Die Antwortmöglichkeiten unterschieden (1) den erstmaligen Besuch, (2) zwei bis drei Vorbesuche und (3) mehr als drei Vorbesuche.

Nach der Definition von Hans-Joachim Klein bezeichne ich Personen, die schon mehr als drei Vorbesuche im jeweiligen Museum vorweisen können, als StammbesucherInnen. Die Erst- und FolgebesucherInnen unterscheiden sich vermutlich in ihrer Kunstkompetenz sowie in Gewohnheiten und Interessen.

K20

Alle 237 BesucherInnen haben die Frage nach der Besuchshäufigkeit beantwortet. Davon, bzw. von den Kunstinteressierten, waren jeweils rund 40 Prozent der BesucherInnen zum ersten Mal im K20 bzw. schon mehr als dreimal in K20. Knapp ein Fünftel der BesucherInnen war zwischen ein und dreimal in K20. Somit können 40 Prozent als StammbesucherInnen bezeichnet werden.

Der hohe Anteil von StammbesucherInnen beruht auf den Bemühungen des Museums um Abwechslung und bleibende Attraktivität: zum Einen werden die Kunstwerke der Sammlung bisweilen umgehängt, d.h. es werden auch Gemälde aus dem Depot geholt und neue thematische Schwerpunkte gesetzt, zum anderen finden zwei bis dreimal jährlich Sonderausstellungen statt. Ein Angebot der Düsseldorfer Museen sorgt ebenfalls für höhere

Besuchsfrequenzen: die sogenannte Art Card kostet pro Jahr 60 Euro und berechtigt zum kostenlosen Besuch in den beteiligten Museen.

K21

K21 hat ein ganz anderes Publikum: nur 10,6 Prozent sind StammbesucherInnen, zwei Drittel dagegen ErstbesucherInnen. Ohne die ArchitekturinteressentInnen sind noch immer 59,3 Prozent ErstbesucherInnen und nur 15,9 Prozent StammbesucherInnen. Dies hängt sicher damit zusammen, dass K21 zum Zeitpunkt der Befragung noch nicht ein Jahr bestand, K20 aber schon seit Jahrzehnten, spätestens aber mit der Errichtung eines eigenen Museumsgebäudes 1986 in Düsseldorf etabliert ist. Zum anderen dürfte der geringe Anteil an StammbesucherInnen durchaus mit der ausgestellten Kunst zusammenhängen. K20 präsentiert mit der Klassischen Moderne „erwartbare" Kunst, wobei K21 mit dem Fokus auf zeitgenössische Künstler ein „Risiko" für jeden Museumsbesuch beinhaltet. K21 gibt avantgardistischer Kunst ein Forum, und damit verbunden ist die Begegnung mit dem unbekannten Neuen.

4.8 Besuchspläne Schwestermuseum

Die zweite Frage richtete sich auf das Interesse eines Besuchs des jeweiligen Schwestermuseums. Die vorgegebenen Antwortmöglichkeiten sahen (1) einen bereits erfolgten Besuch im Schwestermuseum, (2) einen demnächst geplanten und (3) einen auch nicht geplanten Besuch im Schwestermuseum vor.

K20

231 Personen haben diese Frage beantwortet, davon haben 45,9 Prozent K21 schon mal besucht, 18,6 Prozent haben K21 noch nicht besucht und planten auch keinen Besuch. Von den 234 Kunstinteressierten beantworteten 228 die Frage nach dem Interesse an der Schwesterinstitution. 46,1 Prozent hatten K21 schon mal besucht, 35,5 Prozent planten einen Besuch in absehbarer Zeit und 18,4 Prozent verneinten beides.

Gut 80 Prozent des Publikums von K20 zeigt sich also durch einen bereits erfolgten oder absehbaren Besuch in K21 ebenfalls an zeitgenössischer Kunst interessiert.

K21

Zwei Drittel des Gesamtpublikums von K21 waren vorher schon mal in K20, 22,4 Prozent planten zum Zeitpunkt der Befragung einen baldigen Besuch und nur 11,7 Prozent verneinen einen bereits erfolgten oder geplanten Besuch in K20.

Von den StammbesucherInnen des K21 waren 95,7 Prozent auch bereits im K20 und der Rest plante einen baldigen Besuch.

Bei einer Betrachtung der 145 kunstinteressierten BesucherInnen alleine zeigen sich keine Unterschiede zum Gesamtpublikum. Ebenfalls knapp zwei Drittel waren schon einmal in K20 und mit 12,6 Prozent plant knapp ein Prozent mehr keinen Besuch im Schwestermuseum. Zusammen 87,4 Prozent waren schon mal in K20 oder planten einen Besuch.

Die StammbesucherInnen des Museums für zeitgenössische Kunst sind also nicht ausschließlich an zeitgenössischer Kunst interessiert, sondern ausnahmslos auch an der Klassischen Moderne. Von denen, die ein- bis dreimal im K21 waren, waren 91,5 Prozent auch schon in K20 und nur 16 Prozent (23 Personen) der ErstbesucherInnen des K21 planten auch keinen Besuch in K20. Sieben dieser ErstbesucherInnen, die K20 noch nicht besucht hatten und die keinen Besuch in K20 planten, kamen wegen der Architektur. In K20 ist der Anteil derjenigen, die keinen Besuch in K21 planten höher als der Anteil der BesucherInnen in K21, die keinen Besuch in K20 planten.

Die Tatsache, dass die BesucherInnen des jeweiligen Museums nicht ausschließlich an der darin ausgestellten Kunst Interesse zeigen, sondern mehrheitlich auch Interesse an der Schwesterinstitution zeigen, lässt erahnen, dass man die Publika der beiden Museen nicht so präzise trennen kann. Würde ich unterstellen, dass diejenigen BesucherInnen, die die Schwesterinstitution noch nicht besucht haben und auch nicht besuchen werden, kein Interesse an der Klassischen Moderne oder an zeitgenössischer Kunst zeigen, wobei die Gründe für den Nicht-Besuch breit gefächert sein können, würde die zu untersuchende „Teilmenge" auf 42 BesucherInnen (K20) bzw. 18 BesucherInnen (K21) reduziert.

4.9 Interessensschwerpunkt

Die besondere Bedeutung dieser Fragestellung und die Auswirkung auf die Auswertung habe ich im Überblick bereits erläutert. An dieser Stelle folgt die detaillierte Darstellung des Antwortverhaltens.

K20

Fast 60 Prozent der BesucherInnen des K20 kamen aufgrund der Ständigen Sammlung ins Museum. 38,9 Prozent wurden von der Sonderausstellung angezogen und nur 1,4 Prozent wollten hauptsächlich die Architektur besichtigen.

Von den StammbesucherInnen kamen 57,8 Prozent wegen der Sonderausstellung und von den ErstbesucherInnen kamen 77,5 Prozent aufgrund der Ständigen Sammlung. Dennoch interessieren sich noch immer 41 Prozent der StammbesucherInnen für die Ständige Sammlung des K20, was für die bleibende Attraktivität des Museums spricht.

K21

In K21 sieht die Situation ganz anders aus: 38,7 Prozent kamen wegen der Architektur ins ehemalige Landesparlament, nur 28 Prozent wegen der Dauerausstellung und ein Drittel wurde von der Sonderausstellung angelockt. 31 BesucherInnen haben Mehrfachantworten in verschiedenen Kombinationen gegeben, davon haben allein zehn Personen bei allen drei Antwortmöglichkeiten Kreuze gesetzt. Die Mehrfachantworten wurden bei obiger Verteilung nicht berücksichtigt; die 31 Personen wurden aber in die Lebensstilanalyse miteinbezogen, da sie sich durch ihre Kreuze bei (1) und/oder (2) auch als KunstinteressentInnen erwiesen.

Das Besuchsinteresse hängt u.a. vom Wohnort der Befragten ab. Fast zwei Drittel der ausländischen BesucherInnen interessieren sich für die Ständige Sammlung und nur 20 Prozent für die Architektur, bei den ortsansässigen BesucherInnen geben 26,4 Prozent als Beweggrund die Architektur an, dafür 52,8 Prozent die Sonderausstellung. Mehrheitlich geben die BesucherInnen aus dem näheren Umland die Architektur als Hauptinteresse an, der Anteil der Architekturinteressenten nimmt mit Entfernung des Wohnorts ab (wobei die Ausnahme Düsseldorf bildet). Ich vermute, dass die Düsseldorfer die Architektur des K21 schon in den ersten Monaten nach der Eröffnung „bewundert" haben. Das mit der Entfernung des Heimatorts von Düsseldorf abnehmende Interesse an der Architektur des Gebäudes führe ich darauf zurück, dass den BesucherInnen aus dem restlichen Deutschland oder dem Ausland die Rolle des Gebäudes vor seiner Nutzung als Museum nicht bewusst ist und sie damit auch keine Erinnerungen verbinden bzw. den Umbau zum Museum nicht verfolgt haben.

Von den 147 BesucherInnen, die zum ersten Mal in K21 waren, haben 125 die Frage nach dem Beweggrund ihres Besuchs beantwortet; von diesen 125 ErstbesucherInnen kamen 48,8 Prozent wegen der Architektur, wobei die StammbesucherInnen des K21 zu 89,5 Prozent wegen der Sonderausstellung den Weg ins K21 fanden.

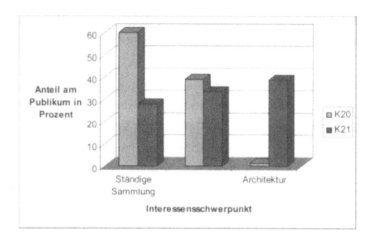

Abbildung 5: Interessensschwerpunkt der BesucherInnen von K20 und K21

4.10 Bevorzugte Kunstrichtungen

Diese Frage habe ich in ihrer Konzeption der Besucherstudie von Rainer Wick entnommen. Die Frage war offen gestaltet und erforderte vom Befragten eine eigenständige Antwort. Die Nennungen habe ich den von mir festgelegten Kategorien Alte Kunst bis ca. 1870, Klassische Moderne, Kunst von 1945 bis 1980 und zeitgenössische Kunst zugeordnet. Die Ausführlichkeit der Angaben variiert von der Angabe einer/s KünstlerIn/s bis zur Nennung von 13 KünstlerInnen. Dabei habe ich sämtliche Nennungen von KünstlerInnen unter eine der vorgenannten Kategorien subsumiert. D.h., hat ein/e BesucherIn fünf KünstlerInnen der Klassischen Moderne aufgezählt, so habe ich dies als eine Meinungsäußerung gewertet, nämlich für die Kunstrichtung Klassische Moderne.

Entsprechend der Aufteilung der Sammlungsgebiete der Museen erwartete ich, dass die BesucherInnen des K21 in höherer Zahl zeitgenössische KünstlerInnen nennen als die Besucher des K20.

K20

24,8 Prozent der Besucher haben die Frage nach den bevorzugten Kunstrichtungen unbeantwortet gelassen. Die Nennungen der restlichen 176 Besucher verteilen sich wie folgt auf die Kategorien: 6,8 Prozent bevorzugen Kunstwerke, die vor 1870 geschaffen wurden. 47,1 Prozent gaben KünstlerInnen der Klassischen Moderne an. Knapp ein Drittel bevorzugt Kunst nach 1945 und nur 12,8 Prozent der Nennungen entfallen auf zeitgenössische

KünstlerInnen. Beinahe die Hälfte des Publikums von K21 bevorzugt Kunstwerke der Klassischen Moderne, das geringste Interesse erfährt alte Kunst vor 1870.

K21

Von insgesamt 217 Fragebögen enthielten 50 keine Angaben über die bevorzugten KünstlerInnen und Kunstrichtungen. 23 Prozent der BesucherInnen haben also diesbezüglich die Antwort verweigert.

Da 72 BesucherInnen die Architektur als eigentliches Besuchsinteresse angaben, aber nur 50 BesucherInnen die Antwort auf diese Frage verweigert haben, haben auch einige ArchitekturinteressentInnen über bevorzugte KünstlerInnen und Kunstrichtungen nachgedacht. Bei genauerem Hinsehen fällt auf, dass ein Drittel der ArchitekturinteressentInnen keine Präferenzen von Kunstrichtungen nannten, zwei Drittel jedoch Angaben machten, die mehr oder weniger ausführlich ausfielen. Einige der ArchitekturinteressentInnen machten recht knappe Angaben wie „Klee", „20. Jahrhundert", andere zählten indes einige KünstlerInnen und Kunstrichtungen auf.

Die prozentuelle Verteilung der Nennungen auf Kunstkategorien fällt folgendermaßen aus:

Tabelle 1: Kunstpräferenzen in K21

	K21 mit ArchitekturbesucherInnen	K21 ohne ArchitekturbesucherInnen
Alte Kunst bis 1870	6,8%	6,6%
Klassische Moderne bis 1945	34,5%	29,3%
Kunst von 1945 bis 1980	27,7%	28,1%
Zeitgenössische Kunst	31,1%	35,9%
Gesamt	100,0%	100,0%

Ohne die ArchitekturbesucherInnen zeigt sich eine höhere Präferenz für Kunst nach 1945, insbesondere für zeitgenössische Kunst.

Im Vergleich der beiden Publika von K20 und K21 zeigt sich ein eindeutiges Verhältnis: wie vermutet, werden zeitgenössische KünstlerInnen in K21 häufiger genannt als in K20. Der Anteil der BesucherInnen, die zeitgenössische Kunst anderen Kunstrichtungen vorziehen, ist in K21 beinahe dreimal so hoch wie in K20. Dementsprechend weniger BesucherInnen geben KünstlerInnen der Klassischen Moderne als ihre Favoriten an. Alte Kunst erfährt in beiden Museen in etwa gleich wenig Zustimmung: nur 6,6 bzw. 6,8 Prozent der BesucherInnen bevorzugen die Alten Meister.

Tabelle 2: *Kunstpräferenzen in K20 und K21*

	K20	K21
Alte Kunst bis 1870	6,8%	6,6%
Klassische Moderne bis 1945	47,4%	29,3%
Kunst von 1945 bis 1980	33,1%	28,1%
Zeitgenössische Kunst	12,8%	35,9%
Gesamt	100,0%	100,0%

Es ist anzunehmen, dass die Sammlung auf jeden Fall diejenigen BesucherInnen in ihrer Meinungsäußerung beeinflusst hat, die den Fragebogen während des Rundgangs durch das Museum ausgefüllt haben. Da jedoch alle Kunstrichtungen genannt werden, haben die Befragten wohl verstanden, dass es nicht um die bevorzugten KünstlerInnen oder Kunstrichtungen der besuchten Sammlungen geht, sondern um die bevorzugten KünstlerInnen und Kunstrichtungen allgemein. Die Bevorzugung der zeitgenössischen Kunst fällt in K21 eindeutig höher aus als in K20.

Wie in Tabelle 2 ersichtlich, interessieren sich knapp 30 Prozent der BesucherInnen der zeitgenössischen Kunst ebenfalls für die Klassische Moderne. Dies zeigt wie die Frage nach dem Besuch der Schwesterinstitution, dass die Publika nicht eindeutig anhand ihrer Präferenzen getrennt werden können, und dass Überschneidungen bzw. Ähnlichkeiten im Lebensstil zu erwarten sind und dass die Unterschiede nicht so stark ausgeprägt sein werden.

4.11 Verständlichkeit zeitgenössischer Kunst

Die Frage nach der Verständlichkeit zeitgenössischer Kunst ist ebenfalls der Besucherstudie Rainer Wicks aus dem Jahr 1973 entnommen. Vorgegeben waren vier Antwortmöglichkeiten: (1) völlig unverständlich, (2) eher unverständlich, (3) eher verständlich und (4) völlig verständlich. Es ist anzunehmen, dass die BesucherInnen des K21 zeitgenössischer Kunst gegenüber aufgeschlossener und kompetenter sind und folglich in geringerem Ausmaß Unverständnis äußern als die Besucher der Klassischen Moderne.

K20

32,9 Prozent der BesucherInnen der Klassischen Moderne finden zeitgenössische Kunst eher bis völlig unverständlich. 48,7 Prozent finden zeitgenössische Kunst eher verständlich und nur neun Prozent völlig verständlich. Zusammen 57,7 Prozent der BesucherInnen der Klassischen Moderne finden zeitgenössische Kunst eher bis völlig verständlich.

K21

Für K21 sollte man ein ganz anderes Verhältnis erwarten. Dort beträgt aber der Anteil derjenigen, die zeitgenössische Kunst kaum oder gar nicht verstehen auf den ersten Blick 43,5 Prozent und der Anteil derjenigen, die sie völlig verständlich finden, liegt nur 1,5 Prozent höher: 10,5 Prozent. Nur 46 Prozent finden sie eher verständlich.

Dieser höhere Anteil derjenigen, die Unverständnis äußern, kommt dadurch zustande, dass ein großer Anteil der BesucherInnen das K21 nicht wegen der Kunst sondern wegen dem historischen Gebäude besucht hat.

Wenn man die Architekturinteressenten und die Antwortverweigerungen rausrechnet, finden nur 32,1 Prozent zeitgenössische Kunst eher oder völlig unverständlich. Beinahe 70 Prozent der kunstinteressierten BesucherInnen finden zeitgenössische Kunst, eher bis völlig verständlich, alleine 15,6 Prozent finden sie völlig verständlich.

Tabelle 3: Verständlichkeit zeitgenössischer Kunst in K21

	K21 mit ArchitekturbesucherInnen	K21 ohne ArchitekturbesucherInnen
völlig unverständlich	2,5%	1,5%
eher unverständlich	41,0%	30,4%
eher verständlich	46,0%	52,6%
völlig verständlich	10,5%	15,6%
Gesamt	100,0%	100,0%

Wie in Tabelle 4 ersichtlich, unterscheiden sich die Publika von K20 und K21 in ihrem geäußerten Verständnis zeitgenössischer Kunst.

Tabelle 4: Verständlichkeit zeitgenössischer Kunst in K20 und K21

	K20	K21
völlig unverständlich	5,2%	1,5%
eher unverständlich	31,1%	30,4%
eher verständlich	53,8%	52,6%
völlig verständlich	9,9%	15,6%
	100,0	100,0

Die Antwort fällt hier eindeutig im Sinne der formulierten Vermutung aus. Dieser Unterschied zwischen den beiden Publika ist jedoch nur nach einem Mittelwerttest signifikant.

4.12 Kunstkompetenz

Die Frage, auf die sich der Index Kunstkompetenz stützt, stammt ebenfalls aus der Besucherstudie Wicks. Gefragt wurde nach der Häufigkeit der Lektüre von Kunstberichten in der Tagespresse, von Kunstzeitschriften, Kunstbüchern und nach der Häufigkeit des Besuchs von Kunstausstellungen. Die Antwortmöglichkeiten sahen jeweils (1) nie, (2) selten, (3) nicht so häufig und (4) häufig vor.

Zur Indexkonstruktion wurden nur vollständig beantwortete Fragen herangezogen. Für K20 sind dies 208, für K21 123 Fragebögen. „Nie" wurde mit 1, „selten" mit 2, „nicht so häufig" mit 3 und „häufig" mit 4 bewertet. Der kleinste mögliche Indexwert ist folglich 4, der höchste 16. Die Werte 4-7 habe ich als geringere, die Werte 8-12 als mittlere und die Werte 13-16 als höhere Kunstkompetenz bezeichnet.

Meine Hypothese ist, dass die BesucherInnen von K21 kunstkompetenter sind als die BesucherInnen des K20, also häufiger Kunstzeitschriften und Kunstberichte in der Tagespresse lesen und häufiger Ausstellungen besuchen.

K20

8,7 Prozent der BesucherInnen des K20 besitzen geringere Kunstkompetenz, 39,9 Prozent mittlere Kunstkompetenz und 51,4 Prozent höhere Kunstkompetenz. 29 Personen gingen aufgrund fehlender Antworten oder als ArchitekturbesucherInnen nicht in die Analyse und damit nicht in die Indexkonstruktion ein.

Nicht einmal zehn Prozent des Publikums von K20 hat geringere Kunstkompetenz, dagegen hat mehr als die Hälfte höhere Kunstkompetenz nach der Definition von Rainer Wick.

K21

In K21 haben vom Gesamtpublikum nur 45,9 Prozent höhere Kunstkompetenz, 42,1 mittlere und zwölf Prozent geringere Kunstkompetenz.

Vom reinen Kunstpublikum haben nur noch 10,6 Prozent der BesucherInnen geringere Kunstkompetenz und dafür 51,2 Prozent höhere Kunstkompetenz. Im Einzelnen sehen die Differenzen zwischen KunstinteressentInnen und ArchitekturinteressentInnen folgendermaßen aus: 64,8 Prozent der KunstinteressentInnen gehen häufig in Kunstausstellungen, aber nur 46,3 Prozent der ArchitekturinteressentInnen. 37,6 Prozent der KunstinteressentInnen lesen häufig Kunstbücher und 32 Prozent lesen häufig Kunstzeitschriften, während dies von den ArchitekturinteressentInnen nur 15,6 Prozent und 8,1 Prozent tun. Bei der Lektüre von Kunstberichten in der Tagespresse ist die Differenz nicht mehr so gravierend: 51,4 Prozent der KunstinteressentInnen, aber nur 39,1 Prozent der ArchitekturinteressentInnen lesen häufig kunstbezogene Artikel in der Tageszeitung.[215]

Anders als erwartet erweisen sich die BesucherInnen des K21 anhand des Index' nicht als kunstkompetenter als die BesucherInnen von K20. Die Vorliebe für zeitgenössische Kunst bedeutet nicht, dass man häufiger Kunstausstellungen besucht oder häufiger Kunstbücher liest. Das Ergebnis heißt folglich nur, dass die Publika der beiden Museen in gleichem Maße an der Lektüre von Kunstzeitschriften oder –büchern und am Besuch von Ausstellungen interessiert sind. Die Publika sind also, wenn man Kompetenz mit diesen Indikatoren misst, gleichermaßen kompetent. Interessant ist deshalb die Selbsteinschätzung der Verständlichkeit zeitgenössischer Kunst, bei der sich sehr wohl ein – nur auf Basis eines Mittelwerttests signifikanter – Unterschied zwischen den beiden Publika zeigt.

4.13 Freizeitaktivitäten

Frage 7 umfasst eine Liste von 18 Freizeitaktivitäten, für die beurteilt werden sollte, wie oft sie in der Lebenssituation zum Zeitpunkt der Befragung ausgeübt werden. Unter anderem sollte die Häufigkeit von Weiterbildungsaktivitäten, Sportveranstaltungen, Gartenarbeit und künstlerische Betätigungen angegeben werden. Als Antwortmöglichkeiten auf die einzelnen Items waren (1) nie, (2) selten, (3) manchmal und (4) oft vorgesehen.

K20

Die Faktorenanalyse ergibt sieben Dimensionen bei einer erklärten Gesamtvarianz von 60,6 Prozent. Nachfolgende Abbildung veranschaulicht die Faktorenstruktur und die Ladungen der einzelnen Items auf dem Faktor.

---

[215] Die Unterschiede in der Lektüre von Kunstzeitschriften und Kunstbüchern sind signifikant nach einem Chi-Quadrat-Test auf Basis einer Irrtumswahrscheinlichkeit von fünf Prozent.

häuslich	außen-orientiert	PC, Geselligkeit	Kreativität	Sport	Zerstreuung	Rekreation
Familie (0,838)	Restaurant (0,688)	Computer (0,737)	künstlerische Tätigkeiten (0,790)	aktiv Sport (0,840)	fernsehen (0,763)	Bücher lesen (0,699)
Kinder (0,821)	Kurse, Fortbildung (0,572)	Kneipe (0,653)	basteln, heimwerken (0,669)	Sportveranstaltungen (0,783)	faulenzen (0,523)	Musik hören (0,628)
Garten (0,539)	spazieren gehen (0,551)	Freunde, Verwandte (0,607)				
	Theater, Konzert (0,494)					

Abbildung 6: Faktorenstruktur Freizeitaktivitäten in K20

Dimension 1: Häusliche Freizeitgestaltung

Die Dimension 1 setzt sich zusammen aus den Items „mit Familie beschäftigen", „mit Kindern beschäftigen" und „im Garten arbeiten" und erklärt 12,2 Prozent der Gesamtvarianz. Diese Freizeitaktivitäten sind allesamt häusliche, das heißt aufs Private bezogene Tätigkeiten. Nach Richter sind diese Aktivitäten innengerichtet.

Die Verweigerungsquote beträgt 2,1 Prozent bei „im Garten arbeiten", 2,5 Prozent bei „mit Familie beschäftigen" und 7,7 Prozent bei „mit Kindern beschäftigen". Die hohe Verweigerungsquote bei der Frage nach der Beschäftigung mit Kindern erklärt sich durch die Tatsache, dass Singles oder RentnerInnen sich seltener mit Kindern beschäftigen und ich bei einigen fehlenden Antworten auch dementsprechende Anmerkungen auf den Fragebögen fand.

Im Einzelnen wurde auf die Fragen wie folgt geantwortet: 22,4 Prozent beschäftigen sich selten oder nie und 44,7 Prozent oft mit der Familie. Mit Kindern beschäftigen sich nur 26,4 Prozent oft, aber 50,5 Prozent selten bis nie. Der Arbeit im Garten gehen nur 12,7 Prozent oft nach, dafür 63,8 Prozent selten bis nie.

Die Beschäftigung mit Kindern ist u.a. abhängig davon, ob man selber Kinder oder Enkel hat oder ob man Single, kinderlos oder RentnerIn ist. Die Gartenarbeit ist auch nur für diejenigen möglich, deren Wohnsituation einen Garten einschließt. Fast 45 Prozent des Publikums von K20 beschäftigen sich oft mit der Familie; mehr als ein Viertel beschäftigt sich auch oft mit Kindern. Damit steht das Familienleben bei den BesucherInnen mit an vorderer Stelle. Die Gartenarbeit dagegen ist eine der am wenigsten ausgeübten Tätigkeiten, wie folgende Darstellungen noch zeigen werden.

Dimension 2: Außerhäusliche Aktivitäten

Zur Dimension 2, die 11,1 Prozent der Varianz erklärt, gehören die Aktivitäten Theater- oder Konzertbesuch, Kurse und Weiterbildung, „Spazieren gehen, Ausflüge machen" und „im Restaurant essen". Diese Aktivitäten stehen im Gegensatz zur ersten Dimension, da sie allesamt außer Haus stattfinden. Sie sind außengerichtet, aktiv und bewegend.

Die Verweigerungsquoten betragen zwischen 2,6 und 3,8 Prozent.

32,1 Prozent der BesucherInnen gehen selten bis nie ins Theater, 21,8 Prozent oft. Weiterbildung und Kurse besuchen 45,3 Prozent selten bis nie, 23,1 Prozent oft. Nur 18 Prozent gehen selten bis nie spazieren oder wandern, dagegen 39 Prozent oft. Auswärts bzw. im Restaurant essen 50,4 Prozent manchmal, 23,7 Prozent oft und der Rest selten bis nie.

Mehr als zwei Drittel der BesucherInnen geben an, Theater und Konzertbesuche zumindest manchmal zu ihrer Freizeitgestaltung zu zählen. Bei mehr als der Hälfte des Publikums zählen auch Weiterbildung und Kurse zur Freizeitgestaltung. Diese beiden Aktivitäten rechne ich zu Kultur und Bildung. Die beiden anderen außengerichteten Aktivitäten, die eher zu Erholung und Entspannung zählen, gehören bei mehr als 70 bzw. 80 Prozent der BesucherInnen zum Freizeitprogramm.

Dimension 3: PC, Geselligkeit

Den dritten Faktor, auf den 8,9 Prozent der Gesamtvarianz entfallen, bilden „mit dem Computer beschäftigen", „Freunde oder Verwandte besuchen" und „in die Kneipe gehen". Letztgenannte Aktivitäten sind außengerichtet, die Beschäftigung mit dem Computer kann sowohl innen- als auch außengerichtet sein.

Die Verweigerungsquoten bei diesen Items betragen zwischen 0,8 und 1,3 Prozent.

Nur 6,1 Prozent treffen selten oder nie Freunde oder Verwandte, 60,6 Prozent geben dagegen an, oft mit Freunden und Verwandten zusammen zu sein.

Die Kontakte mit Freunden und Verwandten sind altersabhängig. Von den 20 bis 29-Jährigen sind 78,3 Prozent oft mit Freunden oder Verwandten zusammen, von den über 60-Jährigen nur 51,5 Prozent.

Gut ein Drittel der Befragten gibt an, sich selten bzw. nie mit dem Computer zu beschäftigen. 35,8 Prozent beschäftigen sich häufig mit dem Computer. Die Beschäftigung mit dem Computer ist ebenfalls altersabhängig: in der Altersgruppe zwischen 20 und 50 Jahren beschäftigen sich gut 40 Prozent oft mit dem Computer, wobei sich nur zwischen 21 und 27 Prozent der über 50-Jährigen häufig mit dem PC befassen.

Beinahe die Hälfte der Befragten (48,3 Prozent) geht selten oder nie in die Kneipe, nur 15,9 Prozent gehen häufig. Auch diese Freizeitaktivität ist altersabhängig: die häufigen Kneipengänger finden sich bei den 20 bis 39-Jährigen, mit steigendem Alter nimmt die Vorliebe für Kneipenbesuche ab.

Mit zusammen 93 Prozent, die oft oder manchmal Freunde bzw. Verwandte treffen, ist das Publikum des K20 ausgesprochen in sozialen Beziehungen verankert. Mehr als die Hälfte gibt auch an, manchmal oder oft eine Kneipe zu besuchen. Etwa zwei Drittel der BesucherInnen befassen sich in ihrer Freizeit mit dem Computer, wobei durch den Fragebogen nicht eruiert wurde, ob diese Beschäftigung in Chatten und Emailen (sozial) oder Spielen besteht.

Dimension 4: Kreative Hobbys

Auf Faktor 4 laden Basteln und Heimwerken und künstlerische Tätigkeiten. Faktor 4 erklärt 8,4 Prozent der Varianz. Die Verweigerungsquote liegt bei 1,3 Prozent (künstlerische Betätigungen) und 2,5 Prozent (Basteln, Heimwerken).

44,2 Prozent der Befragten betätigen sich nie oder nur selten künstlerisch während 55,8 Prozent oft oder zumindest manchmal künstlerische Aktivitäten ausüben. Bei Basteln und Heimwerken ist das Verhältnis umgekehrt. 57 Prozent betätigen sich selten bis nie handwerklich und nur 15,4 Prozent basteln oder handwerken oft.

Für mehr als die Hälfte des Publikums gehören künstlerische Aktivitäten zur Freizeitgestaltung, während nur 43 Prozent sich auch gerne handwerklich betätigen. Beide Freizeitgestaltungen sind aktiv und kreativ, wobei bei handwerklichen Beschäftigungen sowohl die bewahrende als auch die bewegende Dimension vorstellbar ist.

Dimension 5: Sport

Auf Faktor 5 laden die Items „Sportveranstaltungen besuchen" und „aktiv Sport treiben". Durch Faktor 5 lassen sich 7,2 Prozent der Varianz erklären. Die Verweigerungsquote beträgt 3,8 Prozent bei den Sportveranstaltungen und 1,7 Prozent beim aktiven Sport.

Mehr als ein Drittel der Befragten treibt selten oder nie aktiv Sport, 32,2 Prozent oft und 30,9 Prozent manchmal. Sportveranstaltungen beizuwohnen ist unter den BesucherInnen des K20 nicht weit verbreitet. 48,4 Prozent besuchen nie, 30,7 Prozent selten Sportveranstaltungen und nur 8,4 Prozent häufig.

Offensichtlich kann sich das Kunstpublikum nur wenig für Sportveranstaltungen begeistern. Beinahe 80 Prozent zählen Sportveranstaltungen gar nicht oder nur selten zu ihrem Freizeitprogramm. Dies lässt sich damit erklären, dass Sportveranstaltungen nicht zum

Hochkulturschema gehören. Museumsbesuche sind eine geistig-intellektuelle Freizeitbeschäftigung, die anscheinend nicht mit dem Besuch von Sportveranstaltungen im Einklang zu bringen ist.

Dimension 6: Zerstreuung

Zur sechsten Dimension, die 6,6 Prozent der Varianz erklärt, zählen die passiven Aktivitäten „TV/Video/DVD schauen" und „nichts tun, faulenzen". Eindeutig sind diese Freizeitbeschäftigungen nach der Definition Richters passiv, innengerichtet und bewahrend. 0,8 Prozent (TV/DVD, Video) bzw. 2,1 Prozent (faulenzen) der BesucherInnen haben keine Angaben gemacht.

Ein Viertel der BesucherInnen sieht selten oder nie fern, jeweils 37,1 Prozent sehen manchmal oder oft TV und Filme. Der Anteil der dem Faulenzen zugeneigten BesucherInnen ist genauso hoch wie der Anteil der BesucherInnen, die dem Faulenzen eher abgeneigt sind. Zwei Drittel des Museumspublikums finden sich in ihrer Freizeit auch vor dem Fernseher wieder.

Für beide Freizeitgestaltungen ist kein großer Aufwand oder Antrieb notwendig, weshalb sie zu den entspannenden Beschäftigungen zählen. Nur ein Viertel der BesucherInnen verbringt selten oder nie Zeit vor dem Fernseher.

Dimension 7: Rekreation

Zu den erholsamen Beschäftigungen, die 6,4 Prozent der Gesamtvarianz erklären, gehören Bücher lesen und Musik hören. Nach Rudolf Richter ist Bücher lesen aktiv, während Musik hören als passive Beschäftigung einzuordnen ist. Keine Angaben erhielt ich in jeweils 1,3 Prozent der Fälle.

Bei beiden Freizeitaktivitäten gibt es niemanden, der nie Bücher liest oder Musik hört. Dafür lesen 73,6 Prozent oft Bücher und 72,3 Prozent hören oft Musik.

Nur 3,5 Prozent bzw. 6,9 Prozent lesen selten oder hören selten Musik.

Diese beiden Items haben die höchste Zustimmung von allen Freizeitaktivitäten, darauf folgen „Freunde/Verwandte treffen" und sich mit der Familie beschäftigen.

K21

Die Faktorenanalyse mit den 18 Freizeitaktivitäten ergibt in K21 ebenfalls sieben Faktoren, die 63,8 Prozent der Gesamtvarianz erklären.

häuslich	Kreativität	Zerstreuung	PC, Kneipe	Bewegung, Entspannung	gesellig	außen-orientiert
Familie (0,810)	Basteln (0,745)	Restaurant (0,663)	Computer (0,801)	Sport (0,772)	Freunde, Verwandte (0,867)	Kurse, Fortbildung (0,797)
Kinder (0,786)	künstlerische Tätigkeiten (0,729)	faulenzen (0,576)	Kneipe (0,546)	spazieren (0,595)	(Kneipe) (0,469)	Sportveranstaltungen (0,532)
Garten (0,702)		Bücher lesen (0,540)		Musik hören (0,518)		Theater, Konzert (0,414)
		fernsehen (0,506)				
		(Musik hören) (0,466)				

Abbildung 7: Faktorenstruktur Freizeitaktivitäten in K21

Dimension 1: Häusliche Freizeitgestaltung

Wie in K20 besteht die erste Dimension aus den Items: „mit Familie beschäftigen", „mit Kindern beschäftigen", „im Garten arbeiten". Durch Faktor 1 werden 14,3 Prozent der Gesamtvarianz erklärt. Die Verweigerungsquoten der einzelnen Items betragen zwischen 0,5 Prozent (Familie) und 4,1 Prozent (sich mit Kindern beschäftigen).

Mit der Familie beschäftigen sich 46,5 Prozent oft und damit fast zwei Prozent mehr als in K20. 46,3 Prozent der BesucherInnen befassen sich selten oder nie mit Kindern, 30,9 Prozent oft. In K20 sind es 26,4 Prozent, die sich oft, und 50,5 Prozent, die sich selten oder nie mit Kindern befassen.

Im Garten arbeiten nur 15 Prozent der BesucherInnen des K21 oft, 65 Prozent selten oder nie. Diese Verteilung entspricht in etwa der Antwortverteilung in K20.

Die BesucherInnen in K21 beschäftigen sich öfter mit Kindern und Familie als die BesucherInnen in K20. Wie in Abbildung 2 ersichtlich, ist in K21 der Anteil der 30-39-Jährigen, also derjenigen, die im Familiengründungsalter sind, um gut zehn Prozent höher als in K20. Die vergleichsweise höheren Anteile derer, die sich mit der Familie oder mit Kindern beschäftigen, lässt sich meines Erachtens auf diesen Altersunterschied zurückführen.

Dimension 2: Kreative Hobbys

Zur Dimension 2, die 11,3 Prozent der Gesamtvarianz erklärt, gehören die Aktivitäten Basteln/Heimwerken und künstlerische Tätigkeiten (malen, musizieren). In K21 konstituieren die kreativen Hobbys Faktor 2 und erklären mehr Varianz als in K20, wo sie Faktor 4 ergeben.

Die Verweigerungsquoten betragen 1,4 Prozent bei den künstlerischen Tätigkeiten und 1,8 Prozent bei Basteln, Heimwerken.

Künstlerische Tätigkeiten üben 47,2 Prozent selten bis nie aus, 52,8 Prozent manchmal oder oft. (36,6 Prozent oft in K21, 33,3 Prozent oft in K20). Das Publikum von K21 ist minimal kreativer als das Publikum von K20, während es in etwa im selben Ausmaß weniger bastelt oder heimwerkt: 59,6 Prozent in K21 heimwerken selten oder nie (fast ein Viertel nie), nur 15,6 Prozent oft.

Diese Differenz zwischen den beiden Publika ist nicht signifikant.

Dimension 3: Zerstreuung

Dimension 3 konstituiert sich aus fünf Items: „ins Restaurant essen gehen", „nichts tun, faulenzen", „Bücher lesen", „TV, DVD, Video schauen" und „Musik hören". Dimension 3 erklärt 9,69 Prozent der Gesamtvarianz. Die Verweigerungsquote beträgt zwischen null Prozent („ins Restaurant essen gehen") und 1,8 Prozent (Musik hören).

Ins Restaurant gehen 33,8 Prozent der BesucherInnen oft und 41,4 Prozent manchmal. In K20 gehen nur 23,7 Prozent der BesucherInnen oft ins Restaurant, dafür 50,4 Prozent manchmal. Diese Differenz ist nach sämtlichen Testverfahren signifikant.

Sehr ähnlich sind sich die Publika der beiden Museen im Faulenzen: nur 11,2 Prozent in K21 faulenzen oft, zusammen 56,6 Prozent selten oder nie. In K20 faulenzen 52,8 Prozent selten oder nie, 13,1 Prozent oft.

Bei „Bücher lesen" treten wie in K20 keine „nie"-Antworten auf. Nur sieben Prozent lesen selten, 62,2 Prozent oft, aber das sind zehn Prozent weniger als in K20. Diese Differenz von zehn Prozent ist ebenfalls nach allen Testverfahren signifikant. Die Tatsache, dass das Publikum von K21 weniger liest, geht Hand in Hand mit dem Antwortverhalten auf folgende Freizeitbeschäftigung: in K21 schauen 20,8 Prozent selten oder nie fern; in K20 sind es 25,9 Prozent, die selten oder nie fernsehen. 42,4 Prozent der BesucherInnen in K21 schauen oft TV, DVD oder Video, das sind fünf Prozent mehr als in K20. Diese Differenz ist zwar nicht signifikant, aber offensichtlich neigt das Publikum des K21 stärker zum Fernsehen als das Publikum des K20, was, wie ersichtlich, auf Kosten des Lesens geht.

Keine Differenz zwischen den Publika zeigt sich beim Musik hören: 73 Prozent hören oft Musik und wie in K20 gibt es niemanden, der nie Musik hört.

In den Freizeitaktivitäten „TV, DVD oder Video schauen", „ins Restaurant gehen", sowie bei der Buchlektüre zeigen sich zwischen den Publika Unterschiede. Auffallend ist der

Unterschied zwischen den BesucherInnen von K20 und K21 im Leseverhalten. Die BesucherInnen von K20 lesen häufiger als die BesucherInnen von K21. Die BesucherInnen des K21 dagegen neigen mehr zum Fernsehen als zum Lesen.

Die Besucher des K21 gehen aber auch häufiger ins Restaurant als die BesucherInnen des K20, was auf den unterschiedlichen Altersschwerpunkt zurückgeführt werden kann. Das Publikum des K21 ist wahrscheinlich finanzkräftiger als das Publikum des K20, da dort der Altersschwerpunkt bei den Twens liegt.

Dimension 4: PC, Kneipe

„Mit dem Computer beschäftigen" und „in die Kneipe gehen" erklären 9,7 Prozent der Gesamtvarianz. Die Verweigerungsquoten betragen 1,4 bzw. null Prozent.

Mit dem Computer beschäftigen sich 15,5 Prozent des Publikums nie, 12,7 Prozent selten, 26,8 Prozent manchmal und 45,1 Prozent oft; damit beschäftigen sich zehn Prozent mehr als in K20 oft mit dem Computer. Diese Differenz ist lediglich nach dem Mittelwerttest signifikant.

10,3 Prozent der BesucherInnen des K21 sind keine Kneipengänger, 23,4 Prozent gehen eher selten. Knapp ein Viertel des Publikums geht oft in Kneipen. In K20 sind nur 15,9 Prozent häufige Kneipengänger, dafür geht fast die Hälfte selten oder nie, in K21 ist dies nur ein Drittel. Diese Differenz zwischen K20 und K21 ist nach allen Testverfahren signifikant. Das jüngere Publikum des K20 kann sich offensichtlich nicht mit der Kneipe identifizieren. Allerdings gehen die BesucherInnen des K21 auch häufiger in Restaurants als die BesucherInnen in K20 und sind damit aktiver und außengerichteter.

Dimension 5: Bewegung, Entspannung

„Sport treiben", „spazieren gehen/wandern" und „Musik hören" bilden Faktor 5 und erklären 7,4 Prozent der Varianz. Die fehlenden Antworten belaufen sich auf 0,5, null und 1,8 Prozent.

12,5 Prozent der BesucherInnen bezeichnen sich als völlig unsportlich, 22,2 Prozent als eher unsportlich. Gut ein Viertel treibt manchmal Sport, der Anteil der oft sportlich aktiven BesucherInnen beträgt fast 40 Prozent.

Einen Ausflug machen jeweils über 40 Prozent manchmal oder oft und nur 0,7 Prozent nie. In K20 zeigt sich in etwa dasselbe Verhältnis.

Wie unter Dimension 3 erläutert, besteht zwischen den Publika ebenfalls Übereinstimmung in der Häufigkeit von „Musik hören".

Diese Aktivitäten zähle ich ebenfalls zu entspannenden Freizeitgestaltung, anders als auf Faktor 3 laden auf Faktor 5 mit Sport und Wandern/Spazieren die aktiveren Entspannungstechniken. In K20 lädt der aktive Sport zusammen mit den Sportveranstaltungen auf einer eigenen Sportdimension, in K21 zählt der aktive Sport jedoch mit den Hobbys Wandern und Musik hören zu einer Entspannungsdimension, während die Sportveranstaltungen zur außengerichteten Veranstaltungsdimension zählen. Damit haben Sport und Sportveranstaltungen in beiden Publika unterschiedliche Bedeutungen.

Dimension 6: Geselligkeit

Die sechste Dimension konstituiert sich aus den Freizeitaktivitäten „mit Freunden/Verwandten zusammen sein" und, mit geringerer Faktorladung als auf Faktor 4, „in die Kneipe gehen". Dimension 6 erklärt 6,6 Prozent der Gesamtvarianz. Die Verweigerungsquote beträgt jeweils null Prozent.

Nur 0,7 Prozent treffen nie Freunde oder Verwandte, 5,5 Prozent selten, 67,6 Prozent oft. In K20 treffen „nur" 60,6 Prozent oft ihre Freunde und Verwandten. Es zeigt sich wie in K20, dass diese Freizeitbeschäftigung altersabhängig ist: 77,4 Prozent der 20-29-Jährigen treffen oft Freunde oder Verwandte, von den über 60-Jährigen nur 64 Prozent, allerdings ist dies kein strikter Zusammenhang, da 50 bis 59-Jährige zu 70,8 Prozent oft ihre Freunde oder Verwandte treffen.

Das Antwortverhalten bei den Kneipenbesuchen wurde unter Faktor 4 schon beschrieben.

Bei beiden Items dieser Dimension zeigen sich Unterschiede zwischen den Publika: die BesucherInnen des K21 treffen häufiger Freunde oder Verwandte und sind aktivere Kneipengänger, wobei der Unterschied nur bei letzterem signifikant ist.

Dimension 7: Außenorientierung, Veranstaltungen

Dimension 7 besteht aus den Aktivitäten „Kurse/Weiterbildung", „Sportveranstaltungen besuchen" und „Theater/Konzert". Dieser Faktor erklärt 5,9 Prozent der Varianz.

17 Prozent des Publikums besuchen oft Kurse und Weiterbildung, fast 60 Prozent selten oder nie. Bezüglich Weiterbildungsbestrebungen zeigt sich ein starker Unterschied zum Publikum von K20: in K20 geben nur 45,3 Prozent an, selten oder nie Kurse oder Weiterbildungen zu besuchen, dafür 23,1 Prozent oft.

Sportveranstaltungen besuchen nur 4,2 Prozent der Befragten oft, 83,3 Prozent selten oder nie. In K20 zeigt sich dieselbe Grundtendenz, aber bei einem doppelt so hohen Anteil an häufigen BesucherInnen (8,4 Prozent). Folglich antworteten in K20 nur 79,1 Prozent mit „selten" oder „nie" auf die Frage nach dem Besuch von Sportveranstaltungen. Nur 2,1 Prozent gehen nie in Theater oder Konzert, 68 Prozent gehen zumindest manchmal oder oft. Die Antwortverteilung entspricht der in K20. Auch wenn alle drei Aktivitäten außengerichtet sind, sind sie offensichtlich nicht derselben Zeichengruppe zuzuordnen. Während zwei Drittel der BesucherInnen manchmal oder oft ins Theater oder Konzert gehen und 40 Prozent manchmal oder oft Weiterbildungskurse absolvieren, besuchen nicht mal 20 Prozent der KunstmuseumsbesucherInnen manchmal oder oft eine Sportveranstaltung. Das geringere Interesse an Weiterbildung im Vergleich zum Publikum des K20 geht einher mit dem Lese- und Fernsehverhalten. Das Publikum des K21 strebt anscheinend weniger nach dem klassischen Bildungsideal als das Publikum des K20, obwohl dort das Publikum jünger ist.

Resümee

Die die Publika differenzierenden Variablen sind lediglich: „Bücher lesen", „ins Restaurant" und „in die Kneipe" gehen. Untenstehende Tabelle führt die Anteile derer an, die diese Aktivitäten oft betreiben.

Tabelle 5: Signifikante Unterschiede in den Freizeitbeschäftigungen[216]

oft

	K20	K21
Bücher lesen	73,6%	62,2%
ins Restaurant essen gehen	23,7%	33,8%
in die Kneipe gehen	15,9%	24,8%

Ein Mittelwertvergleich erbringt dasselbe Ergebnis, zusätzlich ist bei einem Mittelwertvergleich jedoch auch ein signifikanter Unterschied in der Computernutzung feststellbar.

Ohne Bestätigung durch einen Signifikanztest zeigen sich auch Unterschiede in der Beurteilung anderer Freizeitaktivitäten. Die BesucherInnen des K21 pflegen häufiger Kontakte zu Freunden und Verwandten, treiben häufiger Sport, gehen öfter in die Kneipe oder ins Restaurant und beschäftigen sich mehr mit dem PC. Allerdings sehen sie auch öfter fern

---

[216] Signifikant nach dem Chi-Quadrat-Test mit einer Irrtumswahrscheinlichkeit von fünf Prozent und nach dem Mann-Whitney-U-Test für zwei Stichproben.

als das Publikum des K20 und lesen dementsprechend weniger und besuchen weniger Weiterbildungsveranstaltungen. Nicht alle dieser Unterschiede lassen sich auf den Altersunterschied zwischen den Publika zurückführen: Interessant ist außerdem, dass in K21 fernsehen, faulenzen, Bücher lesen und Musik hören auf einem Faktor laden, während Bücher lesen und Musik hören in K20 einen eigenen Faktor konstituieren. Dies bedeutet, dass in K20 Bücher lesen und Musik hören eigenständige Bedeutung haben, während sie in K21 denselben Stellenwert wie faulenzen und fernsehen haben. Zusammen ergeben die Antworten auf Lesen, Fernsehen und Weiterbildung den Eindruck, dass die BesucherInnen des K20 eher dem klassischen Bildungsideal zugeneigt sind als die BesucherInnen der zeitgenössischen Kunst.

4.14 Musikgeschmack

Frage 8 enthielt in der deutschen Version des Fragebogens elf, in der englischen Version nur zehn Musikrichtungen, die von den Befragten dahingehend beurteilt werden sollten, wie stark sie daran interessiert sind. In der englischen Version habe ich auf den „Deutschen Schlager" verzichtet. Andere Musikrichtungen waren klassische Musik, Jazz, Blues, Techno etc. Das Antwortspektrum umfasste bei dieser Frage erstmals fünf abgestufte Antwortmöglichkeiten: das Interesse konnte als (1) gar nicht, (2) weniger, (3) teils/teils, (4) stark oder (5) sehr stark eingestuft werden.

K20

Die Faktorenanalyse ergibt fünf Dimensionen von Musikrichtungen. Diese Lösung erklärt 70,7 Prozent der Gesamtvarianz.

Hochkultur	Popkultur	Trivialschema	Jugendkultur	Jazz
Oper (0,839)	Popmusik (0,767)	Volksmusik (0,818)	Punk/Metal (0,824)	Jazz/Blues (0,807)
Klassik (0,765)	Oldies (0,759)	Blasmusik (0,813)	Techno (0,788)	
Musical/ Operette (0,546)	Rock (0,621)	Schlager (0,463)	(Rock) (0,452)	

Abbildung 8: Faktorenstruktur Musikgeschmack in K20

Dimension 1: Hochkultur

Dimension 1 konstituiert sich aus den Musikrichtungen klassische Musik, Oper und Musical/Operette. Diese erste Dimension erklärt allein 21,2 Prozent der Gesamtvarianz. Die

Verweigerungsquote beträgt jeweils 1,3 Prozent bei Oper und Musical/Operette und 2,5 Prozent bei klassischer Musik. Nach Richter sind diese hochkulturellen Musikrichtungen, von denen ich das Musical einmal ausnehmen möchte, bewahrende Musikstile.

Klassische Musik interessiert nur 3,1 Prozent der BesucherInnen gar nicht, dagegen gut ein Viertel sehr stark. Die Antwortkategorien stark und sehr stark zusammen genommen ergeben gut 60 Prozent. Die „unentschiedene" Kategorie „teils/teils" wurde von 26 Prozent der BesucherInnen angekreuzt.

Dem Musikgenre Oper bringen schon 16,5 Prozent gar kein Interesse entgegen und sehr starkes Interesse hegen nur 12,6 Prozent, starkes Interesse 15,2 Prozent. 32,5 Prozent wichen auf die „teils/teils"-Kategorie aus.

An Musical/Operette finden alleine 38 Prozent gar keinen Gefallen, zusammen mit den „weniger"-Antworten haben 70 Prozent kein Interesse an Musical und Operette und zusammen nur 9,7 Prozent die sich stark oder sehr stark für Musical und Operette interessieren.

Wie sich in den folgenden Darstellungen noch zeigen wird, ist die klassische Musik in K20 die beliebteste Musikrichtung und dies, obwohl der Altersschwerpunkt bei den unter 30-Jährigen liegt. Der Hang zu popkulturellen Musikrichtungen folgt unter Dimension 2.

Dimension 2: Popkultur

Dimension 2 besteht aus den Musikgenres Oldies, Popmusik und Rock und erklärt 18,2 Prozent der Varianz. Die Verweigerungsquoten bei diesen Musikgenres liegen zwischen 1,3 und 2,5 Prozent. Bei den Oldies haben 40 Prozent und bei Popmusik 43,4 Prozent die Mittelkategorie gewählt, bei Rockmusik nur annähernd 30 Prozent.

Nur 3,5 Prozent interessieren sich sehr stark für Oldies, während zusammen 43 Prozent angeben, gar nicht oder weniger an Oldies interessiert zu sein.

Für Popmusik interessieren sich 27,6 Prozent gar nicht und weniger und nur 8,3 Prozent sehr stark. Rockmusik interessiert 14,7 Prozent der BesucherInnen sehr stark, 12,6 Prozent gar nicht, 17,7 Prozent weniger.

Rockmusik ist mit 40-prozentiger Zustimmung zu starkem oder sehr starkem Interesse das zweitbeliebteste Musikgenre nach der klassischen Musik. An dritter Stelle folgt die Popmusik, für die 30 Prozent Interesse angeben. Die Oldies wiederum sind weniger beliebt als Oper, haben aber ähnlich wie die Popmusik viele „teils/teils"-Antworten. Rockmusik findet unter diesen Musikrichtungen mit 14,7 Prozent die stärkste Zustimmung; damit einher geht die geringste Zustimmung zur „teils/teils"-Kategorie.

Dimension 3: Trivialschema

Die Dimension 3 besteht aus den Musikrichtungen Volksmusik und Volkslieder, Deutscher Schlager und Blas- und Marschmusik. Dieser Faktor erklärt 13 Prozent der Gesamtvarianz. Volksmusik ist eher als bewahrend, Blas- und Marschmusik als bewegend zu bezeichnen. Alle drei Musikrichtungen erfahren kaum Interesse bei den BesucherInnen des K20. Desinteresse zeigen bei allen Musikrichtungen mehr als 80 Prozent der BesucherInnen!

58,2 Prozent haben keinerlei Interesse an Volksliedern und Volksmusik, mit den wenig Interessierten sind es 82,8 Prozent. Nur 0,9 Prozent sind sehr stark an Volksliedern und Volksmusik interessiert, 15,1 Prozent geben „teils/teils" an.

10,5 Prozent der BesucherInnen wurde das Item „Deutsche Schlager" nicht vorgelegt, da sie aus dem Ausland kamen: auf englischen Fragebögen hat diese spezifisch deutsche Kategorie gefehlt. 0,8 Prozent haben keine Angabe gemacht.

Der deutsche Schlager erfährt ähnliche Ablehnung wie Volkslieder/Volksmusik: nur 0,5 Prozent zeigen sehr starkes Interesse, niemand zeigt starkes Interesse, 64,7 Prozent sind gar nicht an Schlagern interessiert, zusammen mit dem geringen Interesse sind 90 Prozent nicht interessiert! Der Anteil der Unentschiedenen beträgt nur 8,7 Prozent.

Nur je 0,4 Prozent sind stark oder sehr stark an Blas- und Marschmusik interessiert. Dieser Musikrichtung stehen 87,3 Prozent ablehnend gegenüber, davon 67,7 Prozent mit gar keinem Interesse. Nur 11,8 Prozent haben „teils/teils" angekreuzt.

Die Musikstile, die Gerhard Schulze zufolge dem Trivialschema zuzurechnen sind, werden von den KunstmuseumsbesucherInnen durchweg abgelehnt. Offensichtlich sind diese Musikvorlieben innerhalb eines Lebensstils nicht mit dem Besuch von Kunstmuseen, die zur Zeichengruppe des Hochkulturschemas gehören, in Einklang zu bringen.

Dimension 4: Jugendkultur

In dieser Dimension sind die Musikrichtungen aus der Jugendkultur, also jugendliche, moderne und schnelle Musikstile vereint. Dies sind Rockmusik, Punk/Heavy Metal und Techno, die 9,9 Prozent der Varianz erklären.

Rockmusik lädt auf diesem Faktor schwächer als auf Faktor 2, aber immer noch mit 0,452. Die Rockmusik findet auch bei den über 50-Jährigen noch Anhänger, während Punk/Heavy Metal bei den über 50-Jährigen und Techno schon bei den über 40-Jährigen keine Anhänger mehr findet. Dabei ist festzuhalten, dass die Zahlen in den einzelnen Kategorien schon so gering sind, dass keine verallgemeinernde Aussage mehr möglich ist. Bei Techno sind es beispielsweise nur vier Personen, die starkes Interesse zeigen.

Punk/Heavy Metal interessiert 52,4 Prozent gar nicht und 19,3 Prozent weniger, das sind zusammen 71,7 Prozent. 4,3 bzw. 4,7 Prozent interessieren sich stark oder sehr stark für Punk oder Heavy Metal. 19,3 Prozent sind „unentschieden". 73,7 Prozent der 50 bis 59-Jährigen (28 Personen) und 82,9 Prozent der über 60-Jährigen (29 Personen) interessieren sich gar nicht für Punk und Heavy Metal.

Für Techno interessieren sich 49,3 Prozent gar nicht, zusammen 70,8 Prozent weniger bis gar nicht, nur 2,8 Prozent sehr stark und 3,5 Prozent stark. 22,9 Prozent haben „teils/teils" angekreuzt.

Diese ausgesprochen jugendkulturellen Musikstile Punk/Heavy Metal und Techno finden auch im jungen Publikum von K20 kaum Zustimmung. Lediglich Rockmusik ist mit 40-prozentiger Zustimmung mehrheitsfähig. Anscheinend sind die nach Schulze dem Spannungsschema zuzurechnenden Musikstile nicht mit hochkulturellen Präferenzen zu vereinbaren.

Dimension 5

Als fünfte Dimension präsentiert sich alleine Jazz/Blues. Sie erklärt 8,4 Prozent der Varianz. Die fehlenden Angaben machen 1,7 Prozent aus.

Hier ist die Ablehnung sehr gering, nur 6,1 Prozent interessieren sich gar nicht für Jazz oder Blues. 17,4 Prozent weniger, dafür 18,7 Prozent sehr stark und 30,4 Prozent stark, der Rest teils/teils. Insgesamt fast 50 Prozent des Publikums interessieren sich für Jazz/Blues, der in Abgrenzung zu Hochkultur- und Spannungsschema einen eigenen Faktor bildet.

K21

Die Faktorenanalyse ergibt für die Antworten auf die 12 Musikstile vier Dimensionen. Die erklärte Gesamtvarianz dieser Lösung beträgt 65,2 Prozent.

Jugendkultur	Trivialschema	Popkultur	Hochkultur
Punk/Metal (0,868)	Volksmusik (0,841)	Oldies (0,804)	Jazz/Blues (0,715)
Techno (0,778)	Blasmusik (0,826)	Popmusik (0,690)	Klassik (0,708)
Rock (0,762)	Schlager (0,635)		Oper (0,655)
	Musical/ Operette (0,592)		

Abbildung 9: Faktorenstruktur Musikgeschmack K21

Dimension 1: Jugendkultur

In K21 kristallisiert sich als erste Dimension die jugendliche Musik heraus: Rockmusik, Punk/Heavy Metal und Techno erklären 25 Prozent der Gesamtvarianz. Keine Verweigerung gab es bei Techno und Punk/Heavy Metal, 1,4 Prozent bei Rockmusik.

Rockmusik interessiert 16,9 Prozent der BesucherInnen gar nicht, 15,5 Prozent sehr stark, 25,4 Prozent teils/teils, je 21,1 Prozent weniger und stark. Es besteht ein ausgewogenes Verhältnis zwischen den Interessierten und Nicht-Interessierten. In K20 interessierten sich 30,3 Prozent der BesucherInnen weniger bis gar nicht für Rockmusik, in K21 liegt dieser Anteil sogar bei 38 Prozent. Diese Differenz ist nicht signifikant.

Punk/Heavy Metal mögen 51 Prozent gar nicht, nur 4,1 Prozent bekunden sehr starkes, 6,9 Prozent stark Interesse. Zusammen 68 Prozent mögen Punk/Heavy Metal gar nicht oder weniger; fast genauso viele wie in K20 interessieren sich nicht für Heavy Metal und Punk. Sehr starkes Interesse an Punk und Heavy Metal äußern nur die unter 40-Jährigen. Von den 25 über 60-jährigen BesucherInnen lehnen 96 Prozent Heavy Metal ganz und gar ab und die restlichen vier Prozent kreuzten „weniger" an.

Ähnliche Antwortverhältnisse herrschen bei Techno: nur 2,8 Prozent interessieren sich sehr stark für Techno, 8,3 Prozent stark, 54,5 Prozent gar nicht, zusammen mit „weniger" sind 71 Prozent nicht interessiert. Exakt 96 und vier Prozent wie bei Heavy Metal lehnen Techno ab, starkes und sehr starkes Interesse bekunden nur BesucherInnen unter 39 Jahren. 70,8 Prozent der BesucherInnen von K20 haben wenig oder kein Interesse an Techno.

Bei allen drei Musikrichtungen zeigt sich bei den BesucherInnen von K20 weniger Ablehnung als in K21. Das Publikum von K21 ist also weniger aufgeschlossen für diese Musikstile als das Publikum von K20. Die minimal höhere Zustimmung zu diesen

Musikstilen in K20 lässt sich mit dem Altersschwerpunkt erklären: in K20 gibt es mehr Twens als in K21, die diese Zustimmung bewirken.

Die generelle Ablehnung dieser Musikstile in beiden Museen lässt sich mit Gerhard Schulzes alltagsästhetischen Schemata erklären: Kunst und Museen gehören zum Hochkulturschema, während Techno, Punk und Heavy Metal zum Spannungsschema gehören und anscheinend nicht im selben Lebensstil vereint sind.

Dimension 2: Trivialschema

Anders als in K20 lädt auf diesem Faktor neben Volkslieder/Volksmusik, Deutscher Schlager, Blas-/Marschmusik auch Musical/Operette (in K20 lädt Musical/Operette auf demselben Faktor wie Klassische Musik und Oper). Faktor 2 erklärt 19,3 Prozent der Gesamtvarianz.

Für Volkslieder/Volksmusik bekunden 61,3 Prozent gar kein Interesse, zusammen mit den weniger Interessierten sind es 90,1 Prozent. Nur jeweils eine Person interessiert sich stark bzw. sehr stark für Volksmusik. Selbst zwei Drittel der über 60-Jährigen hegen gar kein oder wenig Interesse an Volksmusik, von den 20-29-Jährigen haben 76,7 Prozent kein Interesse, von den 40-49-Jährigen 79,2 Prozent. In K20 sind es 82,2 Prozent, die sich gar nicht oder weniger für Volksmusik interessieren.

70,1 Prozent der Befragten interessieren sich gar nicht für Deutsche Schlager, 22,4 Prozent weniger, 7,5 Prozent teils/teils. Niemand interessiert sich überhaupt für dieses Genre. Mit den ArchitekturbesucherInnen ergibt sich eine Verschiebung: eine Person interessiert sich nun sehr stark, zwei Personen stark für diesen Musikstil, d.h. die einzigen Interessenten sind ArchitekturbesucherInnen. Ein ähnliches Bild in zeigt sich in K20: es gibt nur einen sehr starken Interessenten, keinen starken Interessenten und zusammen 90 Prozent sind dem Deutschen Schlager weniger oder gar nicht zugetan.

79 Prozent interessieren sich gar nicht für Blas- und Marschmusik, zusammen mit den weniger Interessierten sind es 93 Prozent. Je sieben Prozent äußern starkes oder sehr starkes Interesse. Die Ablehnung zieht sich durch alle Altersgruppen: 83,3 Prozent der über 60-Jährigen und 93,6 Prozent der 20-29-Jährigen sind wenig bis gar nicht an diesem Stil interessiert.

Auch Musical und Operette erfahren nicht viel Zustimmung bei den BesucherInnen von K21. 45,1 Prozent interessieren Musical und Operette gar nicht, zusammen 72,9 Prozent weniger bis gar nicht. Nur 1,4 Prozent der BesucherInnen gaben an, sehr stark an Operetten und Musicals interessiert zu sein, 2,8 Prozent stark. In K20 sind es 9,7 Prozent, die stark oder sehr stark interessiert sind.

Tabelle 6 veranschaulicht die Haltung der Publika zu den oben stehenden Musikrichtungen:

Tabelle 6: Ablehnung volkstümlicher und populärer Musik in K20 und K21

weniger und überhaupt kein Interesse

	K20	K21
Deutscher Schlager	90,0%	92,5%
Blas-, Marschmusik	87,3%	93,0%
Volkslieder, Volksmusik	82,8%	90,1%
Musical, Operette	70,0%	72,9%

Die Ablehnung dieser Musikstile ist in beiden Häusern eindeutig, wobei in K20 die Ablehnung trotz des jüngeren Publikums geringer ausfällt.

Dimension 3: Popkultur

Auf diesem Faktor, der 10,8 Prozent der Gesamtvarianz auf sich vereint, laden Popmusik und Oldies. Bei Oldies gab es gar keine Antwortverweigerungen, bei Popmusik 0,9 Prozent.

Wie in K20 kreuzte eine große Zahl von BesucherInnen bei den Genres Popmusik und Oldies die unentschiedene Kategorie „teils/teils" an: jeweils über 40 Prozent.

21 Prozent der BesucherInnen des K21 zeigen starkes Interesse, 6,3 Prozent sehr starkes Interesse, 11,9 Prozent interessiert Popmusik gar nicht.

An Oldies sind nur 0,7 Prozent sehr stark und neun Prozent stark interessiert, ca. zehn Prozent mehr als bei Pop (21,4 Prozent) sind gar nicht interessiert.

Die beiden Kategorien spalten das Publikum nicht, es gibt wohl bei beiden Musikstilen Sachen die gefallen, und Sachen, die nicht gefallen. Weder zeigt sich eindeutige Zustimmung noch eindeutige Ablehnung. Die „teils-/teils"-Kategorie ist am stärksten ausgeprägt, Pop hat mehr Zustimmung, Oldies mehr Ablehnung.

Dimension 4: Hochkultur

Auf dem Faktor laden hochkulturelle Musikstile, nämlich Jazz/Blues, klassische Musik und Oper. Erklärt wird durch Faktor 4 zehn Prozent der Gesamtvarianz. Auch bei diesen Genres wurde im Bereich um 40 Prozent die „teils/teils"-Kategorie angekreuzt.

Jazz/Blues finden nur 2,8 Prozent gar nicht und 17,5 Prozent weniger interessant, 23,1 Prozent bekunden starkes, 15,4 Prozent sehr starkes Interesse. Am stärksten interessiert sind die 50-59-Jährigen. In K20 sind 18,7 Prozent sehr stark und 30,4 Prozent stark an Jazz und Blues interessiert.

An klassischer Musik sind nur 4,2 Prozent gar nicht interessiert und 2,8 Prozent weniger. 24,5 Prozent sind sehr stark und 29,4 Prozent stark interessiert. Die Vorliebe für klassische Musik ist altersabhängig; am eindeutigsten sind die Antworten der über 60-Jährigen: 62,5 Prozent interessieren sich sehr stark für klassische Musik, null Prozent weniger und gar nicht: Junge BesucherInnen (20-29-Jährige) zeigen nur zu 6,7 Prozent sehr starkes Interesse, dagegen 53,3 Prozent teils/teils. Die 30-39-Jährigen legen die höchste Ablehnung (9,8 Prozent) und das geringste starke Interesse (4,9 Prozent) offen.

11,4 Prozent (16,5 Prozent in K20) interessiert Oper gar nicht, zusammen mit den weniger Interessierten sind 37,1 Prozent der Oper gegenüber abgeneigt. Nur 7,1 Prozent sind sehr stark an Oper interessiert und 16,4 Prozent stark. In K20 sind es 12,6 Prozent, die sehr starkes Interesse angeben und damit fünf Prozent mehr als in K21. Höchste Zustimmung erfährt die Oper bei den über 60-Jährigen (21,7 Prozent sehr stark), gar keine bei den 20-29-Jährigen, die zu 58 Prozent wenig oder gar interessiert sind. Bei den über 60-Jährigen geben nur 21,7 Prozent wenig oder gar kein Interesse an der Oper an.

Die ernsten, hochkulturellen Musikstile finden in K20 höhere Zustimmung als in K21. Zudem hat Jazz/Blues in K20 eigenständige Bedeutung und lädt auf einem eigenen Faktor, während Jazz/Blues in K21 auf demselben Faktor lädt wie die ernsten Musikstile Klassik und Oper.

Tabelle 7: Interesse an hochkulturellen Musikstilen in K20 und K21

sehr starkes und starkes Interesse

	K20	K21
Klassische Musik	60,9%	53,9%
Jazz, Blues	49,1%	38,5%
Oper	27,8%	23,5%

Resümee

Zwischen K20 und K21 bestehen kaum gravierende Unterschiede im Musikgeschmack. Nur Oldies und Jazz und Blues werden unterschiedlich bevorzugt.

Tabelle 8: *Signifikante Unterschiede im Musikgeschmack*[217]

	K20	K21
Oldies	17,0%	9,7%
Jazz, Blues	49,1%	38,5%

Allerdings gibt es Unterschiede in der Faktorenstruktur: während in K20 der erste Faktor, der den höchsten Anteil an Varianz erklärt, die klassischen Musikstile vereint, sind es in K21 die jugendlichen Musikstile, die den ersten Faktor konstituieren. Zudem ist Jazz/Blues in K20 ein eigener Faktor, während Jazz in K21 zu Klassischer Musik und Oper gehört.

4.15 Literaturpräferenzen

Frage 9 präsentierte zwölf Literaturgenres, für die die BesucherInnen beurteilen sollten, wie stark sie daran interessiert sind. Angeführt wurden beispielsweise moderne Literatur, klassische Literatur, Gedichte, Schicksalsromane und Comics. Das Antwortspektrum ist identisch mit dem der vorhergehenden Frage.

K20

Die Faktorenanalyse errechnet für die Literaturinteressen vier Dimensionen, wobei die Sach- und Fachbücher nur gering laden und keinem Faktor zugehörig sind.

Literatur	Selbstfindung	Unterhaltung	Phantasie
klass. Literatur (0,745)	Selbsterfahrung (0,846)	Kriminalromane (0,715)	Science Fiction (0,744)
mod. Literatur (0,622)	Esoterik (0,783)	Unterhaltung (0,726)	Comics (0,786)
Gedichte (0,686)	Schicksalsromane (0,443)		
(Biographien) (0,478)			

Abbildung 10: Faktorenstruktur Literaturpräferenzen K20
Die erklärte Gesamtvarianz beträgt 54,6 Prozent.

Dimension 1: Literatur

Auf dem ersten Faktor, der 17,6 Prozent der Varianz auf sich vereint, laden moderne Literatur, klassische Literatur und Gedichte. Die moderne Literatur hat den höchsten Anteil an „teils/teils"-Antworten, nämlich 39,2 Prozent; Biographien haben 34,3 Prozent

---

[217] Signifikant nach dem Chi-Quadrat-Test und nach dem Mann-Whitney-U-Test für zwei Stichproben.

unentschiedene Antworten, bei der klassischen Literatur haben noch 32,8 Prozent „teils/teils" angekreuzt und bei den Gedichten nur mehr 26,2 Prozent. Die Gedichte scheinen also die eindeutigsten Antworten zuzulassen, während bei der modernen Literatur viele keine eindeutige Antwort abgeben können. Die Verweigerungsquoten schwanken zwischen 0,4 und 0,8 Prozent.

Für moderne Literatur interessieren sich 4,3 Prozent der Befragten gar nicht und 7,3 Prozent weniger. 31,9 Prozent geben starkes, 17,2 Prozent sehr starkes Interesse für moderne Literatur an. Knapp die Hälfte der BesucherInnen ist folglich moderner Literatur zugeneigt.

Bei der klassischen Literatur kreuzten weniger Befragte die „teils/teils"-Kategorie zugunsten der „weniger"-Kategorie an (13,4 Prozent) und 4,3 Prozent machten ihr Kreuz bei „gar nicht". 32,8 Prozent gaben starkes Interesse und 16,8 Prozent sehr starkes Interesse an, womit sich ebenfalls knapp die Hälfte des Publikums für klassische Literatur begeistern kann.

Bei den Gedichten zeigt sich in höherem Ausmaß Desinteresse als bei oben genannten Literaturgenres. 19,3 Prozent interessieren sich gar nicht und 27,9 Prozent weniger für Lyrik. Starkes bis sehr starkes Interesse zeigen bei den Gedichten so viele wie bei den beiden anderen Kategorien wenig oder gar nicht: 18,9 Prozent stark, 7,7 Prozent sehr stark.

Biographien laden mit 0,478 auf dem ersten Faktor. Nur 0,8 Prozent der BesucherInnen des K20 geben an, gar nicht an Biographien interessiert zu sein, 24 Prozent zeigen starkes, 13,3 Prozent haben sehr starkes Interesse. Interesse zeigen also gut 37 Prozent der BesucherInnen, während 34,3 Prozent unentschieden sind und 28 Prozent gar kein oder geringes Interesse zeigen.

Das geringste Desinteresse der oben genannten Literaturrichtungen erfährt die moderne Literatur, das höchste dagegen die Gedichte, die knapp die Hälfte des Publikums nicht zu ihrer Lektüre zählt.

Dimension 2: Selbstfindung

Auf Faktor 2 laden die Items psychologische Bücher/Selbsterfahrung, esoterische Bücher und Arzt- und Schicksalsromane. Durch Dimension 2 werden 14,7 Prozent der Varianz erklärt. Bei allen Items fallen die Antworten eindeutig aus: diese Literaturgenres erfahren überwiegend Ablehnung von den MuseumsbesucherInnen. Die höchste Zustimmung erhalten die Selbsterfahrungsbücher. Die Verweigerungsquoten schwanken zwischen 1,3 und 1,5 Prozent.

Psychologische Bücher/Selbsterfahrung interessieren 38,6 Prozent gar nicht, und 18 Prozent weniger. Dieses Genre hat auch die höchste „Unentschiedenenquote" mit 24,1 Prozent. Elf Prozent interessieren sich stark, und 8,3 Prozent sehr stark für Selbsterfahrungsbücher.

Esoterische Bücher erfahren von 63,2 Prozent der BesucherInnen völliges Desinteresse und wenig Interesse von 21,5 Prozent der BesucherInnen. Zusammen sind also 84,7 Prozent des Publikums nicht an Esoterik interessiert. Nur 9,6 Prozent geben mit teils/teils kein eindeutiges Votum ab, 4,4 Prozent zeigt starkes, 1,3 Prozent sehr starkes Interesse.

Arzt- und Schicksalsromane erfahren die größte Ablehnung: 81,4 Prozent lesen sie gar nicht, und 12,1 Prozent vermelden weniger Interesse. Nur 0,9 Prozent zeigen starkes Interesse und 0,4 Prozent sehr starkes Interesse. Die Unentschiedenen-Kategorie wurde nur von 5,2 Prozent der BesucherInnen gewählt.

Das Interesse an gehobener Literatur geht mit der Ablehnung trivialer Literatur einher. Vor allem esoterische Bücher und Schicksalsromane können nicht mal sechs Prozent des Kunstpublikums begeistern.

Dimension 3: Unterhaltung

Auf dem dritten Faktor laden die Literaturgenres Kriminalromane und Unterhaltungsromane. Dadurch werden zwölf Prozent der Varianz erklärt. Die Verweigerungsquote beträgt 1,3 bzw. 1,7 Prozent.

Kriminalromane lesen 29 Prozent gar nicht und 21,6 Prozent zeigen weniger Interesse. 24,7 Prozent kreuzten „teils/teils" an. Starkes Interesse zeigen 17,3 Prozent der BesucherInnen und nur 7,4 geben sehr starkes Interesse an Kriminalromanen an.

Für Unterhaltungsromane können sich 31,7 Prozent gar nicht begeistern und 26,5 Prozent weniger. Die Mittelkategorie wählten 27 Prozent der BesucherInnen. 13 Prozent der BesucherInnen sind stark, 1,7 Prozent sehr stark an Unterhaltungsromanen interessiert.

Während die Hälfte der BesucherInnen des K20 den hochkulturellen Literaturrichtungen Wertschätzung entgegenbringt, werden Kriminalromane und Unterhaltungsromane von ebenfalls der Hälfte des Publikums nicht geschätzt. Diese beiden Literaturgenres zählen nicht zum Hochkulturschema und finden deshalb beim überwiegend akademischen Publikum des K20 keinen Anklang.

Dimension 4: Phantasie

Die vierte Dimension der Literaturgenres bilden Science Fiction/Fantasy und Comics. Sie vereint 10,4 Prozent der Varianz auf sich. Jeweils 0,4 Prozent der BesucherInnen haben keine Angaben gemacht.

Die Antworten fallen bei beiden Genres eindeutig aus, die „teils/teils"-Kategorie wurde nur in 13,7 bzw. 15 Prozent der Fälle gewählt.

Science Fiction/Fantasy finden 54,9 Prozent gar nicht interessant und 19,7 Prozent weniger. Nur 7,7 Prozent kreuzten stark und nur 3,9 Prozent sehr stark an.

Comics finden noch mehr, nämlich 57,1 Prozent gar nicht interessant und auch ein Fünftel gibt an, Comics weniger interessant zu finden. Nur vier Personen (1,7 Prozent) sind sehr stark und sechs Prozent stark an Comics interessiert.

82,4 Prozent der über 60-Jährigen sind gar nicht an Comics interessiert, keine/r der älteren BesucherInnen ist stark oder sehr stark interessiert. Bei den 20-29-Jährigen sind nur 47,1 Prozent gar nicht interessiert, dafür 4,3 Prozent sehr stark und zehn Prozent stark.

Obwohl der Altersschwerpunkt in K20 bei den Twens liegt, finden Comics und Fantasy/Science Fiction in diesem Publikum keine LeserInnen. Nur ein Zehntel bekennt Interesse an diesen Genres.

K21

In K21 ergibt die Faktorenanalyse fünf Dimensionen. Die fünf Dimensionen erklären 64,5 Prozent der Varianz.

Literatur	Selbstfindung	Unterhaltung	Phantasie	Sehnsucht
klass. Literatur (0,834)	Selbsterfahrung (0,812)	Kriminalromane (0,753)	Comics (0,867)	Schicksalsromane (0,846)
Gedichte (0,705)	Sachbücher (0,662)	Unterhaltung (0,715)	Science Fiction (0,779)	Esoterik (0,525)
mod. Literatur (0,533)	(Esoterik) (0,504)			
(Biographien) (0,433)				

Abbildung 11: Faktorenstruktur Literaturpräferenzen K21

Dimension 1: Literatur

Die erste Dimension besteht aus denselben Literaturgenres wie in K20: moderne Literatur, klassische Literatur, Gedichte und Biographien. Erklärt werden dadurch 18,5 Prozent der Varianz. Die Verweigerungsquote beträgt zwischen 0,5 und 1,4 Prozent.

In K21 fällt das Votum für moderne Literatur deutlicher aus als für K20; nur knapp ein Drittel (K20 39 Prozent) wählte die teils/teils-Kategorie. Neun Prozent gaben kein oder nur geringes Interesse an (K20 11,6 Prozent), dafür sind 58,3 Prozent stark oder sehr stark interessiert (49,1 Prozent in K20).

Für klassische Literatur interessieren sich nur 11,9 Prozent weniger oder gar nicht (K20 17,7 Prozent). Das starke oder sehr starke Interesse ist genauso groß wie in K20: 50,4 Prozent (K20 49,6 Prozent). Dafür wählten 37,8 Prozent die Mittelkategorie (K20 32,8 Prozent).

An Gedichten sind mehr als die Hälfte weniger bis gar nicht interessiert (53,3 Prozent zu 47,2 Prozent in K20). Der Anteil der Unentschieden-Antworten ist etwa genauso hoch wie in K20. 13,4 Prozent geben an, dass sie stark, 5,6 Prozent, dass sie sehr stark an Gedichten interessiert sind.

42,3 Prozent der BesucherInnen des K21 interessieren sich stark bis sehr stark für Biographien. Das sind fünf Prozent mehr als in K20. 31,9 Prozent gaben kein eindeutiges Votum ab.

In K21 zeigt sich insgesamt ein stärkeres Interesse an moderner Literatur und an Biographien als in K20. Diese Differenzen sind nicht signifikant. Das größere Interesse an Lyrik in K20 ist nur nach einem Mittelwerttest signifikant. Die Differenzen, die sich bezüglich Literaturpräferenzen zeigen, deuten auf eine größere Vorliebe für moderne Literatur in K21 und auf eine größere Vorliebe für Gedichte in K20 hin.

Dimension 2: Selbstfindung

Auf dem zweiten Faktor laden neben psychologischen und esoterischen Büchern auch die Sach- und Fachbücher. Diese Dimension erklärt 14 Prozent der Gesamtvarianz. Bei den Selbsterfahrungsbüchern und der Esoterik wurde in 1,4 Prozent der Fälle die Antwort verweigert, bei den Sach- und Fachbüchern in 0,9 Prozent der Fälle.

59,9 Prozent der Befragten interessieren sich weniger oder gar nicht für psychologische Bücher oder Selbsterfahrungsbücher. Nur 20,4 Prozent zeigten sich unentschieden. 15,5 Prozent geben starkes, nur 4,2 Prozent sehr starkes Interesse an. In K20 sind dies 8,3 und elf Prozent.

Für esoterische Bücher interessieren sich 85,9 Prozent nicht, davon allein 64,1 Prozent gar nicht. Jeweils 2,8 Prozent interessieren sich stark oder sehr stark für Esoterik.

Sach- und Fachbücher interessieren nur 4,9 Prozent gar nicht, 13,3 Prozent weniger, dafür 35,7 Prozent stark und 18,2 Prozent sehr stark. (In K20 ist das sehr starke Interesse bei 25,8 Prozent der Besucher verbreitet, starkes Interesse bei 32,3 Prozent.)

In K20 ist das Interesse an Sach- und Fachbüchern höher als in K21, jedoch laden die Sach- und Fachbücher in K21 deutlicher und konstituieren mit den Selbsterfahrungsbüchern und der Esoterik den Faktor Selbstfindung.

Dimension 3: Unterhaltung

Auf Dimension 3, die 12,9 Prozent der Varianz erklärt, laden wie in K20 Kriminalromane und Unterhaltungsromane. Verweigert wurden die Antworten nur in 0,9 bzw. 1,4 Prozent der Fälle.

Kriminalromane finden 18,2 Prozent gar nicht und 29,4 Prozent weniger interessant. 29,4 Prozent flüchteten sich in die Mittelkategorie. Der Rest von 23 Prozent liest Krimis.

Unterhaltungsromane erfahren noch weniger Interesse vom Publikum des K21. 32,4 Prozent kreuzten gar nicht an, 28,9 Prozent weniger, das sind zusammen gut 60 Prozent, die sich gar nicht oder kaum für Unterhaltungsromane erwärmen können. Drei Personen (2,1 Prozent) haben sehr starkes Interesse an Unterhaltungsromanen, 9,2 Prozent starkes Interesse.

Die Ablehnung dieser beiden Genres ist bei den Publika der beiden Häuser in etwa gleich hoch. Übereinstimmend äußern die BesucherInnen größeres Interesse an gehobener Literatur als an unterhaltender Lektüre.

Dimension 4: Phantasie

Ebenfalls wie in K20 laden auf dem vierten Faktor Science Fiction/Fantasy und Comics. 10,5 Prozent der Varianz werden erklärt.

Die Publika der beiden Häuser stimmen im Desinteresse an diesen Genres überein. Science Fiction/Fantasy interessieren 46,4 Prozent gar nicht, 28,6 Prozent weniger, in beiden Museen sind dies zusammen jeweils ca. 75 Prozent. In K21 wählten mehr BesucherInnen die „teils/teils"-Kategorie, dafür fällt in K20 mit 11,6 Prozent das Interesse größer aus als in K21 mit 6,4 Prozent.

In K21 fällt die Ablehnung von Comics mit 47,2 Prozent nicht so groß aus wie in K20 mit 57 Prozent. Insgesamt sind 67,4 Prozent wenig bis gar nicht interessiert (K20 77,3 Prozent). In beiden Häusern sind jeweils etwa sieben Prozent an Comics interessiert.

Das Publikum von K21 ist gegenüber Science Fiction/Fantasy und Comics aufgeschlossener als das Publikum von K20, wenn auch nicht signifikant. Beide Publika können sich gleichwohl mehrheitlich nicht für diese Literaturgenres begeistern.

Dimension 5: Sehnsucht

Faktor 5 sind Arzt-/Schicksalsromane und esoterische Bücher. Erklärt werden hierdurch 8,6 Prozent der Varianz. Die Verweigerungsquoten betragen 1,4 bzw. 1,8 Prozent.

Im Fall der Arztromane und Schicksalsromane ist die Ablehnung ganz deutlich: 90 Prozent lesen Arzt- und Schicksalsromane gar nicht, nur 0,7 Prozent hegen ein starkes Interesse an dieser Literatur. Niemand hegt sehr starkes Interesse. Die Ablehnung dieser Literaturrichtung ist in K21 ein wenig stärker als in K20: zusammen 98,6 Prozent sind gar nicht oder kaum daran interessiert, in K20 sind es „nur" 93,5 Prozent.

Das Des-/Interesse an esoterischen Büchern wurde bei Faktor 2 schon ausgeführt.

Die Schicksalsromane erfahren beinahe 100-prozentige Ablehnung vom Publikum der zeitgenössischen Kunst. Das mehrheitlich akademische Publikum liest keine Arzt- und Schicksalsromane.

Resümee

Der Chi-Quadrat-Test und der Mann-Whitney-U-Test ergeben keine signifikanten Unterschiede in den Lektürepräferenzen der Publika. Ein Mittelwertvergleich errechnet lediglich einen signifikanten Unterschied zwischen den Publika im Interesse an Gedichten.

Die Arzt- und Schicksalsromane werden vom Publikum des K21 noch stärker abgelehnt als vom Publikum des K20 und laden mit fast 100-prozentiger Ablehnung auf einem eigenen Faktor mit der Esoterik; dafür sind die Selbsterfahrungsbücher zusammen mit den Sach- und Fachbüchern auf einem Faktor. An den Lektürepräferenzen ist ersichtlich, dass beide Publika nur dem Hochkulturschema zugeneigt sind. Weder triviale Literatur noch dem Spannungsschema zuzurechnende Literatur finden unter den BesucherInnen viele LeserInnen.

4.16 Lebensziele

Frage 10 umfasst 16 Lebensziele, die von den Befragten nach ihrer Wichtigkeit im Leben beurteilt werden sollten. Das Antwortspektrum erlaubte vier abgestufte Antwortmöglichkeiten: (1) unwichtig, (2) weniger wichtig, (3) wichtig, (4) sehr wichtig.

K20

Die Faktorenanalyse für die Lebensziele ergibt fünf Dimensionen, die zusammen 54,5 Prozent der Gesamtvarianz erklären.

Lebensgenuss	Sicherheit	Individualismus	Engagement	Führung
Freunde (0,703)	Sicherheit (0,711)	Unabhängigkeit (0,533)	soz. Engagement (0,802)	Führung (0,654)
Abwechslung (0,779)	Familie (0,664)	Zeit f. pers. Dinge (0,723)	Kreativität (0,456)	(Anerkennung) (0,495)
Urlaub (0,562)	Anerkennung (0,511)	sinnvolle Arbeit (0,622)	(Führung) (0,435)	
für andere da sein (0,524)	Sparsamkeit (0,484)	(Kreativität) (0,361)		
Attraktivität (0,430)				

Abbildung 12: Faktorenstruktur Lebensziele K20

Dimension 1: Lebensgenuss

Hinter dieser Dimension verbergen sich die Lebensziele „mit Freunden zusammen sein", „ein aufregendes und abwechslungsreiches Leben führen", „Urlaub machen/reisen", „für andere da sein" und „gutes, attraktives Aussehen". Die Dimension erklärt 18,4 Prozent der gesamten Varianz. Die höchste Verweigerungsquote mit 1,7 Prozent weist das Item „gutes, attraktives Aussehen" auf.

Mit Freunden zusammen sein erachten nur 9,8 Prozent als weniger wichtig und keiner für unwichtig. 48,3 Prozent betrachten mit Freunden zusammen zu sein als wichtig, 41,9 Prozent als sehr wichtig.

Ähnlich hohe Wichtigkeit erfährt „für andere da sein": 57,6 Prozent halten dies für wichtig, 28,1 Prozent für sehr wichtig. Nur 0,4 Prozent betrachten es als unwichtig und 13,9 Prozent für weniger wichtig.

Urlaub machen/reisen finden 1,7 Prozent für unwichtig und gut ein Fünftel weniger wichtig. 45,9 Prozent der BesucherInnen erachten Reisen als wichtig, fast ein Drittel als sehr wichtig.

Ein aufregendes und abwechslungsreiches Leben zu führen, erachten 4,3 Prozent für unwichtig und 29,3 Prozent weniger wichtig. 43,5 Prozent halten Abwechslung für wichtig, und nur mehr 22,8 Prozent für sehr wichtig.

Gutes, attraktives Aussehen hat mit 6,5 Prozent die höchste Einordnung in unwichtig. 40,9 Prozent erachten Attraktivität für weniger wichtig, 43,9 Prozent für wichtig, und mit nur 8,7 Prozent erhält dieses Item die niedrigste Einordnung in sehr wichtig.

Die hedonistischen Variablen erfahren hohe Zustimmung von den Befragten. Urlaub und Freunde treffen finden mehr als 80 Prozent der BesucherInnen mindestens wichtig, Abwechslung und Attraktivität gestehen noch über 60 bzw. über 50 Prozent große Wichtigkeit im Leben zu.

Dimension 2: Sicherheit
Diese Dimension erklärt 10,6 Prozent der Varianz und konstituiert sich aus „nach Sicherheit und Geborgenheit streben", „Familie/Kinder haben", „Anerkennung durch andere" und „sparsam sein". Die Verweigerungsquoten betragen zwischen 1,3 und 3,4 Prozent (sparsam sein).

Nach Sicherheit und Geborgenheit zu streben ist nur drei Prozent der BesucherInnen unwichtig und einem Drittel weniger wichtig. Fast die Hälfte der Befragten befindet es für wichtig und 13,9 Prozent für sehr wichtig.

„Familie/Kinder haben" halten zwei Drittel der BesucherInnen des K20 für wichtig und sehr wichtig (37,7 Prozent wichtig, 30,7 Prozent sehr wichtig). Nur 8,2 Prozent halten es für unwichtig, 23,4 Prozent für weniger wichtig.

Anerkennung durch andere ist für ein Drittel der BesucherInnen des K20 weniger wichtig bis unwichtig, genauer für 3,5 Prozent unwichtig und 28,4 Prozent weniger wichtig. Mehr als die Hälfte (nämlich 54,6 Prozent) finden Anerkennung wichtig, 13,5 Prozent sehr wichtig.

Sparsamkeit ist 14,6 Prozent unwichtig und 52,7 Prozent weniger wichtig, 28,8 Prozent wichtig, Nur vier Prozent finden Sparsamkeit sehr wichtig.

Mehr als die Hälfte der Befragten strebt nach Sicherheit und Geborgenheit, Sparsamkeit findet noch ein Drittel erstrebenswert. Dagegen betonen zwei Drittel die Wichtigkeit von Familie und Kindern in ihrem Leben und ebenso viele legen Wert auf Anerkennung durch andere.

Dimension 3: Individualismus
Dimension 3 besteht aus „unabhängig sein", „viel Zeit für persönliche Dinge haben" und „eine sinnvolle und befriedigende Arbeit" und erklärt 9,3 Prozent der Gesamtvarianz. „Phantasievoll/schöpferisch sein" lädt schwach auf diesem Faktor. Das Item „unabhängig sein" wurde von allen Befragten beantwortet, bei den anderen beiden Items wurden in 0,4 bzw. 0,8 Prozent der Fälle keine Angaben gemacht.

Unabhängig zu sein erachten zusammen beinahe 90 Prozent für wichtig und sehr wichtig (46,2 Prozent wichtig, 44 Prozent sehr wichtig). Nur 0,4 Prozent der Befragten ist Unabhängigkeit unwichtig und 9,4 Prozent weniger wichtig.

86,7 Prozent (51,9 wichtig, 34,8 sehr wichtig) der Befragten wollen viel Zeit für persönliche Dinge haben. Lediglich 1,3 Prozent finden dies unwichtig.

Eine sinnvolle und befriedigende Arbeit finden alleine 60,3 Prozent sehr wichtig und 35,3 Prozent wichtig und nur 1,3 Prozent finden dies unwichtig.

Nur 3,4 Prozent der BesucherInnen ist Kreativität unwichtig, 38,6 Prozent stufen Kreativität als wichtig ein. Beinahe die Hälfte (nämlich 47,2 Prozent) des Publikums findet Kreativität sehr wichtig. Zusammen nur 14,1 Prozent finden Kreativität nicht oder weniger wichtig, aber zusammen 85,8 Prozent halten sie für wichtig.

Das Publikum des K20 erweist sich als sehr individualistisch. Die Items, die das persönliche Leben betreffen, erfahren jeweils über 85 Prozent Zustimmung.

Dimension 4: Engagement

Auf dieser Dimension, die 8,5 Prozent der Gesamtvarianz auf sich vereint, laden die Items „sich politisch/gesellschaftlich einsetzen", „Führungspositionen übernehmen" und „phantasievoll/schöpferisch sein". Die Verweigerungsquoten schwanken zwischen 0,4 und 1,3 Prozent.

Den 38,1 Prozent, die politisch-gesellschaftlichen Einsatz weniger wichtig finden, stehen 39 Prozent gegenüber, die es wichtig finden. Doch 15,6 Prozent finden es sehr wichtig, sich einzusetzen und damit doppelt so viele wie jene, wie es unwichtig finden.

Führungspositionen zu übernehmen findet mehr als die Hälfte unwichtig (18,5 Prozent) bis weniger wichtig (45,3 Prozent). 26,3 Prozent finden es wichtig und nur 9,9 Prozent sehr wichtig.

„Phantasievoll/schöpferisch sein" lädt ebenfalls auf dem Faktor Engagement. 85,8 Prozent der Befragten stimmen hier für Wichtigkeit.

Das Publikum des K20 zeigt kein ausgeprägtes Engagement und Führungsstreben. Auf die Antwortkategorie „sehr wichtig" entfallen nur knapp zehn bzw. 15 Prozent der Antworten. Die individualistischen und hedonistischen Items erfahren mehr Zustimmung.

Dimension 5: Führung

Auf Dimension 5 laden zwei Items, die auch auf anderen Faktoren laden. „Führungspositionen übernehmen" lädt stärker als auf Faktor 4, „Anerkennung durch andere" lädt schwächer als auf Faktor 2. Erklärt werden durch Faktor 5 nur mehr 7,6 Prozent der Varianz.

„Phantasievoll/schöpferisch sein" lädt negativ auf Faktor 2 (-0,297). Die Auslebung der Kreativität ist dem Sicherheitsstreben entgegen gesetzt.

K21

In K21 stecken hinter den Lebenszielen sechs statt fünf Dimensionen. Diese sechs Dimensionen erklären zusammen 61,2 Prozent der Gesamtvarianz, wobei auf dem letzten Faktor nur ein Item lädt und dies nur 6,5 Prozent der Varianz erklärt.

Individualismus	Lebensgenuss	Absicherung	Harmonie	Führung	Zeit
Kreativität (0,744)	Urlaub (0,730)	Sicherheit (0,763)	Naturverbundenheit (0,749)	Engagement (0,728)	Zeit f. Pers. (0,853)
Arbeit (0,716)	Abwechslung (0,681)	Attraktivität (0,725)	Sparsamkeit (0,610)	Führung (0,727)	
Unabhängigkeit (0,562)	Freunde (0,675)	Anerkennung (0,634)	für andere da sein (0,506)		
		Familie (0,486)			

Abbildung 13: Faktorenstruktur Lebensziele K21

Dimension 1: Individualismus

Dimension 1 konstituiert sich aus den Items „unabhängig sein", „eine sinnvolle und befriedigende Arbeit" (0,716) und „phantasievoll/schöpferisch sein". Die erste Dimension erklärt 16,2 Prozent der Varianz. Die Verweigerungsquote beträgt jeweils 0,5 Prozent bei den ersten beiden Items und null Prozent bei letzterem.

Niemand findet Unabhängigkeit unwichtig und nur 6,9 Prozent finden es weniger wichtig, während (zusammen in etwa zu gleichen Teilen) 93 Prozent Unabhängigkeit wichtig oder sehr wichtig finden. Dasselbe Antwortverhalten zeigt sich in K20.

Noch eindeutiger fällt die Beurteilung des Lebensziels „eine sinnvolle und befriedigende Arbeit" aus. 0,7 Prozent finden es unwichtig, 2,1 Prozent weniger wichtig und zusammen 97,3 Prozent finden es wichtig oder sehr wichtig. (41 Prozent wichtig, 56,3 Prozent sehr wichtig). Auch hier zeigen sich keine Unterschiede zum Publikum von K20.

Beim Item „phantasievoll/schöpferisch sein" ergibt sich ebenfalls etwa dieselbe Verteilung wie in K20. Nur 0,7 Prozent finden es unwichtig, 15,2 Prozent weniger wichtig, dagegen 40 Prozent wichtig und 44,1 Prozent sehr wichtig.

Die auf diesem Faktor ladenden Items trennen das Publikum nicht.

Dimension 2: Lebensgenuss

Dimension 2, die 12,6 Prozent der Gesamtvarianz auf sich vereint, besteht aus den Items „mit Freunden zusammen sein", „ein aufregendes und abwechslungsreiches Leben führen" und „Urlaub machen/reisen". Die Verweigerungsquoten betragen 0,9 Prozent (mit Freunden zusammen sein), 1,4 Prozent (aufregendes Leben) und 0,5 Prozent (Urlaub machen).

Mit Freunden zusammen zu sein finden mit 95,1 Prozent beinahe alle BesucherInnen des K21 wichtig, davon 54,5 Prozent wichtig und 40,6 Prozent sehr wichtig. Nur 0,7 Prozent der BesucherInnen (eine Person) unwichtig. 4,2 Prozent weniger wichtig: In K20 finden 9,8 Prozent „mit Freunden oder Verwandten zusammen sein" weniger wichtig und zusammen 90,2 Prozent wichtig oder sehr wichtig. Die fünfprozentige Differenz in der Beurteilung als wichtig oder sehr wichtig ist nicht signifikant.

Ein aufregendes und abwechslungsreiches Leben zu führen ist 2,8 Prozent der BesucherInnen unwichtig und 26,1 Prozent weniger wichtig. 47,9 Prozent der Befragten ist Abwechslung wichtig und 23,2 Prozent sehr wichtig. Die Differenz zu K20 ist minimal.

„Urlaub machen/reisen" ist für 1,4 Prozent der Befragten unwichtig, für 12,5 Prozent weniger wichtig. Für 54,2 Prozent ist Urlaub wichtig, für 31,9 Prozent sogar sehr wichtig. Auch hier antworten fast zehn Prozent mehr bei wichtig als in K20.

Die Items dieser Dimension trennen die Publika voneinander: die BesucherInnen des K21 sind mehr mit Freunden zusammen, erachten ein aufregendes und abwechslungsreiches Leben als wichtiger und auch Urlaub machen und Reisen sind den BesucherInnen der zeitgenössischen Kunst wichtiger als den BesucherInnen der Klassischen Moderne. Das Publikum des K21 präsentiert sich als hedonistischer, auch wenn keine signifikanten Differenzen vorliegen.

Dimension 3: Absicherung

Auf dieser Dimension laden vier Items: „gutes, attraktives Aussehen", „nach Sicherheit und Geborgenheit streben", „Familie/Kinder haben" und „Anerkennung durch andere". Erklärt werden hierdurch 11,2 Prozent der Varianz. Die Verweigerungsquoten sind vergleichsweise hoch: zwischen 0,9 Prozent (Anerkennung) und 2,8 Prozent (Familie/Kinder), wobei die hohe Verweigerungsquote bei diesem Item durch Singles, Kinderlose und Rentner zustande kommen dürfte.

Gut die Hälfte findet gutes, attraktives Aussehen wichtig (50,7 Prozent zu 43,9 Prozent in K20), aber nur 7,7 Prozent sehr wichtig, ein wenig mehr als unwichtig (5,6 Prozent). Mehr als ein Drittel ist der Ansicht, dass attraktives Aussehen weniger wichtig ist (35,9 Prozent zu 40,9 Prozent in K20). Dieser Unterschied ist nicht signifikant.

Nach Sicherheit und Geborgenheit zu streben finden 6,4 Prozent unwichtig, 24,8 weniger wichtig (3,0 und 33,3). Mehr als die Hälfte, 56 Prozent, halten Sicherheit und Geborgenheit für wichtig, 12,8 Prozent für sehr wichtig (49,8 Prozent und 13,9 Prozent in K20). Die Befragten in K21 äußern ein größeres Sicherheitsbedürfnis als die Befragten in K20.

Familie und Kinder zu haben messen 9,4 Prozent keine und 23,7 Prozent weniger Bedeutung zu. Ähnlich wie in K20 erachten zwei Drittel der BesucherInnen des K21 Familie bzw. Kinder zu haben für wichtig und sehr wichtig (33,1 Prozent wichtig, 33,8 Prozent sehr wichtig).

Anerkennung durch andere streben 4,2 Prozent der Befragten gar nicht an. 28 Prozent finden Anerkennung weniger wichtig, mehr als die Hälfte (53,8 Prozent) jedoch wichtig und 14 Prozent der BesucherInnen für sehr wichtig. Das entspricht dem Antwortverhalten in K20.

Die Items „Familie und Kinder" und „Anerkennung durch andere" werden in beiden Museen ähnlich beurteilt. Nur bezüglich attraktivem Äußeren und dem Streben nach Sicherheit und Geborgenheit zeigen sich Unterschiede. Die BesucherInnen des K21 legen mehr Wert auf ein attraktives Äußeres und streben mehr nach Sicherheit. Doch auch diese Unterschiede bestehen nicht in einem Signifikanztest.

Dimension 4: Harmonie

Dimension 4 erklärt acht Prozent der Gesamtvarianz und besteht aus „naturverbundene Lebensweise", „für andere da sein" und „Sparsamkeit". Die naturverbundene Lebensweise bewerteten 1,4 Prozent der Befragten nicht, bei den beiden anderen Items jeweils 0,9 Prozent.

Eine naturverbundene Lebensweise findet mehr als die Hälfte des Publikums von K21 erstrebenswert, aber immerhin fast ein Drittel findet es unwichtig (2,8 Prozent) oder weniger wichtig (29,6 Prozent). 52,1 Prozent halten eine naturverbundene Lebensweise für wichtig, 15,5 Prozent für sehr wichtig. Dieses Verhältnis entspricht in etwa dem in K20.

58,7 Prozent des zeitgenössischen Publikums finden es wichtig, 23,1 Prozent sehr wichtig, für andere da zu sein. Dem stehen 57,6 Prozent und 28,1 Prozent in K20 gegenüber, d.h. die BesucherInnen von K20 legen noch mehr Wert darauf, für andere da zu sein.

Sparsamkeit findet nur bei einer Minderheit der BesucherInnen des K21 Anhänger. Sparsam zu sein finden zusammen mehr als 70 Prozent weniger wichtig bis unwichtig (15,4 Prozent unwichtig, 57,3 Prozent weniger wichtig). Mit 23,8 Prozent (wichtig) und 3,5 Prozent (sehr wichtig) findet nur wenig mehr als ein Viertel der Befragten Sparsamkeit erforderlich. In K20 ist es fast ein Drittel, dem Sparsamkeit wichtig ist, davon 28,4 Prozent wichtig und vier Prozent sehr wichtig.

Bezüglich Sparsamkeit und „für andere da sein" unterscheiden sich die beiden Publika minimal und deshalb nicht signifikant. Die BesucherInnen des K20 finden es wichtiger, für andere da zu sein und sparsam zu sein als die BesucherInnen des K21.

Dimension 5: Führung

Auf Faktor 5 laden „sich politisch, gesellschaftlich einsetzen" und „Führungspositionen übernehmen". 6,8 Prozent der Gesamtvarianz werden durch diesen Faktor erklärt. Die Verweigerungsquote beträgt jeweils 0,5 Prozent.

Sich politisch, gesellschaftlich einzusetzen finden 4,9 Prozent unwichtig und 39,6 Prozent weniger wichtig. 42,4 Prozent dagegen ist es wichtig und 13,2 Prozent sehr wichtig. In K20 ist das Antwortverhalten ähnlich.

Insgesamt findet mehr als die Hälfte, eine Führungsposition inne zu haben, nicht wichtig, davon 14,6 Prozent unwichtig und 39,6 Prozent weniger wichtig. Wenig mehr als ein Drittel findet es wichtig, Führungspositionen anzustreben und 11,8 Prozent der BesucherInnen ist dies sehr wichtig.

Das Publikum des K21 zeigt stärkeres Führungsstreben als das Publikum des K20, wo nur 26,3 Prozent Führungspositionen wichtig und 9,9 Prozent sehr wichtig finden. Dieser Unterschied ist lediglich nach einem Mittelwerttest signifikant.

Dimension 6: Zeit

Auf der sechsten Dimension lädt nur das Item „viel Zeit für persönliche Dinge haben", das alleine 6,6 Prozent der Varianz erklärt. Für mehr als die Hälfte der Befragten ist die Zeit für persönliche Dinge wichtig, und für mehr als ein Drittel (36,1 Prozent) ist sie sehr wichtig. Nur eine Person legt keinen Wert auf persönlichen Freiraum (0,7 Prozent). In K20 fällt das Urteil der Befragten ähnlich aus.

Resümee

Bei den Lebenszielen ergibt sich nach dem Chi-Quadrat-Test und dem Mann-Whitney-U-Test keine signifikante Differenz zwischen den Publika von K20 und K21. Nach dem Mittelwerttest ist das Streben nach Führungspositionen in K21 signifikant stärker ausgeprägt. Nachfolgende Tabelle beinhaltet die wichtigsten Lebensziele in K20 und K21 und die Anteile derer, die sie für „sehr wichtig" erachten.

Tabelle 9: Wichtigste Lebensziele in K20 und K21

sehr wichtig

	K20	K21
Freunde treffen	41,9%	40,6%
unabhängig sein	44,0%	47,2%
sinnvolle und befriedigende Arbeit	60,3%	56,3%
phantasievoll, schöpferisch sein	47,2%	44,1%

Minimale Differenzen in den Lebenszielen zeigen sich bei den Items Führungsstreben, Sparsamkeit, für andere da sein, Sicherheit und Geborgenheit, Freunde, attraktives Aussehen. Den BesucherInnen der zeitgenössischen Kunst sind Führungsstreben, Freunde und Attraktivität wichtiger, den BesucherInnen der Klassischen Moderne dagegen Sparsamkeit und für andere da zu sein.

4.17 Lebensbereiche

Die Lebensbereiche sind bei Annette Spellerberg nicht im Lebensstilfragebogen enthalten sondern im Hauptfragebogen des Wohlfahrtssurveys 1993. Vorgegeben waren elf Lebensbereiche (z.B. Arbeit, Familie, Freizeit), die in ihrer Wichtigkeit für Zufriedenheit und Wohlbefinden beurteilt werden sollten. Das Antwortspektrum ist mit dem der vorhergehenden Frage identisch.

K20

Die Lebensbereiche lassen sich in K20 zu vier Dimensionen zusammenfassen. Die erklärte Gesamtvarianz dieser Lösung beträgt 59,6 Prozent.

Arbeit	soziale und natürliche Umwelt	Wellness	Harmonie
Arbeit (0,796)	Umweltschutz (0,759)	Freizeit (0,771)	Liebe u. Zuneigung (0,813)
Erfolg im Beruf (0,790)	Glaube (0,687)	Gesundheit (0,679)	Familie (0,793)
Einkommen (0,567)	Schutz v. Kriminalität (0,583)		
	polit. Einfluss (0,470)		

Abbildung 14: Faktorenstruktur Lebensbereiche K20

Dimension 1: Arbeit

Auf dieser Dimension laden die berufsbezogenen Variablen Arbeit, Einkommen und Erfolg im Beruf. Diese Dimension zieht 23 Prozent der Gesamtvarianz auf sich. Die

Verweigerungsquoten betragen null Prozent beim Erfolg im Beruf, 0,4 Prozent bei der Arbeit und 1,3 Prozent beim Einkommen.

Nicht einmal ein Zehntel der Befragten findet die Arbeit im Leben unwichtig oder weniger wichtig, davon 0,4 Prozent unwichtig und 8,2 Prozent weniger wichtig. Beinahe die Hälfte meint, dass die Arbeit wichtig ist (47,6 Prozent), fast ebenso viele finden die Arbeit (43,8 Prozent) sehr wichtig.

Das Einkommen ist den Befragten dagegen nicht so wichtig. Bereits 32,9 Prozent betrachten das Einkommen als weniger wichtig, mehr als die Hälfte (54,1 Prozent) als wichtig und nur 11,7 Prozent gestehen dem Einkommen große Wichtigkeit in ihrem Leben zu.

Der Erfolg im Beruf hingegen zeigt ein ähnliches Antwortmuster wie die Arbeit. Nur 0,9 Prozent der BesucherInnen ist der Erfolg im Beruf unwichtig, 15,8 Prozent weniger wichtig. 56 Prozent beurteilen den Berufserfolg als wichtig und 27,4 Prozent sehr wichtig.

Jeweils mehr als 80 Prozent schreiben der Arbeit bzw. dem Erfolg im Beruf große Bedeutung in ihrem Leben zu. Das Einkommen ist nur für zwei Drittel des Publikums bedeutsam.

Dimension 2: soziale und natürliche Umwelt

Auf Dimension 2 laden der „Einfluss auf politische Entscheidungen", „der Glaube", „der Schutz der natürlichen Umwelt" und „der Schutz vor Kriminalität". Erklärt werden durch Faktor 2 15,4 Prozent der Varianz. Die Verweigerungsquoten betragen 0,4 Prozent (Einfluss, Glaube) und 0,8 Prozent.

Der Einfluss auf politische Entscheidungen interessiert mehr als die Hälfte des Publikums nicht. 10,3 Prozent der Befragten ist politische Mitbestimmung unwichtig, 45,5 Prozent weniger wichtig, 37,8 Prozent wichtig und nur 6,4 Prozent sehr wichtig.

Jeweils 29,2 Prozent bezeichnen den Glauben als unwichtig bzw. weniger wichtig in ihrem Leben. Fast einem Viertel der Befragten ist der Glaube wichtig, 17,2 Prozent sehr wichtig.

Der Umweltschutzgedanke ist im Publikum des K20 weit verbreitet. Nur sechs Personen (2,6 Prozent) gestehen dem Umweltschutz keine Wichtigkeit zu. 13,8 Prozent finden Umweltschutz weniger wichtig. Eindeutig mehr als die Hälfte (54,3 Prozent) der BesucherInnen findet den Schutz der natürlichen Umwelt wichtig, 29,3 Prozent sehr wichtig.

Der Schutz vor Kriminalität ist 3,4 Prozent unwichtig, beinahe ein Drittel findet weniger wichtig. 41,8 Prozent halten die persönliche Sicherheit für wichtig, 22 Prozent sogar für sehr wichtig.

Von obenstehenden Bereichen, die die soziale und natürliche Umwelt betreffen, erfährt mit 84 Prozent der Umweltschutz die größte Bedeutung. Mehr als 60 Prozent wünschen sich persönliche Sicherheit und mehr als 44 Prozent wollen an politischen Entscheidungen teilhaben. Mit nur 40 Prozent erfährt der Glaube die geringste Wichtigkeit im Leben der Befragten.

Dimension 3: Wellness

Die Items Freizeit und Gesundheit laden auf dem Faktor 3 und dieser erklärt elf Prozent der Gesamtvarianz. 0,8 Prozent bzw. null Prozent der BesucherInnen verweigerten eine Antwort.

Die Freizeit erfährt ein eindeutiges Votum der BesucherInnen. Mehr als 80 Prozent erachten die Freizeit als wichtig, davon 48,7 Prozent wichtig und 36,2 Prozent sehr wichtig. Nur 2,2 Prozent finden Freizeit unwichtig.

Die höchste Wichtigkeit erfährt die Gesundheit: alleine 56,4 Prozent meinen, dass Gesundheit sehr wichtig ist, dazu 38,5 Prozent, dass Gesundheit wichtig ist. Niemand ist der Ansicht, dass Gesundheit unwichtig ist und nur 5,1 Prozent weniger wichtig.

Auch auf diesem Faktor lädt der Schutz vor Kriminalität (0,462).

Dieser Faktor betrifft das persönliche Wohlbefinden der Befragten. 95 Prozent betonen die Gesundheit, 85 Prozent die Freizeit und 66 Prozent die persönliche Sicherheit.

Dimension 4: Harmonie

Auf Faktor 4, der 10,2 Prozent Varianz erklärt, laden die Items Familie und Liebe und Zuneigung. Die Verweigerungsquote beträgt jeweils 0,4 Prozent.

Die Familie erfährt bei 55,8 Prozent der Befragten höchste Bedeutung, weiteren 32,2 Prozent ist die Familie wichtig. Lediglich drei Personen (1,3 Prozent) sind familiäre Bande unwichtig.

Die höchste Wichtigkeit aller Lebensbereiche erfahren Liebe und Zuneigung. 2,1 Prozent geben an, dass ihnen Liebe und Zuneigung weniger wichtig seien, aber 27,9 Prozent ist Liebe wichtig und gar 70 Prozent gestehen Liebe und Zuneigung höchste Wichtigkeit in ihrem Leben zu.

Liebe und Zuneigung sowie Familie sind zusammen mit der Gesundheit die Items, die den KunstmuseumsbesucherInnen am wichtigsten in ihrem Leben sind.

K21

In K21 ergibt die Faktorenanalyse ebenfalls vier Dimensionen von Lebensbereichen. Die erklärte Gesamtvarianz beträgt 60,8 Prozent.

Arbeit	soziale und natürliche Umwelt	Wellness	Familie
Arbeit (0,740)	polit. Einfluss (0,757)	Freizeit (0,779)	Familie (0,792)
Erfolg im Beruf (0,858)	Schutz v. Kriminalität (0,643)	Gesundheit (0,691)	Liebe und Zuneigung (0,684)
Einkommen (0,538)	Umweltschutz (0,553)		
	Glaube (0,450)		

Abbildung 15: Faktorenstruktur Lebensbereiche K21

Dimension 1: Arbeit

Wie in K20 besteht die Dimension 1 aus den Items Arbeit, Einkommen und Erfolg im Beruf. 21 Prozent der Gesamtvarianz werden durch Faktor 1 erklärt. Die Verweigerungsquoten betragen zwischen 0,9 und 1,4 Prozent.

Die Antwortverteilung ähnelt der in K20, jedoch ist das Publikum in K21 zu einem höheren Anteil der Ansicht, die Arbeit sei unwichtig bzw. weniger wichtig. 0,7 Prozent (0,4 Prozent in K20) ist die Arbeit unwichtig, 11,3 Prozent (8,1 Prozent in K20) weniger wichtig. Demzufolge sind die Anteile derer, die Arbeit wichtig oder sehr wichtig in ihrem Leben finden, geringer: 46,5 Prozent wichtig, 41,5 Prozent sehr wichtig (47,5 Prozent und 44,1 Prozent in K20).

Das Einkommen ist niemandem unwichtig, gut einem Viertel der BesucherInnen ist es zumindest weniger wichtig. Mehr als 70 Prozent geben an, dass ihnen das Einkommen wichtig oder sehr wichtig ist. 18,9 Prozent der BesucherInnen und damit 6,9 Prozent mehr als in K20, ist es sehr wichtig.

Der Anteil derjenigen, denen der Erfolg im Beruf wichtig oder sehr wichtig ist, liegt bei über 80 Prozent, davon 57 Prozent wichtig und 23,9 Prozent sehr wichtig. 1,4 Prozent ist der Erfolg im Beruf unwichtig.

Unterschiede zeigen sich beim Einkommen und beim Erfolg im Beruf. Obwohl die BesucherInnen des K21 ihre Arbeit nicht so wichtig nehmen wie die BesucherInnen des K20, finden sie das Einkommen wichtiger als die BesucherInnen des K20. Übereinstimmend dazu messen die BesucherInnen des K20 dem Erfolg im Beruf höhere Bedeutung bei.

Dimension 2: soziale und natürliche Umwelt

Ebenfalls wie in K20 laden „der Umweltschutz", „der Schutz vor Kriminalität", „der Einfluss auf politische Entscheidungen" und „der Glaube" auf dem zweiten Faktor, der 17,2 Prozent der Varianz auf sich zieht. Keine Angabe machten 0,5 bis 1,8 Prozent der BesucherInnen.

Der Einfluss auf politische Entscheidungen ist 60 Prozent der BesucherInnen unwichtig oder weniger wichtig. (11,3 Prozent unwichtig, 48,9 Prozent weniger wichtig). Nur für 9,2 Prozent ist die politische Beteiligung ein sehr wichtiges Anliegen. In K20 gaben 37,7 Prozent an, dass ihnen der Einfluss auf politische Entscheidungen wichtig ist und 6,4 Prozent, dass er sehr wichtig ist.

Der Schutz der natürlichen Umwelt erfährt in K21 in etwa dieselbe Wichtigkeit wie in K20. 2,1 Prozent finden Umweltschutz unwichtig und 15,3 Prozent weniger wichtig. Etwas mehr als die Hälfte finden Umweltschutz wichtig (51,4 Prozent) und nicht ganz ein Drittel sehr wichtig (31,3 Prozent).

Bezüglich dem Schutz vor Kriminalität sind die BesucherInnen der beiden Museen ebenfalls in etwa derselben Ansicht: nach dem Dafürhalten von 8,5 Prozent Befragten ist die persönliche Sicherheit unwichtig, von 30,3 Prozent weniger wichtig, von 40,1 Prozent wichtig, von 21,1 Prozent sehr wichtig.

Der Glaube ist für 27,3 Prozent der BesucherInnen unwichtig, für 36,4 Prozent weniger wichtig, für 21 Prozent wichtig und für 15,4 Prozent sehr wichtig: fünf Prozent mehr als in K20 meinen, dass der Glaube unwichtig oder weniger wichtig ist. Diese Differenz ist nach keinem Testverfahren signifikant.

Unterschiede zeigen sich bei den Items „Einfluss auf politische Entscheidungen" und Glaube, während die Einstellungen zu Umweltschutz und Schutz vor Kriminalität bei beiden Publika ähnlich ausgeprägt sind. Das Publikum der zeitgenössischen Kunst erweist sich als unwesentlich politischer und ungläubiger.

Dimension 3: Wellness

Auch in K21 laden die Freizeit und die Gesundheit auf demselben Faktor, der 12,3 Prozent der Varianz erklärt. Die fehlenden Angaben machen in beiden Fällen 0,9 Prozent aus.

Die Freizeit ist mehr als 80 Prozent der BesucherInnen wichtig, davon 51 Prozent wichtig und 32,9 Prozent sehr wichtig. Nur 2,8 Prozent geben an, auf Freizeit keinen Wert zu legen. In K20 tendieren mehr Befragte dazu, die Freizeit als sehr wichtig zu betrachten.

Die Gesundheit ist über 90 Prozent der Befragten wichtig, davon 59,4 Prozent sehr wichtig. Immerhin sieben Prozent der BesucherInnen geben an, Gesundheit weniger wichtig zu finden. Nur knapp zwei Prozent mehr in K20 finden Gesundheit wichtig bzw. sehr wichtig. Unterschiede in der Betrachtung von Freizeit und Gesundheit zeigen sich nur in minimalen Ausmaßen.

Dimension 4: Familie

Auf Faktor 4 laden die Familie und Liebe und Zuneigung. Dimension 4 erklärt 10,4 Prozent der Varianz. Die Verweigerungsquoten betragen 0,5 bzw. 0,9 Prozent.

Die Familie finden 5,6 Prozent der BesucherInnen des K21 unwichtig, das ist prozentuell vier mal so viel wie in K20 (beruht aber auf minimalen Personenzahlen), wo nur 1,3 Prozent der BesucherInnen keinen Wert auf Familienleben legen. Circa ein Prozent beträgt die Abweichung nach unten bei wichtig und sehr wichtig: 30,6 Prozent wichtig, 54,2 Prozent sehr wichtig.

Wie in K20 gibt es auch in K21 niemanden, dem Liebe und Zuneigung unwichtig wären. Ebenfalls nur 2,1 Prozent finden Liebe und Zuneigung weniger wichtig, in etwa wie in K20 finden 30,1 Prozent Liebe wichtig, 67,8 Prozent sehr wichtig.

Auf diesem Faktor lädt mit 0,430 auch noch der Glaube, für den ich das Antwortmuster bereits oben dargestellt habe.

Der Glaube lädt in K21 auf zwei Faktoren, und zwar am schwächsten von allen Items und damit auch schwächer als in K20. Dies lässt darauf schließen, dass der Glaube in K21 weniger Bedeutung erfährt als in K20.

Resümee

Wie an den Abbildungen zur Faktorenstruktur ersichtlich, gibt es zwischen den BesucherInnen der beiden Museen kaum Unterschiede in der Beurteilung der Lebensbereiche. Die Items laden auf denselben Faktoren, Signifikanztests ergeben keine überzufälligen Unterschiede zwischen den Publika.

Die Frage nach den Lebensbereichen ist die einzige Fragestellung, die in beiden Museen die gleiche Faktorenstruktur ergibt.

In Annette Spellerbergs Untersuchung fand diese Fragestellung, die kaum zu differenzieren vermag, nicht im Lebensstilfragebogen, sondern im Hauptfragebogen des Wohlfahrtssurveys

Platz. Angelehnt an Spellerbergs Lebensstiluntersuchung werde ich diese Variable nicht in den Clusteranalysen berücksichtigen.

4.18 Verhaltensweisen

K20

In K20 ergeben sich für die Verhaltensweisen fünf Dimensionen. Diese Lösung erklärt 61,3 Prozent der Gesamtvarianz.

Integration	Lebensgenuss	Arbeit	Anpassung	Individualismus
gleichmäßig (0,682)	genussvoll (0,772)	gehe in Arbeit auf (0,857)	bescheiden (0,815)	unkonventionell (0,860)
für Familie (0,673)	freizeitaktiv (0,693)	arbeite viel (0,807)	umweltbewusst (0,408)	individualistisch (0,423)
religiös (0,664)	individualistisch (0,461)			
hilfsbereit (0,486)				

Abbildung 16: Faktorenstruktur Verhaltensweisen K20

Dimension 1: Integration

Zur ersten Dimension, die 17,6 Prozent der Gesamtvarianz auf sich vereint, zählen die Items „umweltbewusstes Verhalten", „Leben für die Familie", „Leben nach religiösen Prinzipien", „Leben in gleichmäßigen Bahnen" und „Einsatz für Hilfsbedürftige". Die Verweigerungsquoten betragen zwischen 0,8 und 1,7 Prozent.

Besonders umweltbewusstes Verhalten trifft nur auf 7,8 Prozent des Publikums von K20 zu. 55,8 Prozent geben an, sich eher umweltbewusst zu verhalten, aber fast ein Drittel gibt auch zu, dass umweltbewusstes Verhalten eher nicht auf sie zutrifft. 4,3 Prozent der Befragten verhalten sich überhaupt nicht umweltbewusst.

Mehr als die Hälfte der BesucherInnen leben überhaupt nicht oder eher nicht für die Familie. Nur 9,1 Prozent der BesucherInnen sind voll und ganz auf die Familie ausgerichtet.

Eindeutig ist das Antwortverhalten auf die Frage nach religiösen Prinzipien: 47 Prozent geben an, überhaupt nicht nach religiösen Prinzipien zu leben und nur auf 6,5 Prozent trifft ein Leben nach religiösen Prinzipien voll und ganz zu. 31,5 Prozent geben an, dass dies eher nicht auf sie zutrifft, womit insgesamt knapp 80 Prozent des Publikums von K20 ihr Leben nicht nach religiösen Prinzipien ausrichten.

Ein Leben in gleichmäßigen Bahnen führt mehr als die Hälfte des Publikums von K20. Auf 45,2 Prozent trifft dies eher zu und auf sieben Prozent trifft dies voll und ganz zu. Auf 35,2 Prozent trifft es eher nicht zu.

67 Prozent geben an, sich eher weniger oder gar nicht für Hilfsbedürftige einzusetzen, wobei 51,3 Prozent „eher nicht" sind. Nur auf 26,5 Prozent trifft der Einsatz für Hilfsbedürftige eher und auf 6,5 Prozent voll und ganz zu.

Die gering ausgeprägte Hilfsbereitschaft geht einher mit dem geringen sozialen und politischen Einsatz, womit sich andeutet, dass die KunstmuseumsbesucherInnen sich weniger für Andere engagieren, als sich um die Gestaltung des eigenen Lebens zu kümmern.

Dimension 2: Lebensgenuss

Die zweite Dimension, die sich mit „Lebensgenuss" umschreiben lässt, umfasst die Verhaltensweisen „ich bin in der Freizeit besonders aktiv", „ich genieße das Leben in vollen Zügen" und „ich gestalte mein Leben in erster Linie nach eigenen Bedürfnissen". Dimension 2 erklärt 15,9 Prozent der Gesamtvarianz. In 0,8 bis 1,3 Prozent der Fälle fehlten Angaben.

Mehrheitlich ist das Publikum des K20 in seiner Freizeit sehr aktiv. Auf fast ein Fünftel trifft die besonders aktive Freizeit voll und ganz zu, auf 46,3 Prozent eher. Nur 5,6 Prozent der BesucherInnen sehen sich nicht als besonders freizeitaktiv.

Noch eindeutiger ist die Zustimmung zum Item „ich genieße das Leben in vollen Zügen": nur auf 4,4 Prozent der Befragten trifft dies überhaupt nicht zu, auf 27,9 Prozent trifft es eher nicht zu, auf 47,6 Prozent trifft es eher zu, auf 20,9 Prozent trifft dies voll und ganz zu. Mit einer Gesamtzustimmung von ca. 70 Prozent lassen sich die BesucherInnen von K20 durchaus als Hedonisten bezeichnen.

Die meiste Zustimmung erfährt die Aussage „ich gestalte mein Leben nach eigenen Bedürfnissen": nur 0,9 Prozent können das nicht von sich behaupten, auf 25,9 Prozent trifft es eher nicht zu. Aber beinahe die Hälfte (49,1 Prozent) gibt an, dass dies eher auf sie zutrifft und auf fast ein Viertel (24,1 Prozent) trifft die „egoistische" Gestaltung des eigenen Lebens voll und ganz zu.

Das Publikum von K20 zeichnet sich durch eine individualistische, hedonistische Lebensweise aus und zählt Hilfsbereitschaft und Leben für die Familie nicht zu den ausgesprochenen Prioritäten des Lebens.

Dimension 3: Arbeit

Dimension 3 ist die „Arbeitsdimension", auf die 11,5 Prozent der Gesamtvarianz entfallen. „Ich arbeite überdurchschnittlich viel" und „ich gehe in meiner Arbeit auf" riefen jeweils 1,7 Prozent fehlende Angaben hervor.

„Ich arbeite überdurchschnittlich viel" behaupten 17,4 Prozent der BesucherInnen, auf 42,6 Prozent trifft es eher zu. Sieben Prozent können dies nicht von sich behaupten und knapp ein Drittel gibt an, dass dies eher nicht auf sie zutrifft.

„Ich gehe in meiner Arbeit auf" behaupten 24,3 Prozent, auf 43,5 Prozent trifft das eher zu. 6,1 Prozent können das nicht von sich sagen und auf 26,1 Prozent trifft dies eher nicht zu.

Jeweils etwa 60 Prozent des Publikums räumen in der Zustimmung zu diesen Aussagen der Arbeit einen großen Stellenwert in ihrem Leben ein.

Dimension 4: Anpassung

Dieser Faktor konstituiert sich aus den Items „bescheidenes Leben" und „umweltbewusstes Verhalten" und erklärt 8,3 Prozent der Varianz. Da das umweltbewusste Verhalten auch auf Faktor 1 lädt, werde ich das Antwortverhalten nicht näher ausführen. Das Item „ich führe ein einfaches, bescheidenes Leben" hat die relativ hohe Verweigerungsquote von 3,4 Prozent.

„Ich führe ein einfaches, bescheidenes Leben" trifft auf 8,4 Prozent der BesucherInnen überhaupt nicht zu, auf 45,1 Prozent eher nicht zu. 35 Prozent geben an, dass eine einfache Lebensführung eher auf sie zutrifft und nur 11,5 Prozent bezeichnen ihr Leben als einfach und bescheiden. Das Publikum teilt sich bei dieser Frage in zwei Hälften, nur wenig mehr bezeichnen ihr Leben nicht als bescheiden.

Das Item „gehobener Lebensstandard" lädt auf diesem Faktor negativ. (-0,757)

Dimension 5: Individualismus

Auf diesem Faktor lädt neben „ich kümmere mich nicht um gesellschaftliche Normen und Zwänge" auch das Item „ich gestalte mein Leben in erster Linie nach eigenen Bedürfnissen", das auch auf Faktor 2 lädt und das ich deshalb hier an dieser Stelle nicht mehr näher ausführe. Faktor 5 erklärt acht Prozent der Gesamtvarianz.

Bei der Frage nach den gesellschaftlichen Normen und Zwängen teilt sich das Publikum von K20 in zwei Hälften: bei 11,6 Prozent trifft dies überhaupt nicht zu und bei 38,6 Prozent trifft es eher nicht zu. Auf der anderen Seite trifft es bei 39,5 Prozent eher zu und bei 10,3 Prozent voll und ganz zu.

Mit etwa 75- und 50-prozentiger Zustimmung präsentieren sich die BesucherInnen des K20 als ausgesprochen individualistisch.

K21

Die Faktorenanalyse ergibt für K21 sechs Dimensionen, und damit eine mehr als in K20. Dadurch erhöht sich auch der Teil der erklärten Gesamtvarianz auf 70,8 Prozent (K20 61,3 Prozent).

Anpassung	Ordnung	Lebensgenuss	Arbeit	Integration	aktive Freizeit
bescheiden (0,882)	gleichmäßig (0,643)	genussvoll (0,844)	arbeite viel (0,867)	religiös (0,850)	freizeitaktiv (0,846)
umweltbewusst (0,541)	für Familie (0,584)	individualistisch (0,706)	gehe in Arbeit auf (0,852)	hilfsbereit (0,786)	
	hoher Lebensstandard (0,426)				

Abbildung 17: Faktorenstruktur Verhaltensweisen K21

Dimension 1: Anpassung

Dimension 1 umfasst in K20 mehr Items. In K21 laden nur die Items „ich führe ein einfaches, bescheidenes Leben" und „ich verhalte mich besonders umweltbewusst" auf diesem Faktor. Erklärt werden 17,2 Prozent der Varianz. Angaben wurde in 0,5 bzw. 1,4 Prozent der Fälle verweigert.

Ein einfaches und bescheidenes Leben führt mehr als die Hälfte des Publikums von K21 nicht: bei 12,5 Prozent der Befragten trifft es überhaupt nicht zu, bei 43,1 Prozent eher nicht. Dementsprechend trifft es nur bei 37,5 Prozent eher zu und bei 6,9 Prozent voll und ganz zu. In K20 gaben 12,2 Prozent an, dass sie ein einfaches und bescheidenes Leben führen und 34,9 Prozent, dass ein bescheidenes Leben eher auf sie zutrifft. Die BesucherInnen des K20 führen also nach ihren eigenen Angaben ein bescheideneres Leben als die BesucherInnen des K21 nach ihren eigenen Angaben.

In K21 ist ein höherer Anteil an BesucherInnen, nämlich 11,1 Prozent (K20 7,7 Prozent) voll und ganz auf umweltfreundliches Verhalten eingestellt. Nur auf 4,2 Prozent der BesucherInnen trifft umweltbewusstes Verhalten überhaupt nicht zu und wie in K20 bezeichnet sich ein Drittel eher nicht als umweltbewusst. Die BesucherInnen des K21 haben ein minimal höheres Umweltbewusstsein; diese Differenz ist nach keinem Testverfahren signifikant.

Auf diesem Faktor lädt das Item „ich kümmere mich nicht um gesellschaftliche Normen und Zwänge" negativ (-0,631).

Mehr als die Hälfte der Befragten in K21 führt nach eigener Einschätzung kein einfaches Leben. Trotz der nicht bescheidenen Lebensweise achten zwei Drittel des Publikums auf den Schutz der natürlichen Umwelt.

Dimension 2: Ordnung

Die zweite Dimension konstituiert sich aus den Items „ich lebe ganz für meine Familie" und „ich führe ein Leben in gleichmäßigen Bahnen". Ebenfalls, aber schwächer, lädt „ich pflege einen gehobenen Lebensstandard" auf diesem Faktor. Faktor 2 erklärt 13,9 Prozent der Gesamtvarianz. Die Antwortverweigerungen betragen 0,5 bzw. 1,4 Prozent.

Mehr als die Hälfte des Publikums von K21 lebt eher nicht oder überhaupt nicht für die Familie. Nur 9,9 Prozent geben an, voll und ganz für die Familie zu leben (K20 9,4 Prozent), wobei jeweils ca. 35 Prozent angeben, eher bzw. eher nicht für die Familie zu leben. Bei diesem Item zeigt sich dasselbe Antwortverhalten wie in K20.

Wiederum mehr als die Hälfte führt nach eigenen Angaben kein Leben in gleichmäßigen Bahnen, wobei 12,5 Prozent angekreuzt haben, dass es überhaupt nicht zutrifft. Auf 36,1 Prozent trifft ein Leben in gleichmäßigen Bahnen eher zu und auf nur 9,7 Prozent trifft dies völlig zu. In K20 haben 45,1 Prozent der Befragten angegeben, eher oder voll und ganz ein Leben in gleichmäßigen Bahnen zu führen. Der Unterschied zwischen K20 und K21 beträgt 6,4 Prozent, ist aber nicht signifikant.

„Ich pflege einen gehobenen Lebensstandard" lädt hier nur schwach und auf anderen Faktoren noch weniger. Zehn Prozent des Publikums pflegen einen gehobenen Lebensstandard, auf 7,4 Prozent trifft dies gar nicht zu und auf jeweils um die 40 Prozent trifft ein gehobener Lebensstandard eher bzw. eher nicht zu.

Die BesucherInnen der zeitgenössischen Kunst beschreiben ihr eigenes Leben als weniger gleichmäßig als die BesucherInnen der Klassischen Moderne. Die Familienorientierung jedoch ist in beiden Publika ähnlich, wobei sich die BesucherInnen des K21, wie unter 4.13 festgestellt, mehr mit Familie und Kindern beschäftigen.

Dimension 3: Lebensgenuss

Auf Faktor 3 laden „ich genieße mein Leben in vollen Zügen" und „ich gestalte mein Leben in erster Linie nach eigenen Bedürfnissen". Auf diese Dimension entfallen 11,7 Prozent der Varianz. Keine Angaben erhielt ich in 0,9 bzw. 1,4 Prozent der Fälle.

57 Prozent der K21-BesucherInnen geben an, ihr Leben eher in vollen Zügen zu genießen. Auf 16,9 Prozent trifft dies voll und ganz zu. Auf ein Viertel trifft dies eher nicht zu. In K20 trifft es auf 20,3 bzw. 47 Prozent der BesucherInnen zu. In K20 trifft das genussvolle Leben in 33 Prozent der Fälle eher oder gar nicht zu, in K21 nur in 26 Prozent der Fälle. Die BesucherInnen des K21 führen ein nach eigenen Angaben ein genussvolleres Leben als die BesucherInnen des K20, diese Differenz ist aber nicht signifikant.

Ein noch höherer Anteil gestaltet sein Leben in erster Linie nach eigenen Bedürfnissen. Auf 58 Prozent trifft dies eher zu, 22,4 Prozent können sich mit dieser Aussage voll und ganz identifizieren. Nur drei BesucherInnen gaben an, dass dies auf sie überhaupt nicht zutrifft. In K20 trifft die Gestaltung des Lebens nach eigenen Bedürfnissen nur 48,5 Prozent eher zu und auf 24,3 Prozent ganz. In K20 trifft die Lebensgestaltung nach eigenen Bedürfnissen also nicht mal auf die Hälfte der BesucherInnen zu, in K21 dagegen auf mehr als die Hälfte des Publikums. Auch wenn diese Differenz nicht signifikant ist, so lässt sich doch die Tendenz zu egoistischerer Lebensgestaltung beim Publikum von K21 erkennen.

Nach Analyse des Antwortverhaltens auf die Items „ich genieße mein Leben in vollen Zügen" und „ich gestalte mein Leben in erster Linie nach eigenen Bedürfnissen" lässt sich schlussfolgern, dass das Publikum des Museums für zeitgenössische Kunst ein tendenziell genussvolleres und auch egoistischeres Leben führt.

Dimension 4: Arbeit

Wie in K20 ergeben „ich arbeite überdurchschnittlich viel" und „ich gehe in meiner Arbeit auf" eine Dimension, durch die 11,2 Prozent der Gesamtvarianz erklärt werden. Die fehlenden Angaben machen 1,4 Prozent bzw. 2,3 Prozent der Fälle aus.

Auf knapp zehn Prozent trifft überdurchschnittlich viel zu arbeiten überhaupt nicht zu, auf fast 30 Prozent trifft es eher nicht zu. Zusammen mehr als die Hälfte identifizieren sich eher oder voll und ganz mit diesem Verhalten (40,8 Prozent trifft eher zu, 19,7 Prozent trifft voll und ganz zu.). Dasselbe Antwortverhältnis zeigt sich in K20.

„Ich gehe in meiner Arbeit auf" trifft auf 5,7 Prozent überhaupt nicht zu und auf 23,6 Prozent eher nicht zu. Fast die Hälfte (48,6 Prozent) gibt an, sich in diesem Verhalten eher wieder zu erkennen und auf 22,1 Prozent trifft dies voll und ganz zu. Dasselbe Verhältnis zeigt sich in K20.

Bezüglich ihrer Verhaltensweisen im Beruf unterscheiden sich die Publika nicht.

Dimension 5: Integration

Dimension 5 besteht aus den Items „ich lebe nach religiösen Prinzipien" und „ich setze mich aktiv ein für Hilfsbedürftige". Auf diese Dimension entfallen 8,9 Prozent der Varianz. Die Verweigerungsquoten betragen 0,5 bzw. 0,9 Prozent.

Das Publikum des K21 lebt mehrheitlich nicht nach religiösen Prinzipien. Auf 47,2 Prozent der Befragten trifft dies gar nicht zu. Auf 31,9 Prozent eher nicht, was zusammen fast 80 Prozent sind. Nur auf 16,7 Prozent trifft dies eher zu und nur auf 4,2 Prozent trifft es voll und ganz zu. Bei diesem Item zeigt sich lediglich ein Unterschied von einem Prozent.

Aktiven Einsatz für Hilfsbedürftige leisten 5,6 Prozent; 28 Prozent geben an, dass das eher auf sie zutrifft, aber beinahe die Hälfte (46,9 Prozent) kann sich eher nicht mit diesem Verhalten identifizieren, während sich fast ein Fünftel in diesem Verhalten gar nicht wieder erkennt. Bezüglich des Einsatzes für Hilfsbedürftige unterscheiden sich die Publika ebenfalls nicht.

Die beiden Publika unterscheiden sich nicht in der Religiosität ihrer Lebensgestaltung und auch nicht in ihrer Hilfsbereitschaft.

Dimension 6: aktive Freizeit

Auf dem sechsten Faktor lädt alleine „ich bin in der Freizeit besonders aktiv". Dieses Item erklärt acht Prozent der Varianz. Mehr als 70 Prozent der BesucherInnen sehen diese Selbstbeschreibung zutreffend. Bei 22 Prozent trifft diese Aussage voll und ganz zu, bei 4,3 Prozent überhaupt nicht. In K20 erkennen sich nur 65,4 Prozent (46,2 und 19,2 Prozent) in dieser Selbstbeschreibung wieder.

Die BesucherInnen des K21 sind also minimal freizeitaktiver als die BesucherInnen des K20.

Resümee

Die Publika von K20 und K21 unterscheiden sich in ihren Verhaltensweisen nur minimal. Keines der Testverfahren ergibt signifikante Unterschiede. Die BesucherInnen des K21 beschreiben ihr Leben als weniger gleichmäßig, sind freizeitaktiver und genussvoller. Auch in punkto Umweltbewusstsein gibt es einen minimalen Unterschied zwischen den beiden Publika: die BesucherInnen des K21 sind laut Selbsteinschätzung umweltbewusster. Jedoch ist zu erwähnen, dass sie laut Selbsteinschätzung auch weniger bescheiden sind, was durchaus auf das Antwortverhalten in der Zuschreibung positiver Verhaltensweisen einen Einfluss haben könnte. Da jedoch diese Differenzen noch im Bereich des Zufalls liegen, habe ich sie nicht auf Korrelation untersucht.

Fazit

Anhand der Analyse der soziodemographischen Angaben und der einzelnen Lebensstilvariablen zeigen sich kaum Unterschiede zwischen dem Publikum der Klassischen Moderne und dem Publikum der zeitgenössischen Kunst.

Weder ist das Interesse an diesen unterschiedlichen Kunstrichtungen geschlechtsspezifisch, noch lassen sich signifikante Alters- oder Bildungsunterschiede feststellen.

Der Altersunterschied zwischen den beiden Publika besteht aus einem unterschiedlichen Altersschwerpunkt: in K20 stellen die Twens den höchsten Anteil am Publikum, in K21 sind es die 30-39-Jährigen. Die Vermutung, dass das Publikum zeitgenössischer Kunst jünger ist als das Publikum der Klassischen Moderne, muss verworfen werden.

Vielmehr ist das Publikum der zeitgenössischen Kunst älter, was sich nicht nur am Altersschwerpunkt zeigt, sondern auch an den höheren Anteilen 50-59-Jähriger und über 60-Jähriger. Doch diese Altersdifferenz lässt sich mit Bourdieu erklären: avantgardistische Kunst erschließt sich nur denjenigen RezipientInnen, die sich durch häufige Beschäftigung mit Kunst ein Sachverständnis erworben haben. Dieses kulturelle Kapital lässt sich nur durch Investition von Zeit und Geld, d.h. unter anderem durch Umwandlung ökonomischen Kapitals, erwerben. Naturgemäß hatten die über 50-Jährigen schon mehr Zeit, sich mit Kunst auseinander zu setzen und damit kulturelles Kapital zu erwerben, als die unter 30-Jährigen. So lässt sich erklären, warum in K21 kein/e Besucher/In unter 20 Jahren und nur wenige unter 30 Jahren anzutreffen waren.

An den Bildungsabschlüssen lässt sich dieser Unterschied an angehäuftem kulturellem Kapital nicht ablesen. Weder gibt es in K21 einen höheren Akademikeranteil, noch sind mehr Personen mit einem kunstbezogenen Studium vertreten.

Das größere Verständnis gegenüber zeitgenössischer Kunst, das sich in Frage 5 offenbarte, beruht also nicht auf institutioneller Vermittlung, sondern rein auf privat durch wiederholte Beschäftigung mit Kunst erworbener Kunstkompetenz.

Bezüglich der lebensstilspezifischen Variablen zeigen sich kaum unterschiedliche Hobbys oder kulturelle Präferenzen.

Auffallend ist lediglich, dass die BesucherInnen von K20 häufiger lesen als die BesucherInnen von K21, die dagegen mehr fernsehen. Auch sind die BesucherInnen des K21 häufiger in Kneipen und Restaurants anzutreffen; ihre Freizeitgestaltung ist also aktiver und außenorientierter als die Freizeitgestaltung der BesucherInnen der Klassischen Moderne.

Unterschiede zeigen sich noch in der Beurteilung von Jazz/Blues: Jazz/Blues lädt in K20 auf einem eigenen Faktor, in K21 dagegen zählt Jazz zu den hochkulturellen Musikstilen ohne eigenständige Bedeutung. Die hochkulturellen Musikstile erfahren in K21 minimal weniger Zustimmung. Und das, obwohl das Publikum des K20 jünger ist als das Publikum von K21.

Einige der minimalen, noch im Bereich des Zufalls liegenden Differenzen lassen sich durchaus mit dem Altersunterschied erklären. So beschäftigen sich die BesucherInnen des K21 häufiger mit Familie und Kindern, was damit zusammenhängen dürfte, dass ein großer Anteil des Publikums von K20 unter 30 Jahre alt ist und noch keine Familie gegründet haben dürfte. Andere minimale Unterschiede, wie die häufigere Beschäftigung mit dem PC oder der höhere Anteil aktiver Sportler in K21, lassen sich nicht auf die Altersdifferenz zurückführen.

Für die Clusteranalyse lässt dies erwarten, dass sich aufgrund geringer Unterschiede im Freizeitverhalten, in den Interessen, Einstellungen, Werten und Verhaltensweisen keine verschiedenen Cluster ermitteln lassen.

Das Ergebnis dieses Vergleichs von Kunstmuseumspublika beruht auf relativ kleinen Stichproben von 234 bzw. 145 BesucherInnen der Klassischen Moderne und zeitgenössischer Kunst. Auch wenn dieses Ergebnis eines Vergleichs zweier Museen derselben Institution nicht grundsätzlich auf *die* Publika der Klassischen Moderne und der zeitgenössischen Kunst übertragen werden kann, untermauert es doch die Studie von Christian Tarnai und Ulf Wuggenig, die weder innerhalb des Kunstpublikums einer Stadt noch zwischen den Kunstpublika zweier Städte gravierende Lebensstilunterschiede festmachen konnten.

Das folgende Kapitel, das die Lebensstilanalyse anhand einer Clusteranalyse abbildet, wird Aufschluss geben über *den* oder die Lebensstil/e der KunstmuseumsbesucherInnen.

5 Lebensstile der BesucherInnen in Kunstmuseen

Ziel vorliegender Besucherstudie an den Kunstmuseen K20 und K21 war, die Lebensstile derer, die an dieser hochkulturellen Praxis partizipieren, zu identifizieren und gleichzeitig festzustellen, ob die Avantgarde die Publika beider Museen differenziert und wenn ja, aufgrund welcher Lebensstilmerkmale.

Ausgehend von Annette Spellerbergs Lebensstiltypologie, in der die Lebensstile anhand von kulturellen Geschmacksmustern angeordnet und drei Lebensstile [in Westdeutschland] der Vorliebe für etablierte Kulturgüter zugerechnet werden[218], erwartete ich vor Beginn der Auswertung unter den BesucherInnen der beiden Kunstmuseen K20 und K21 maximal drei Lebensstile.

An der Auswertung der einzelnen Variablen nach Häufigkeiten und Signifikanzen in Kapitel 4 ist bereits zu sehen, dass die Publika der Museen in sich nicht auffällig heterogen sind und auch dass zwischen den Publika keine großen Differenzen bestehen. Es lässt sich also aufgrund dieser Signifikanztests und aufgrund Annette Spellerbergs Untersuchungsergebnis von nur drei Lebensstilen im Hochkulturschema vermuten, dass sich das Kunstmuseumspublikum, wenn überhaupt, in maximal drei Lebensstile differenziert. Die bereits dargelegten Zahlen weisen jedoch darauf hin, dass die Differenzen zwischen den KunstmuseumsbesucherInnen nicht groß genug sind, um mittels Clusteranalyse zwei Lebensstile zu identifizieren.

Auch die Tatsache, dass die BesucherInnen der zeitgenössischen Kunst zu 87 Prozent bereits K20 besucht haben oder einen Besuch planten und die BesucherInnen von K20 zu 80 Prozent ebenfalls an K21 interessiert sind, lässt darauf schließen, dass es Überschneidungen im Lebensstil der beiden Publika der Klassischen Moderne und der zeitgenössischen Kunst gibt.

Clusteranalysen werden häufig nur mit signifikanten Items gerechnet. Aufgrund des knappen Zahlenmaterials und nur weniger signifikanter Items wurde die Clusteranalyse über alle 71 Lebensstilitems gerechnet. Variable 11 (Lebensbereiche) wurde von der Clusteranalyse ausgeschlossen. Die soziodemographischen Merkmale wurden ebenfalls nicht mit in die Clusteranalysen einbezogen, sondern mit den Clusterlösungen kreuztabuliert.

Die Lebensstilanalyse wurde mittels der Clusterzentrenanalyse in SPSS durchgeführt. Bei der Clusterzentrenanalyse verlangt SPSS, dass die Zahl zu berechnender Cluster vorgegeben

---

[218] Vgl. Spellerberg, Annette (1996) S. 122-123.

wird; aufgrund meiner Hypothese, dass maximal drei Lebensstiltypen an den beiden Kunstmuseen vertreten sind, rechnete ich Clusteranalysen mit zwei, drei und vier vorgegebenen Clustern und interpretierte diese inhaltlich.

Dabei habe ich verschiedene Codierungsvarianten verwendet: mit binär codierten Variablen, die jede Abstufung des Antwortspektrums einbeziehen, mit dichotomisierten Variablen in 1-3- (bzw. bei den fünfstufigen Antwortskalen 2-3) und 2-2-Dichotomisierung. Bei der 2-2-Dichotomisierung geht soviel an Information verloren, dass sich keine zwei Cluster mehr identifizieren lassen. Die anschaulichste Lösung ergibt eine 1-3-Dichotomisierung, wobei bei dieser Art der Codierung die Unterschiede zwischen „manchmal" und „nie" oder „trifft eher zu" und „trifft überhaupt nicht zu" nivelliert werden, weshalb ich zur Interpretation der Lebensstile ebenfalls die Clusteranalyse mit den einzeln binär codierten Variablen herangezogen habe. Diese Clusterlösung liefert die meiste Information. Bei der Clusteranalyse mit den einzeln binär codierten Variablen hat sich zudem herausgestellt, dass die mittleren Antwortkategorien „manchmal", „selten" oder „eher unwichtig" kaum mit den Clustern korrelieren und vor allem die extremen Antworten zur Charakterisierung der Cluster beitragen.

Grundlage folgender Ausführungen ist für beide Museen jeweils eine Clusteranalyse mit 1-3-dichotomisierten Variablen und zwei vorgegebenen Clustern. Da sich innerhalb und zwischen den Publika viele Überschneidungen ergeben, ist die Lösung mit lediglich zwei Clustern am plausibelsten. Dabei zeigt sich zwischen den Clustern vor allem eine Differenzierung anhand von Lebenszielen.

Welche Merkmale sind nun konstitutiv für den oder die Lebensstil/e der KunstmuseumsbesucherInnen? Wie lassen sich der Lebensstil von BesucherInnen der Klassischen Moderne und der Lebensstil von BesucherInnen zeitgenössischer Kunst beschreiben? Sind in den beiden Museumstypen unterschiedliche Lebensstile anzutreffen oder gibt es Überschneidungen zwischen den Publika von K20 und K21?

5.1 Lebensstile der BesucherInnen der Klassischen Moderne, K20

Die Clusteranalyse ermittelt keine unterschiedlichen Lebensstile innerhalb des Publikums der Klassischen Moderne.

Die 234 KunstinteressentInnen lassen sich mittels Clusteranalyse nicht zu unterschiedlichen Lebensstilen zuordnen. Bei den Lösungen mit zwei, drei und vier Clustern zeigt sich, dass zwischen den Clustern viele Überschneidungen bestehen. Allein bei der Lösung mit einzeln binär codierten Variablen mit zwei vorgegebenen Clustern zeigen sich minimale Unterschiede. Generell sind die meisten „Unterschiede" nur zwischen „sehr wichtig" und „wichtig".

Dabei geht Cluster 1 in Freizeitaktivitäten, Musik- und Literaturpräferenzen in Cluster 2 auf, Cluster 2 ist lediglich interessierter und bevorzugt mehrere Musikstile und Literaturgenres.

Der Hauptunterschied zu Cluster 1 besteht in den Lebenszielen der Befragten: während in Cluster 1 nur eine sinnvolle und befriedigende Arbeit als Lebensziel genannt wird, sind dies in Cluster 2 auch Abwechslung, Unabhängigkeit und Kreativität.

163 BesucherInnen des K20 konstituieren Cluster 1; in Cluster 2 befinden sich 71 BesucherInnen. Das bedeutet, dass eine Minderheit von 30 Prozent des Publikums der Klassischen Moderne sich durch mehr Interessen und moderne Lebensziele von der Mehrheit abhebt. Im Einzelnen lassen sich die Cluster folgendermaßen charakterisieren (die differenzierenden Variablen sind kursiv gesetzt).

Cluster 1: kulturelle Interessen (163 BesucherInnen)
- Freizeitaktivitäten: Freunde/Verwandte treffen; Bücher lesen; Musik hören
- Musikgeschmack: Klassische Musik
- Literaturpräferenzen: Sach- und Fachbücher
- Lebensziele: Sinnvolle und befriedigende Arbeit

Cluster 2: kulturelle Interessen + Hedonismus + Individualismus (71 BesucherInnen)
- Freizeitaktivitäten: Freunde/Verwandte treffen; Bücher lesen; Musik hören
- Musik: Klassische Musik; *Jazz/Blues; Rockmusik*
- Literatur: *moderne Literatur; klassische Literatur;* Sach- und Fachbücher
- Lebensziele: *viel mit Freunden zusammen sein; aufregendes, abwechslungsreiches Leben; Urlaub machen/reisen; für andere da sein; unabhängig sein; viel Zeit für*

persönliche Dinge haben; phantasievoll, schöpferisch sein; sinnvolle und befriedigende Arbeit

- Verhaltensweisen: *genieße das Leben in vollen Zügen; Leben nach religiösen Prinzipien trifft gar nicht zu*

Damit lässt sich zusammenfassen, dass Cluster 1 eher passiv, bewahrend und innengerichtet ist und Cluster 2 zusätzlich zu den innengerichteten Aktivitäten und Interessen auch außengerichtete, aktive und bewegende Lebensziele und –weisen pflegt.

In Cluster 2 finden sich im Gegensatz zu Cluster 1 ausgeprägte Hedonisten, die „moderne Lebensziele wie Kreativität, Hedonismus und außerhäusliche Freizeitgestaltung"[219] anstreben. Die BesucherInnen der Klassischen Moderne interessieren sich mehrheitlich für klassische Musik, Sach- und Fachbücher und neben dem Lesen von Büchern und Musik hören gehören Treffen mit Freunden zu ihrer Freizeitgestaltung. Etwa 30 Prozent der BesucherInnen interessieren sich neben Klassischer Musik auch für Jazz/Blues und Rockmusik und lesen neben den Sach- und Fachbüchern auch moderne und klassische Literatur.

Die größten Unterschiede innerhalb des Publikums des K20 zeigen sich anhand der Lebensziele. Die Mehrheit zeichnet sich durch den Wunsch nach sinnvoller und befriedigender Arbeit aus, die Minderheit der BesucherInnen äußert hedonistische und individualistische Lebensziele wie „Urlaub machen", „viel Zeit für persönliche Dinge haben" und Kreativität. Diese Minderheit beschreibt ihr Leben als äußerst genussvoll, und, anders als bei Cluster 1, trifft eine Gestaltung des Lebens nach religiösen Prinzipien gar nicht zu.

Um die Clusterangehörigen anhand ihrer soziodemographischen Merkmale zu beschreiben, habe ich die beiden Cluster mit Alter, Geschlecht, Bildung und Beruf kreuztabuliert.

Auffallend ist, dass 49,3 Prozent der BesucherInnen in Cluster 2 unter 30 Jahre alt sind; in Cluster 1 sind dies nur 23,3 Prozent. Dieser Altersunterschied ist signifikant. Die hedonistischen und individualistischen Lebensstile sind somit auf die jungen BesucherInnen unter 30 zurück zu führen.

Die Geschlechterproportion ist mit 52,1 Prozent und 45,4 Prozent männlichen Besuchern in beiden Clustern nicht signifikant unterschiedlich.

---

[219] Spellerberg, Annette (1996) S. 121.

In Cluster 2 sind 78,6 Prozent, in Cluster 1 72,8 Prozent der BesucherInnen Akademiker. Auch diese Differenz ist nicht signifikant.

Auffällig groß ist der Unterschied zwischen den Clustern in ihrem StudentInnenanteil: Cluster 2 hat 29,6 Prozent StudentInnen, Cluster 1 nur 13,6 Prozent. Diese Differenz ist signifikant.[220] Hedonismus, Individualismus und Kreativität gehen auf die jungen BesucherInnen im Kunstmuseumspublikum zurück.

Hedonismus, Individualismus und Kreativität sind moderne Lebensziele, die sich durch den Wertewandel der letzten Jahrzehnte entwickelt haben. In den älteren Generationen herrschen traditionellere Orientierungen vor; zudem vermute ich, dass ältere Menschen nicht mehr nach einem aufregenden Leben streben.

5.2 Lebensstile der BesucherInnen der zeitgenössischen Kunst, K21

Das Publikum der zeitgenössischen Kunst lässt sich ebenfalls nicht zu mehreren Lebensstilen gruppieren. Das Publikum muss als ein Typ beschrieben werden, innerhalb dessen sich eine Minderheit mit zusätzlichen Interessen und Lebenszielen von der Mehrheit abhebt, und das mit besseren Unterschieden und größeren Distanzen zwischen den Clustern als in K20. Anders als in K20 geht Cluster 1 nicht völlig in Cluster 2 auf; in Cluster 1 hören die Befragten bevorzugt klassische Musik und lesen Sach- und Fachbücher, in Cluster 2 werden andere Präferenzen geäußert.

Cluster 1: kulturelle Interessen (101 BesucherInnen)
- Freizeitaktivitäten: Freunde/Verwandte treffen; Bücher lesen; Musik hören
- Musikgeschmack: *Klassische Musik*
- Literaturpräferenzen: *Sach- und Fachbücher;* moderne Literatur
- Keine speziellen Lebensziele

Cluster 2: kulturelle Interessen + Hedonismus + Individualismus (44 BesucherInnen)
- Freizeitaktivitäten: Freunde/Verwandte treffen; *TV/DVD/Video;* Bücher lesen, Musik hören; *mit dem Computer beschäftigen; in die Kneipe gehen*
- Musikgeschmack: *Rockmusik*
- Literaturpräferenzen: Moderne Literatur; *klassische Literatur*

---

[220] Signifikant nach einem Chi-Quadrat-Test mit einer Irrtumswahrscheinlichkeit von fünf Prozent.

- Lebensziele: *mit Freunden zusammen sein; aufregendes, abwechslungsreiches Leben; Urlaub machen/reisen; unabhängig sein; viel Zeit für persönliche Dinge haben; eine sinnvolle und befriedigende Arbeit; phantasievoll, schöpferisch sein*

Die Befragten in Cluster 2 sind freizeitaktiver und geben neben Treffen mit Freunden, Bücher lesen und Musik hören auch fernsehen, Kneipenbesuche und die Beschäftigungen mit dem PC als Freizeitgestaltung an.

Die Mehrheit der BesucherInnen hört gerne klassische Musik und liest Sach- und Fachbücher und moderne Literatur, die Minderheit bevorzugt Rockmusik und liest neben moderner Literatur auch klassische Literatur. Während die Befragten in Cluster 1 keine Lebensziele äußern, streben die Befragten in Cluster 2 nach Aufregung, Abwechslung und Urlaub.

Auch hier zeigen sich also in Cluster 2 die Individualisten, die moderne Lebensziele wie Kreativität und Hedonismus anstreben.

In der soziodemographischen Zusammensetzung der Cluster zeigen sich die gleichen Auffälligkeiten wie im Publikum der Klassischen Moderne.

40,9 Prozent der Personen in Cluster 2 sind unter 30 Jahre alt. In Cluster 1 sind dagegen nur 12,9 Prozent unter 30 Jahre alt und dafür 39,9 Prozent über 50 Jahre alt. Diese Differenz ist signifikant. Weit mehr als ein Drittel der hedonistischen und individualistischen Minderheit im Publikum ist unter 30 Jahre alt.

In Cluster 1 sind 49,5 Prozent der BesucherInnen männlich, in Cluster 2 43,2 Prozent. Diese Differenz ist nicht signifikant.

Der Akademikeranteil beträgt in Cluster 2 84,1 Prozent, in Cluster 2 jedoch nur 69,7 Prozent. Diese Differenz ist nicht signifikant.

Signifikant ist jedoch wie in K20 die Verteilung der Berufstätigkeit: in Cluster 2 sind 34,1 Prozent der BesucherInnen StudentInnen, in Cluster 1 nur 11,9 Prozent[221]. Entsprechend sind die Anteile der Angestellten und Selbständigen in Cluster 1 höher. Den höchsten Anteil im individualistischen Cluster stellen entsprechend der Altersverteilung die StudentInnen.

---

[221] Signifikant nach einem Chi-Quadrat-Test mit einer Irrtumswahrscheinlichkeit von fünf Prozent.

Vergleich der Publika K20K21

Wie oben stehende Clusterbeschreibung beider Museen schon erahnen lässt, ähneln sich die Clusterlösungen in beiden Publika sehr. Zwischen den Clustern in den Museen bestehen Unterschiede überwiegend anhand von Lebenszielen.

Cluster 1 in K21 unterscheidet sich kaum von Cluster 1 in K20, außer dass die BesucherInnen in K21 keine speziellen Lebensziele äußern. Ansonsten sind sie sich in Freizeitgestaltung, Musikgeschmack und Lektürepräferenzen ähnlich.

Cluster 2 in K21 unterscheidet sich dagegen von Cluster 2 in K20: neben Lesen, Musik hören und „Freunde/Verwandte treffen" gehören noch fernsehen, sich „mit dem PC beschäftigen" und „in die Kneipe gehen" zu den bevorzugten Freizeitaktivitäten der BesucherInnen in K21. Statt hochkultureller Musikstile hören die BesucherInnen der zeitgenössischen Kunst in Cluster 2 Rockmusik, die Lektürepräferenzen sind ähnlich, nur die Sach- und Fachbücher fehlen in der Auflistung.

Bei den Lebenszielen fehlt „für andere da sein", stattdessen erachten die Befragten eine „sinnvolle und befriedigende Arbeit" für wichtiger. Die Lebensziele in Cluster 2 sind in beiden Museen von individualistischer und hedonistischer Natur. Die Vorliebe für Rockmusik, PC und Kneipe lassen auf ein modernes Publikum schließen.

Um dennoch eine Lebensstiltypologie zwischen den Museen zu ermitteln, habe ich eine Clusteranalyse über alle 379 KunstinteressentInnen gerechnet. Die Clusteranalyse ergibt das zu erwartende Ergebnis: 265 Personen finden sich in Cluster 1, 114 Personen in Cluster 2, d.h. zu den getrennten Clusteranalysen innerhalb der Museen ergibt sich nur eine Verschiebung um eine Person. Cluster 1 geht auch hier in Cluster 2 auf.

70 Prozent der BesucherInnen von K20 aber auch 70 Prozent der BesucherInnen von K21 sind in Cluster 1, jeweils 30 Prozent der Publika sind in Cluster 2. Das heißt, 30 Prozent des Kunstmuseumspublikums sind Hedonisten und Individualisten, die Mehrheit von 70 Prozent zeichnet sich nicht besonders durch Lebensziele aus, aber pflegt hochkulturelle Vorlieben wie klassische Musik und gehobene Literatur.

Die jungen BesucherInnen gehören mehrheitlich dem individualistischen und hedonistischen Cluster an; die älteren BesucherInnen und damit die RentnerInnen befinden sich dagegen in Cluster 1.

Das Kunstpublikum pflegt, wie angenommen, auch andere hochkulturelle Praktiken außer Museumsbesuche. Das Interesse an Kunstmuseumsbesuchen geht einher mit der Vorliebe für

Klassische Musik und Jazz/Blues sowie mit der Lektüre von gehobener Literatur. Die MuseumsbesucherInnen distanzieren sich in ihrem Lebensstil von Trivialschema und Spannungsschema (Schulze) oder von moderner Kultur und volkstümlicher Kultur (Spellerberg).

Etwa ein Drittel des Kunstmuseumspublikums zeichnet sich durch ausgesprochen individualistische und hedonistische Lebensziele aus.

Die BesucherInnen der zeitgenössischen Kunst sind gegenüber Rockmusik und Kneipenbesuchen aufgeschlossener als die BesucherInnen der Klassischen Moderne, obwohl das Publikum der zeitgenössischen Kunst nicht jünger ist als das Publikum der Klassischen Moderne.

Im Musikgeschmack und in den Freizeitbeschäftigungen zeigen sich allein Differenzen zwischen den Clustern 2 in beiden Museen.

5.3 Vergleich mit den ArchitekturbesucherInnen

Um zumindest einen Vergleich des Lebensstils der KunstinteressentInnen mit Nicht-KunstinteressentInnen zu ermöglichen, habe ich eine Clusteranalyse über alle 454 BesucherInnen, also mitsamt den ArchitekturinteressentInnen, ebenfalls mit zwei vorgegebenen Clustern, gerechnet. Die Clusteranalyse ergibt keinen eigenen Lebensstil für die ArchitekturbesucherInnen der beiden Museen, das Ergebnis ist dennoch sehr aufschlussreich:

Tabelle 10: Clusterzugehörigkeit der 454 BesucherInnen

	Cluster 1	Cluster 2	Gesamt
Kunst als Schwerpunktinteresse	68,1%	31,9%	100,0%
Architektur als Schwerpunktinteresse	84,0%	16,0%	100,0%
Gesamt	71,0%	29,0%	100,0%

84 Prozent der ArchitekturinteressentInnen, aber nur 68,1 Prozent der KunstinteressentInnen gehören dem Cluster 1 an. Diese Differenz ist signifikant. Das heißt, dass die hedonistischen und individualistischen Lebensziele fast ausschließlich bei den KunstinteressentInnen zu finden sind und die ArchitekturinteressentInnen fast alle dem Cluster 1, das sich nur durch Vorliebe für Klassische Musik, Sach- und Fachbücher auszeichnet und die Freizeit gerne mit Freunden und Verwandten verbringt, angehören.

Das Interesse für Kunst ist anscheinend zu einem großen Teil (30 Prozent) mit individualistischen Werten gekoppelt. Die Freiheit und Unabhängigkeit der Kunst finden sich in den Lebensstilen der BetrachterInnen wieder.

Dazu ist festzuhalten, dass die ArchitekturinteressentInnen älter sind als die KunstinteressentInnen und sich deshalb in ihren Werten und Orientierungen vom jungen Kunstpublikum unterscheiden dürften und nicht mehr Lebensziele wie Urlaub, Abwechslung und Zusammensein mit Freunden äußern.

5.4 Vergleich mit der Bevölkerung

Der Lebensstiltyp, der im Kunstmuseum vertreten ist, wurde unter vorhergehenden Kapiteln eingehend beschrieben. Eine der Forschungsfragen ist, ob sich Annette Spellerbergs Lebensstile der etablierten Kultur in den Kunstmuseen K20 und K21 wiederfinden.

Beim Vergleich des Lebensstiltyps in K20 und K21 mit Spellerbergs Lebensstiltypen muss ein Vergleich anhand Kleidungs- und Einrichtungsstil und Fernsehinteressen unterbleiben, da ich diese Variablen nicht von Annette Spellerberg übernommen habe. Doch auch mit den fünf übernommenen Lebensstilvariablen lassen sich Unterschiede und Gemeinsamkeiten herausarbeiten.

Angesichts der Typbeschreibung von Spellerbergs *ganzheitlich kulturell Interessiertem* Lebensstiltyp lassen sich so große Unterschiede zum Lebensstiltyp in K20 und K21 feststellen, dass ich behaupte, dass die BesucherInnen der beiden Museen nicht diesem Lebensstiltyp 1 in Spellerbergs Typologie angehören. Der *ganzheitlich kulturell Interessierte* bevorzugt häusliche Freizeitaktivitäten wie Gartenarbeit, Basteln/Handarbeit und Beschäftigung mit Kindern. Gesellschaftliches Engagement und eine naturverbundene Lebensweise sind wichtige Lebensziele. Arbeit, Familie und der Einsatz für Hilfsbedürftige stehen im Lebensmittelpunkt.[222] Die Lebensziele Abwechslung, Attraktivität und Anerkennung durch andere, die zum Teil in K20 und K21 geäußert werden, sind dem *ganzheitlich kulturell Interessierten* unwichtig.

Der *etablierte beruflich Engagierte* nähert sich dem Lebensstil in K20 und K21 schon mehr an, jedoch steht bei diesem Typ die Arbeit im Vordergrund mit einem familiären Hintergrund. Neben Kultur und Weiterbildung beschäftigt sich der *etablierte beruflich Engagierte* aber auch mit Familie, was bei den BesucherInnen in K20 und K21 nicht im Vordergrund steht.

---

[222] Vgl. Spellerberg, Annette (1996) S. 125.

Ähnlichkeiten mit diesem Typ zeigen sich anhand der musikalischen Präferenzen (klassische Musik und Jazz) und den Lebenszielen Abwechslung und Unabhängigkeit, wobei die KunstmuseumsbesucherInnen weder ausgeprägt nach Sicherheit noch nach Führungspositionen streben.[223]

Der *postmaterielle, aktive Vielseitige* zeigt die meisten Überschneidungen mit dem Lebensstil der KunstmuseumsbesucherInnen. Der *postmaterielle, aktive Vielseitige* zeichnet sich durch einen hohen Aktivitätsgrad und außerhäusliche Freizeitgestaltung aus. Wichtige Lebensziele sind Zeit für persönliche Dinge, Freunde, Abwechslung und Unabhängigkeit. Den Lebensgenuss in vollen Zügen, den vor allem das Publikum des K21 äußert, zeichnet den *postmateriellen, aktiven Vielseitigen* ebenso aus, wie das Bedürfnis, das Leben nach eigenen Bedürfnissen zu gestalten. Die für diesen Lebensstiltyp charakteristischen Freizeitaktivitäten finden sich ebenfalls bei den Besuchern der beiden Museen: Kneipenbesuche, Freunde treffen, Lesen, Musik hören, sich mit dem PC beschäftigen. Bei den musikalischen Präferenzen sind neben der klassischen Musik auch Rock- und Popmusik vertreten. Die bevorzugte Literatur besteht aus Sach- und Fachbüchern und gehobener Literatur. Familie und Religion haben sowohl bei Annette Spellerbergs Lebensstiltyp als auch bei den MuseumsbesucherInnen keine Bedeutung.[224]

Etwa zehn Prozent der deutschen Bevölkerung gehören diesem Lebensstil an.[225] Im Schnitt ist dieser Lebensstiltyp 30 Jahre alt und in dieser Gruppe befinden sich zu gleichen Teilen Männer und Frauen. Die Bildungsabschlüsse sind weit überdurchschnittlich.[226] Anhand der Überschneidungen und Ähnlichkeiten identifiziere ich den *postmateriellen, aktiven Vielseitigen* als BesucherIn der Kunstmuseen K20 und K21. Die BesucherInnen der Museen K20 und K21 grenzen sich durch Interessen und Wertorientierungen von den beiden anderen Lebensstilen der etablierten Kultur ab.

Annette Spellerbergs Typ 4, der *häusliche Unterhaltungssuchende* unterscheidet sich von den KunstmuseumsbesucherInnen durch sein Interesse an Basteln/Handwerken, Gartenarbeit und den Besuch von Sportveranstaltungen. Gehobene Literatur wird abgelehnt und bevorzugt hört dieser Typ deutsche Schlager.

---

[223] Vgl. Spellerberg, Annette (1996) S. 127.

[224] Vgl. Spellerberg, Annette (1996) S. 129.

[225] Vgl. Spellerberg, Annette (1996) S. 122.

[226] Vgl. Spellerberg, Annette (1996) S. 129.

Der *pragmatisch Berufsorientierte* ist anders als die KunstmuseumsbesucherInnen stark an Arbeit, Erfolg im Beruf und Führungspositionen orientiert.

Der *expressiv Vielseitige* ist ebenso wie die KunstmuseumsbesucherInnen sehr aktiv und außenorientiert, allerdings sind bei diesem Typ Basteln/Handwerken, faulenzen und Sportveranstaltungen sehr beliebt. Durch das ausgeprägte Interesse für deutschen Schlager hebt sich dieser Typ ebenfalls von den BesucherInnen des K20 und K21 ab.

Der *freizeitorientierte Gesellige* ähnelt den KunstmuseumsbesucherInnen in den Lebenszielen: beide Typen legen Wert auf Attraktivität, Abwechslung, Anerkennung durch andere und Zusammensein mit Freunden. Ebenso genießen beide Lebensstiltypen das Leben in vollen Zügen. Allerdings ist dieser Typ nicht an Hochkultur interessiert sondern an Rock- und Popmusik und Comics. Der gravierendste Unterschied zu den KunstmuseumsbesucherInnen zeigt sich an den soziodemographischen Merkmalen: nur elf Prozent der *freizeitorientierten Geselligen* haben Abitur, und ein Drittel gehört zur Arbeiterschicht.[227]

Der *traditionelle, zurückgezogen Lebende* ist den KunstmuseumsbesucherInnen sehr fern. Die Lebensziele dieses Typs richten sich auf Sicherheit, Sparsamkeit und Familie; Abwechslung, Kreativität und Freunde sind dem *traditionellen Zurückgezogenen* unwichtig. An Musik- und Literaturpräferenzen zeigt sich Distanz zum Hochkulturschema.[228]

Der *traditionelle freizeitaktive Ortsgebundene* führt ein einfaches, bescheidenes Leben, in dem Familie, Kinder, Gartenarbeit und Sportveranstaltungen eine wichtige Rolle spielen. In der Vorliebe für Volksmusik zeigt sich Distanz zur etablierten Kultur.[229]

Die KunstbesucherInnen der Klassischen Moderne und der zeitgenössischen Kunst sind in ihrem Lebensstil zu einem Drittel postmaterielle, aktive Vielseitige. Die Mehrheit von etwa 70 Prozent der BesucherInnen, die keine eindeutigen Lebensziele äußern, haben trotzdem in Freizeitinteressen und kulturellem Geschmack viele Überschneidungen mit dem postmateriellen Lebensstiltyp. Laut Annette Spellerberg handelt es sich bei diesem Lebensstiltyp [1996] um einen vergleichsweise neuen Lebensstil[230]. Dass Hedonismus, Kreativität und Individualismus relativ moderne Lebensziele sind, erklärt auch, warum bei

---

[227] Vgl. Spellerberg, Annette (1996) S. 137.

[228] Vgl. Spellerberg, Annette (1996) S. 139.

[229] Vgl. Spellerberg, Annette (1996) S. 141.

[230] Vgl. Spellerberg, Annette (1996) S. 142.

Spellerberg der Altersdurchschnitt in diesem Typ bei 30 Jahren liegt und auch die KunstmuseumsbesucherInnen in diesem Typ zu 40 Prozent unter 30 Jahre alt sind.

Dieser Lebensstiltyp ähnelt in seiner Konzeption auch dem *Sinus-Milieu* B12, den *Postmateriellen,* die ca. zehn Prozent der deutschen Bevölkerung ausmachen. Kreativität und Selbstverwirklichung sind diesem Typ wichtig. Im Milieuvergleich haben die *Postmateriellen* das höchste Bildungsniveau und setzen sich aus höheren Angestellten, BeamtInnen, FreiberuflerInnen und StudentInnen zusammen. In diesem Milieu finden sich Anfang 20-Jährige ebenso wie junge Alte.[231]

5.5 Resümee

Die BesucherInnen der Museen K20 und K21 gehören demselben Lebensstiltyp an. Entgegen der geäußerten Vermutungen unterscheidet sich das Publikum der zeitgenössischen Kunst nicht durch einen anderen Lebensstil vom Publikum der Klassischen Moderne.

Die Lebensweisen der KunstmuseumsbesucherInnen sind innerhalb der Museen homogen, bis auf die Lebensziele, die die Publika jeweils in zwei Cluster zu differenzieren vermögen, wobei diese Differenzierung mit dem Alter zusammenhängt. Auch zwischen den Museen gibt es große Überschneidungen im Lebensstil der BesucherInnen. Die Differenzierung der Kunstpublika anhand der Lebensziele und dem Alter ist in beiden Fällen sehr ähnlich. Die Gruppen haben in beiden Museen in etwa die gleiche Größe. Die KunstmuseumsbesucherInnen in K20 und K21 gehören einem Lebensstil an, den ich angelehnt an Annette Spellerberg als *postmateriellen, aktiven Vielseitigen* bezeichnen möchte.

Den KunstmuseumsbesucherInnen sind vor allem postmaterielle Aspekte wichtig: viel Zeit für persönliche Dinge haben, Unabhängigkeit, Selbstverwirklichung, individuelle Sinnstiftung stehen im Vordergrund.

Traditionellere Werte wie Familie, Sicherheit, gesellschaftliche Einbindung und Materielles finden sich in den Publika von K20 und K21 nicht. Das Interesse an Kunst hängt scheinbar zusammen mit den Werten Freiheit, Unabhängigkeit und Individualismus.

Die KunstinteressentInnen unterscheiden sich von den Nicht-KunstinteressentInnen, im Falle des K21 von den ArchitekturinteressentInnen durch Alter, Bildung und Lebensziele. Von den

---

[231] Vgl. www.sinus-milieus.de/content/grafik/kurzbeschreibung%20012002.pdf S. 8.

KunstinteressentInnen in K21 sind 33,8 Prozent über 50 Jahre alt, von den ArchitekturinteressentInnen 51,4 Prozent. Von den KunstinteressentInnen sind 75 Prozent AkademikerInnen, von den ArchitekturinteressentInnen nur 68 Prozent. Eine Kreuz-tabulierung veranschaulicht, dass die ArchitekturinteressentInnen nur zu 16 Prozent nach individualistischen, postmateriellen Lebenszielen streben, bei den KunstinteressentInnen ist der Anteil doppelt so hoch.

Ziel dieser Lebensstilstudie an zwei Kunstmuseen war, unterschiedliche Lebensstile von BesucherInnen der Klassischen Moderne und der zeitgenössischen Kunst zu identifizieren. Ergebnis ist jedoch, dass die zeitgenössische Kunst kein anderes Publikum anzieht als die Klassische Moderne, dass die Avantgarde also das Kunstmuseumspublikum nicht zu differenzieren vermag.

Zwischen den Publika gibt es minimale Unterschiede in den Interessen, die zusammengenommen aber keinen eigenen Lebensstil konstituieren. Die Publika sind sich in ihrer Freizeitgestaltung, in ihren Musik- und Literaturpräferenzen ähnlich, wobei sich eine Binnendifferenzierung innerhalb der Museen, aber kaum eine Zwischendifferenzierung zwischen den Publika ergibt. Ein jeweils 30-prozentiger Anteil am Publikum unterscheidet sich von der Mehrheit der BesucherInnen in Zielen und Orientierungen. Diese Minderheit ist überwiegend unter 30 Jahre alt, womit sich die geäußerten modernen Lebensziele auf die Jugend im Publikum zurückführen lassen.

Der Lebensstil der KunstmuseumsbesucherInnen lässt sich als postmateriell, aktiv und vielseitig beschreiben.

Schlussbetrachtung

Mittels dieser Studie sollten die theoretischen Ansätze und Untersuchungsergebnisse von Pierre Bourdieu, Gerhard Schulze, Annette Spellerberg und Tarnai/Wuggenig zu Lebensstilen und sozialer Ungleichheit im Feld der Kunst empirisch überprüft werden, um eine etwaige Binnendifferenzierung des Kunstmuseumspublikums zu ermitteln.

Ziel dieser Studie war es, diese Binnendifferenzierung entlang der künstlerischen Avantgarde nachzuweisen. Die Hypothese lautete, dass sich die Publika der Klassischen Moderne und der zeitgenössischen Kunst in ihren Lebensstilen unterscheiden.

Ergebnis dieser Besucherstudie ist, dass sich die Publika der Museen K20 und K21, exemplarisch für die Publika der Klassischen Moderne und der zeitgenössischen Kunst herangezogen, entgegen der Hypothese nicht unterscheiden. Beide Publika gehören demselben Lebensstil an.

Da sich das Publikum avantgardistischer Kunst eben nicht vom Publikum der Klassischen Moderne unterscheidet, widerlegt dieses Ergebnis auf den ersten Blick Pierre Bourdieu. Damit bestätigt sich auch auf den ersten Blick die Hypothese Gerhard Schulzes, dass sich die Publika innerhalb der Hochkultur trotz deren lebensphilosophischer Heterogenität nicht unterscheiden.

Damit ist auch das Ergebnis von Christian Tarnai und Ulf Wuggenig bestätigt, die innerhalb des Avantgarde-Publikums analysiert nach Zentrum und Peripherie der Kunstwelt keine Lebensstilunterschiede erkennen konnten und Diana Cranes und Suzi Gabliks These von der Integration der Avantgarde in die Mitte der Gesellschaft empirisch belegten.

Den Lebensstil der KunstmuseumsbesucherInnen habe ich in Anlehnung an Spellerbergs Typologie *postmateriell und aktiv Vielseitiger* genannt. Der *postmaterielle, aktive Vielseitige* zeichnet sich durch hedonistische und individualistische Lebensziele und aktive Freizeitgestaltung aus.

Die Publika der Kunstmuseen heben sich in ihrem Bildungsabschluss und ihrem Lebensstil von der Mehrheit der Bevölkerung ab; durch ihre Interessen, Präferenzen und Werte unterscheiden sich die Publika vom Trivialschema und vom Spannungsschema. Der *postmaterielle, aktive vielseitige* Lebensstiltyp hat nach Annette Spellerberg und nach *Sinus Sociovision* nur einen Anteil von zehn Prozent an der Bevölkerung, d.h., nur ein kleiner Ausschnitt der Gesellschaft ist in den Museen K20 und K21 vertreten. Annette Spellerberg identifiziert zwei weitere Lebensstile, die an etablierter Kultur partizipieren, doch lassen sich diese Typen nicht anhand ihrer Interessen und Lebensziele in größeren Zahlen im Publikum der Kunstsammlung Nordrhein-Westfalen nachweisen. Die BesucherInnen der Museen K20 und K21 unterscheiden sich von den Personen mit anderen Lebensstilen nicht nur durch den Kunstkonsum, sondern auch durch Interessen und vor allem Orientierungen.

Der sehr hohe Anteil an AkademikerInnen weist darauf hin, dass der Zugang zum Hochkulturschema nach wie vor bildungsabhängig ist, was auch Gerhard Schulze zugibt[232]; dennoch zeigen sich keine Bildungsunterschiede zwischen dem Publikum der Klassischen Moderne und dem Publikum zeitgenössischer Kunst, wie Bourdieu sie feststellt.[233]

Dennoch kann aufgrund des Ergebnisses, dass sich das Publikum der zeitgenössischen Kunst nicht vom Publikum der Klassischen Moderne unterscheidet, nicht zwangsläufig Gerhard Schulzes These von der Homogenität des Hochkulturpublikums bestätigt werden. Schulze hat sicher Recht, dass eine Impressionismusausstellung und eine Munch-Retrospektive dasselbe Publikum haben; denn um lebensphilosophische Heterogenität geht es dem Publikum meines Erachtens nicht!

Ich vermute, dass die Trennlinie zwischen Lebensstilen im Hochkulturschema nicht bei der Avantgarde verläuft, sondern bei der „wirklichkeitsgetreuen Abbildung". Bourdieu konstatiert, dass die ungebildetsten BetrachterInnen eine realistische Darstellung fordern, da sie über keine spezifischen Decodierungsschlüssel für nicht-realistische Kunstwerke verfügen und deshalb keinen anderen Schlüssel anwenden können als den, mit dem sie die Gegenstände des alltäglichen Umgangs betrachten.[234] Die Kunst hat jedoch die realistische Darstellung schon länger verlassen. Nicht nur avantgardistische Kunst erfordert Decodierungskompetenzen, die ungebildete BetrachterInnen nicht besitzen. Auch die KünstlerInnen der Klassischen Moderne wandten sich bereits von der wirklichkeitsgetreuen Abbildung zur Abstraktion. Angeführt seien hier die –ismen, wie Surrealismus, Kubismus und Suprematismus. „Die Kubisten vollzogen die endgültige Abwendung der Malerei von der Nachahmung der Realität im Sinne von naturalistischer Abbildung und verwirklichten eine systematische Organisation der Bildoberfläche mit Hilfe strenger architektonischer Formkategorien im Bildaufbau."[235]

---

[232] Vgl. Schulze, Gerhard (2000) S. 146.

[233] Vgl. Bourdieu, Pierre (1974) S. 180-181.

[234] Vgl. Bourdieu, Pierre (1974) S. 159-162.

[235] Thomas, Karin (Hrsg) (2000) ad Kubismus S. 226.

Die ungebildetsten BetrachterInnen der Gesellschaft, die nicht den Lebensstilen der etablierten Kultur angehören, sind also nach Bourdieu schon vom Kunstgenuss ausgeschlossen, wenn die Kunst die realistische Abbildung verlässt. Das heißt, Kunstwerke vorgenannter Kunstrichtungen, die der Klassischen Moderne zugeordnet werden, verlangen, obwohl sie bereits mehr als 80 Jahre alt sind, um genossen werden zu können, Decodierungskompetenzen, die nur die Bildungselite vorweisen kann, womit sich der hohe Akademikeranteil auch im Publikum der Klassischen Moderne erklärt.

Seit Ende des 19. Jahrhunderts hat die Binnendifferenzierung des Kunstsystems zugenommen. Durch die Ausdifferenzierung von Kunststilen und Kunstrichtungen bezieht sich die Kunst zunehmend auf sich selbst.[236] „Damit wird auch die Dechiffrierung der Kunst mit Verweis auf die reale Welt immer schwerer, der Bezug zu konkreten Alltagserfahrungen des Publikums abstrakter und vermittelter, die Entschlüsselung der Bedeutungen der Kunst voraussetzungsvoller."[237] Jürgen Gerhards hält zur Ausdifferenzierung des Kunstsystems fest:

> „Der Prozeß der Binnendifferenzierung des Kunstsystems führt im Resultat zu einer *Vielzahl heterogener Kunstwelten* (Becker 1983) mit feindifferenzierten Stilrichtungen und jeweils spezifischen Kooperationen. (...) Die Innenwelt der ausdifferenzierten Kunstwelt ist heute in ihrer Pluralität und Vielschichtigkeit nahezu unübersichtlich geworden."[238] (Hervorhebung im Original)

Heine von Alemann hat den Kunstkompass, eine Erfindung des Kunstberichterstatters Willy Bongard, von 1970 bis 1992 nach der Vielfalt der Stilbegriffe der Gegenwartskunst ausgewertet.[239] Angeführte Kunstrichtungen sind u.a. Abstrakter Expressionismus, Exzentrische Abstraktion, Hyperrealismus, Konkrete Kunst, Kritische Kunst, Magischer Realismus, Prae-Pop-Art, Neue Sensibilität, Narrative Art und viele mehr. Die Vielfalt dieser Stilrichtungen der letzten 30 Jahre weist darauf hin, dass die Anforderungen an die RezipientInnen immer höher werden.

Meines Erachtens muss Kunst nicht zeitgenössisch und avantgardistisch sein, um nicht mehr verstanden zu werden; mit dem Abschied von der Gegenständlichkeit, mit der Abstraktion und dem Abschied von der Leinwand wurde Kunst schwer dechiffrierbar. Je konzeptualisierter die Kunst ist, desto schwerer ist sie für die BetrachterInnen verständlich.

---

[236] Vgl. Gerhards, Jürgen (1997) S. 12.

[237] Gerhards, Jürgen (1997) S. 12.

[238] Gerhards, Jürgen (1997) S. 13.

[239] Vgl. von Alemann (1997) S. 215-216.

Die Kunst wurde vor allem nach dem Zweiten Weltkrieg abstrakter und minimalistischer. Kunst war nicht mehr nur Malerei und Bildhauerei, als Kunst galten auch „Happenings", Installationen und musikalische Ausdrucksformen.

Minimal Art, ein Kunststil, der Ende der 1950er Jahre, Anfang der 60er Jahre entstand, reduziert die Formensprache auf das Minimum und verzichtet auf schmückendes Beiwerk.[240] Robert Morris, ein Vertreter dieser Kunstrichtung, bringt es auf den Nenner: „Einfachheit der Form bedeutet nicht unbedingt auch Einfachheit des künstlerischen Erlebnisses."[241]

Yves Klein, einer der Mitbegründer des Nouveau Realisme im Jahr 1960, geht es nicht mehr um realistische Darstellung, sondern um „allgemeine Sensibilisierung, Entgrenzung und Befreiung."[242] Seine monochromen Bilder in blau betrachtet er als „Inkarnation des Kosmischen, Grenzenlosen und Universalen"[243]. Yves Klein hatte weitreichenden Einfluss auf die weitere Kunstentwicklung aufgrund der Vielfalt und Komplexität seiner Ideen.[244]

In der Konzeptuellen Kunst (Concept Art) ab Mitte der 1960er Jahre lösen sich die traditionellen Kunstformen Malerei und Bildhauerei durch Reduzierung des Objekthaften bis zur ‚Entmaterialisierung' auf.[245]

In der Body Art, die sich Ende der 1960er Jahre entwickelte, wird der Körper der Künstlerin/des Künstlers als Medium benutzt.[246]

Das Happening, eine Kunstrichtung, die ebenfalls Ende 50er, Anfang 60er entstand, bezieht sich auf Dadaismus und Surrealismus. Unter Happening versteht man eine „Assemblage von Ereignissen mit der Möglichkeit ständiger Improvisation"[247]. Die KünstlerInnen des Happening forderten eine Annäherung von Kunst und Leben; Daniel Bell stellt in seinen Ausführungen fest, dass in der Postmoderne kein Unterschied mehr zwischen Kunst und Leben besteht.

Pop Art macht Gebrauch vom Bildgut der Massen- und Konsumkultur und konzentriert sich

---

[240] Thomas, Karin (Hrsg.) (2000) ad Minimal Art S. 274.

[241] Morris, Robert, zitiert nach Thomas, Karin (Hrsg.(2000) ad Minimal Art S. 274.

[242] Thomas, Karin (Hrsg.) (2000) ad Klein, Yves S. 213.

[243] Thomas, Karin (Hrsg.) (2000) ad Klein, Yves S. 213.

[244] Vgl. Thomas, Karin (Hrsg.) (2000) ad Klein, Yves S. 214.

[245] Vgl. Thomas, Karin (Hrsg.) (2000) ad Konzeptuelle Kunst S. 220-221.

[246] Vgl. Thomas, Karin (Hrsg.) (2000) ad Body Art S. 57.

[247] Thomas, Karin (Hrsg.) (2000) ad Happening S. 168.

„auf die aktuellen Themen und Erscheinungen der jeweiligen Zeitsituation (...) um mit greller und ironischer Pointierung den Lebensinhalt des modernen Menschen im Bild festzuhalten, der von Konsumgütern als Sozialfetischen, von banalen Idolen und von einem trivialen Unterhaltungsbedürfnis bestimmt ist."[248]

Bourdieus Schlussfolgerungen zur avantgardistischen Kunst stammen aus dieser Zeit, als sich Kunst beschleunigt ausdifferenziert hat. Auch wenn Happening und Minimal Art 40 bis 50 Jahre nach ihrer Entstehung und 30 Jahre nach Bourdieus Ausführungen über die RezipientInnen avantgardistischer Kunst nicht mehr avantgardistisch sind, so behaupte ich doch, dass zur Rezeption dieser Kunststile Decodierungskompetenzen notwendig sind, die nur einem kleinen Ausschnitt des Kunstpublikums zu eigen sind. Zum Zeitpunkt von Bourdieus Feststellung, dass die Avantgarde das Publikum trennt, war die Binnendifferenzierung gerade ganz aktuell. Dennoch ist die Kunst aus den 60er Jahren für ungebildete BetrachterInnen jetzt nicht besser zu decodieren, nur weil sie bereits 40 Jahre alt und damit nicht mehr avantgardistisch ist. Kunststile aus der damaligen Zeit, wie Minimal Art, Concept Art und Nouveau Realisme erfordern auch heute noch Kompetenzen, die nur wenige vorzuweisen haben.

Die in K20 nach Rainer Wicks Index kompetentesten BesucherInnen, die den höchsten Indexwert 16 durch häufigen Besuch von Kunstausstellungen und häufige Lektüre von Kunstbüchern, Kunstzeitschriften und Kunstberichten in der Zeitung erreicht haben, nennen nur zu 28 Prozent KünstlerInnen der Klassischen Moderne, aber zu 34 Prozent zeitgenössische KünstlerInnen, die in K20 gar nicht präsentiert werden. 39 Prozent nennen KünstlerInnen aus der Zeit von 1945 bis 1980, der Rest machte keine Angaben. Häufige Beschäftigung mit Kunst führt offensichtlich auch zu distinguierten Präferenzen.

Die Kunst der letzten 100 Jahre ist meines Erachtens durch Abstraktion nur mehr für die Bildungselite verständlich, was erklärt, dass auch von den BesucherInnen des K20, dem Museum für Klassische Moderne und Kunst bis 1980 beinahe 90 Prozent die Hochschulreife erworben haben und 74 Prozent einen Hochschulabschluss besitzen oder anstreben.

Wenn Kunst den Zeitgeist der Gesellschaft widerspiegelt[249], dann hat sich der Wandel der Kunst zu oben angeführten Werten Freiheit, Unabhängigkeit, Individualismus parallel zum

---

[248] Thomas, Karin (Hrsg.) (2000) ad Pop Art S. 329.

[249] Von Alemann, Heine (1997) S. 212.

Wandel der Gesellschaft vollzogen. Die historische Kunstsoziologie konstatiert, dass Kunst in bildlicher Form die soziale Wirklichkeit reproduziert.[250]

Dem sozialen Wandel seit Ende des Zweiten Weltkrieges entspricht also auch der Wandel und die Ausdifferenzierung der Kunst.

Vor allem seit 1945 veränderten sich die westlichen Gesellschaften durch einen Wohlstandsschub, vermehrte ökonomische Freiheiten und Unabhängigkeiten. Die Befreiung von Diktaturen führte vor allem in Europa zu politischer und intellektueller Freiheit. Die Freiheit der Kunst wurde sowohl in Deutschland als auch in Österreich nach Ende der Nazi-Diktatur als Staatsziel verankert.[251]

Der wirtschaftliche Fortschritt veränderte die Bedeutung von Arbeit und Freizeit, der Erfindung der Antibabypille folgte eine sexuelle Revolution und veränderte die Stellung der Frau in der Familie und der Gesellschaft. Der medizinische Fortschritt erhöhte auch die Lebenserwartung und dies führt mittlerweile zu einer Überalterung der Gesellschaften. Die anwachsende Freizeit und die vermehrten ökonomischen Freiheiten erweiterten die Freizeit- und Konsummöglichkeiten. Daher diagnostizierte Gerhard Schulze 1992 die *Erlebnisgesellschaft*.

Der Wertewandel in der Gesellschaft und in der Kunst ist eine wechselseitige Entwicklung: avantgardistische Künstler riefen durch Nacktheit, Verwendung von Lebensmitteln oder Blut in den Kunstwerken Empörung hervor, wurden aber mit zeitlicher Verzögerung vom Kunstpublikum anerkannt. Umgekehrt schlägt sich der Konsumhedonismus in der Kunst nieder (siehe Pop Art).

Helmut Klages setzt in seinem Rückblick *Wertorientierungen im Wandel* den Wertewandel beginnend Anfang der 60er Jahre bis zur Mitte der 70er Jahre an.[252] Vom Wertewandel betroffene Werte sind seiner Erkenntnis nach u.a. Fleiß, Pünktlichkeit, Emanzipation, Genuss, Abwechslung, Kreativität, Selbstverwirklichung und Ungebundenheit.[253]

Postmaterialismus, Individualismus und Hedonismus sind also neue Werte, die sich erst in den letzten Jahrzehnten entwickelt haben. Diese neuen Wertorientierungen haben aber noch nicht die gesamte Gesellschaft erfasst. Das Sozialforschungsinstitut *Sinus Sociovision* ordnet

---

[250] Vgl. Schneider, Norbert (1996) S. 306.

[251] Vgl. Grundgesetz der Bundesrepublik Deutschland, Artikel 5.

[252] Vgl. Klages, Helmut (1984) S. 19.

[253] Vgl. Klages, Helmut (1984) S. 18.

die Sinus-Milieus anhand der Grundorientierung an; dabei sehen sie ein dreigeteiltes Schema vor: traditionelle Werte (Pflichterfüllung, Ordnung), Modernisierung I (Konsum-Hedonismus und Postmaterialismus) und Modernisierung II (Patchworking, Virtualisierung). Nicht alle Individuen in der Gesellschaft sind also bereits unter den modernen Werten vereint. In der graphischen Anordnung der Milieus in Abbildung 1 haben mindestens vier Milieus Berührungspunkte mit der traditionellen Grundorientierung. Der Lebensstil der Postmateriellen, der in der Kunstsammlung Nordrhein-Westfalen als Lebensstil der BesucherInnen identifiziert wurde, hat keine Berührung mehr mit traditionellen Werten, sondern befindet sich überwiegend in Modernisierung II, d.h. bei den hedonistischen und postmaterialistischen Orientierungen und in der Oberschicht/oberen Mittelschicht.

Die Tatsache, dass die traditionellen Milieus nicht in der Kunstsammlung vertreten sind, hängt also auch mit den Werten dieser Lebensstilgruppe zusammen. Diese Lebensstile können sich nicht mit den Intentionen dieser Kunstformen, beispielsweise Befreiung, Entgrenzung, Entmaterialisierung und Universalismus identifizieren, abgesehen davon, dass ihnen durch ihr niedriges Bildungsniveau die Decodierungskompetenzen nicht schulisch vermittelt wurden.

Nachdem sich Decodierungskompetenz mit der häufigen Beschäftigung mit Kunst einstellt, muss nur einmal der Anfang gemacht werden. Voraussetzung dafür ist aber die Aufgeschlossenheit für diese Kunststile.

Das Publikum der neueren Kunstrichtungen, die u.a. Entmaterialisierung und Befreiung anstrebten, zeigt sich als ausgesprochen postmaterialistisch und hedonistisch. Die neuen Werte in der Kunst spiegeln sich in einem Ausschnitt der Gesellschaft, genauer im Kunstpublikum, wider und umgekehrt. Nur zehn Prozent der Bevölkerung streben nach Annette Spellerberg und *Sinus Sociovision* postmaterielle Lebensziele an; die restlichen 90 Prozent verteilen sich auf andere Lebensstile und damit -ziele, davon alleine mehr als 20 Prozent auf traditionellere Werte.

Daraus schließe ich, dass die Alten Meister, die traditionell der Abbildung der Wirklichkeit folgten, ein heterogeneres Publikum anziehen. Deshalb vermute ich, dass realistische Kunst ein breiteres Publikum anspricht, das in sich heterogener ist und mehrere Lebensstile repräsentiert. Es sollte also nicht nach Schulze angenommen werden, dass das Publikum von Hochkultur in sich homogen ist, sondern davon ausgegangen werden, dass es ein Differenzierungskriterium gibt, das ich als die Abstraktion bzw. die realistische Darstellung identifizieren möchte.

Ich möchte mich auch nicht Diana Crane und Suzi Gablik anschließen, die die Integration der Avantgarde in die Mitte der Gesellschaft konstatierten.

Zum einen entscheidet die soziale Lage noch immer über den Zugang zu Museen, vor allem aber über den Zugang zu Kunstmuseen, die in ihrer Sammlung nicht-realistische Kunstwerke präsentieren. In meinem Sample ist die Bildungselite vertreten, die zu 74 Prozent AkademikerInnen sind. Der in meinem Sample identifizierte Lebensstil des *postmateriellen, aktiven Vielseitigen*, der etwa zehn Prozent der Gesellschaft repräsentiert, hat im Vergleich mit der Bevölkerung überdurchschnittliche Bildungsabschlüsse, überdurchschnittliches Einkommen und gehört zu einem Drittel zur Oberschicht.[254] Die Kapitalstruktur, also vor allem kulturelles Kapital und ökonomisches Kapital, die die soziale Lage konstituieren, bestimmt den Zugang zum Kunstmuseum.

Deshalb möchte ich behaupten, dass die Avantgardekunst zwar ins Kunstsystem integriert wurde und dies das Ende der Avantgarde bedeutete; in die Mitte der Gesellschaft jedoch ist die Avantgarde nicht vorgedrungen.

Je weiter sich das Kunstsystem ausdifferenziert hat, desto mehr hat sie sich vom Alltag der Menschen und damit aus der Mitte der Gesellschaft entfernt. Mit der Abstraktion hat die Kunst ein eigenes Bezugssystem geschaffen. Bildende Kunst bezieht sich nicht mehr auf den Alltag und dessen realistische Abbildung sondern immer mehr auf sich selbst. In historischen Epochen und Gesellschaftsformationen hatte Kunst noch eine didaktische Funktion: „sie sollte religiöse, politische und moralische Wertvorstellungen sowie philosophische und wissenschaftliche Erkenntnisse (...) einem bestimmten Adressatenkreis übermitteln."[255] Mit diesem Auftrag wendete sie sich an das Publikum. In modernen Gesellschaften hat Kunst diese Funktion nicht mehr; das Kunstsystem ist ein eigenständiges System, das sich verstärkt an sich selbst orientiert.

Mit Decodierungsschemata aus dem Alltag, mit denen sich die ungebildetsten BetrachterInnen in der Gesellschaft begnügen müssen, sind moderne Kunstwerke nicht mehr zu entschlüsseln. Und damit meine ich vor allem die Kunstwerke, die sich in Museen wiederfinden. Bourdieu konstatierte für das Verhältnis von Kunst zum alltäglichen Leben denselben Gegensatz wie vom Heiligen zum Profanen. Museen seien wie heilige Hallen, die

---

[254] Vgl. Spellerberg, Annette (1996) S. 129.
[255] Schneider, Norbert (1996) S. 306-307.

durch feierliche Stille und Unberührbarkeit der Gegenstände jene ausschließe, die mit der Welt der Kunst nicht vertraut sind.[256]

Auf andere Art und Weise hat Kunst verstärkt Einzug in den Alltag der Menschen gehalten: nicht nur impressionistische und expressionistische Kunst, auch Pop Art findet sich als Dekoration auf Alltagsgegenständen wieder. Die Kommerzialisierung der Kunst hat dazu geführt, dass Museumsshops feste Bestandteile der Kunstmuseen wurden, in denen Tassen, Schreibtischunterlagen etc. mit Abbildungen von Gemälden anerkannter KünstlerInnen verkauft werden.

Aufschlussreich für die Untersuchung von Kunstmuseumspublika ist der Newsletter des Auktionshauses Dorotheum in Wien: die Auktionen im Mai und Juni 2004 sehen getrennte Auktionstermine für Antiquitäten, Schmuck und Kunst vor. Die Termine für Kunstauktionen differenzieren zwischen Alte Meister, Jugendstil, Ölgemälde und Aquarelle des 19. Jahrhunderts. Aber nicht zwischen Klassische Moderne und zeitgenössischer Kunst! Zeitgenössische Kunst und Klassische Moderne werden in derselben Veranstaltung versteigert[257], haben also dasselbe Käuferpublikum. Die von Jürgen Gerhards, von Alemann u.a. konstatierte Binnendifferenzierung des Kunstpublikums bezieht sich anscheinend nicht auf die Klassische Moderne und zeitgenössische Kunst, wenn kommerzielle Veranstaltungen nicht danach differenzieren.

Abschließend möchte ich das Ergebnis meiner Besucherstudie und meine Schlussfolgerung daraus in wenigen Worten wiederholen: auch wenn sich die Publika der Klassischen Moderne und der zeitgenössischen Kunst nicht durch einen unterschiedlichen Lebensstil differenzieren, möchte ich mich weder Schulzes These von der Homogenität des Kunstpublikums noch der These Cranes und Gabliks von der Integration der Avantgarde in die Mitte der Gesellschaft anschließen.

Ich vermute, dass das Differenzierungskriterium im Kunstpublikum die Abstraktion ist. Wo die Kunst die realistische Abbildung verlässt, wird sie nur noch für wenige BetrachterInnen dechiffrierbar. Realistische Kunst zieht meiner Vermutung nach ein heterogeneres Publikum an. Diese Vermutung könnte anhand einer Lebensstilstudie am Publikum Alter Meister überprüft werden.

---

[256] Vgl. Bourdieu, Pierre (1974) S. 199-200.
[257] siehe www.dorotheum.com/auktionstermine (vom 17.05.2004)

Literaturverzeichnis

Bacher, Johann (1994): Clusteranalyse – Anwendungsorientierte Einführung. München

Becker, Howard S. (1982): Art Worlds. Berkeley, Los Angeles, London. Los Angeles

Behnke, Christoph/Wuggenig Ulf (1994): Heteronomisierung des ästhetischen Feldes. Kunst, Ökonomie und Unterhaltung im Urteil eines Avantgardekunstpublikums. In: Mörth, Ingo/Fröhlich, Gerhard (Hrsg.) (1994): Das symbolische Kapital der Lebensstile - Zur Kultursoziologie der Moderne nach Pierre Bourdieu. Frankfurt am Main, S. 229-252.

Bell, Daniel (1991): Die kulturellen Widersprüche des Kapitalismus. Frankfurt

Belting, Hans u.a. (Hrsg.)(1996): Kunstgeschichte: eine Einführung. 5. Auflage. Berlin

Bourdieu, Pierre (1999): Die feinen Unterschiede - Kritik der gesellschaftlichen Urteilskraft. 11. Auflage. Frankfurt am Main

Bourdieu, Pierre (1974): Zur Soziologie der symbolischen Formen. Frankfurt am Main

Bourdieu, Pierre (1983): Ökonomisches Kapital, kulturelles Kapital, soziales Kapital. In: Kreckel, Reinhard (Hrsg.) (1983): Soziale Ungleichheiten. Soziale Welt, Sonderband 7. Göttingen, S. 183-198.

Bourdieu, Pierre (1985): Sozialer Raum und »Klassen«. Leçon sur la Leçon. Zwei Vorlesungen. Frankfurt am Main

Bourdieu, Pierre (1987): Sozialer Sinn - Kritik der theoretischen Vernunft. Frankfurt am Main

Bourdieu, Pierre (1992): Rede und Antwort. Frankfurt am Main

Bourdieu, Pierre (1993): Satz und Gegensatz - Über die Verantwortung des Intellektuellen. Frankfurt am Main

Brosius, Felix (2002): SPSS 11. Bonn

Crane, Diana (1987): The Transformation of the Avantgarde. The New York Art World, 1940-1985. New York

Gablik, Suzi (1976): Progress in Art. London

Gablik, Suzi (1985): Has Modernism failed? New York

Georg, Werner (1998): Soziale Lage und Lebensstil - Eine Typologie. Opladen

Gerhards, Jürgen (Hrsg.) (1997): Soziologie der Kunst - Produzenten, Vermittler und Rezipienten. Opladen

Gerhards, Jürgen (1997): Soziologie der Kunst - Einführende Bemerkungen. In: Gerhards, Jürgen (Hrsg.) (1997): Soziologie der Kunst - Produzenten, Vermittler und Rezipienten. Opladen, S. 7-19.

Grathoff, Richard (1989): Milieu und Lebenswelt - Einführung in die phänomenologische Soziologie und die sozialphänomenologische Forschung. Frankfurt am Main

Heynen, Julian (Hrsg.)(2002): Startkapital. Ostfildern-Ruit

Hillmann, Karl-Heinz (1994): Wörterbuch der Soziologie. 4. Auflage. Stuttgart

Klages, Helmut (1984): Wertorientierungen im Wandel. Rückblick, Gegenwartsanalyse, Prognosen. Frankfurt am Main

Klein, Hans-Joachim (1990): Der gläserne Besucher - Publikumsstrukturen einer Museumslandschaft. (Berliner Schriften zur Museumskunde, Band 8) Berlin

Klein, Hans-Joachim (1997): Kunstpublikum und Kunstrezeption. In: Gerhards, Jürgen: Soziologie der Kunst - Produzenten, Vermittler und Rezipienten. Opladen, S. 337-358.

Kreckel, Reinhard (Hrsg) (1983): Soziale Ungleichheiten. Soziale Welt. Sonderband 7. Göttingen

Kreutz, Henrik (Hrsg.) (1995): Das Leben als schöne Kunst. Die Lebensstilforschung in methodenkritischer Perspektive. Angewandte Sozialforschung. Jahrgang 19, 1-1995

Lüdtke, Hartmut (1989): Expressive Ungleichheit. Zur Soziologie der Lebensstile. Opladen

Lüdtke, Hartmut (1995): Vier Dimensionen von Lebensstilen - Zur Anwendung der Cluster- und Korrespondenzanalyse In: Kreutz, Henrik (Hrsg.): Das Leben als schöne Kunst - Die Lebensstilforschung in methodenkritischer Perspektive. Angewandte Sozialforschung. Jahrgang 19, 1-1995. S, 77-92.

Mäckler, Andreas (Hrsg.)(2000): 1460 Antworten auf die Frage: was ist Kunst? Köln

Michailow, Matthias (1994): Lebensstilsemantik. Soziale Ungleichheit und Formationsbildung in der Kulturgesellschaft. In: Mörth, Ingo/Fröhlich, Gerhard (Hrsg.) (1994): Das symbolische Kapital der Lebensstile - Zur Kultursoziologie der Moderne nach Pierre Bourdieu. Frankfurt am Main, S. 107-128.

Mörth, Ingo/Fröhlich, Gerhard (Hrsg.) (1994): Das symbolische Kapital der Lebensstile - Zur Kultursoziologie der Moderne nach Pierre Bourdieu. Frankfurt am Main

Müller, Hans-Peter (1994): Kultur und soziale Ungleichheit. Von der klassischen zur neueren Kultursoziologie. In: Mörth, Ingo/Fröhlich, Gerhard (Hrsg.) (1994): Das symbolische Kapital der Lebensstile - Zur Kultursoziologie der Moderne nach Pierre Bourdieu. Frankfurt am Main, S. 55-74.

Panofsky, Erwin (1978): Sinn und Deutung in der bildenden Kunst. Köln

Panofsky, Erwin (1992): Aufsätze zu Grundfragen der Kunstwissenschaft (Hrsg. von Hariolf Oberer und Egon Verheyen) Köln

Richter, Rudolf (Hg.) (1994): Sinnbasteln - Beiträge zur Soziologie der Lebensstile. Wien u.a.

Richter, Rudolf (1994): Der Lebensstil - Dimensionen der Analyse. In: Rudolf Richter (Hg.) (1994): Sinnbasteln - Beiträge zur Soziologie der Lebensstile. Wien u.a.

Schmalenbach, Werner (1989): Die Kunstsammlung Nordrhein-Westfalen. Düsseldorf

Schneider, Norbert (1996): Kunst und Gesellschaft: Der sozialgeschichtliche Ansatz. In: Belting, Hans u.a. (Hg.)(1996): Kunstgeschichte: eine Einführung. 5. Auflage. Berlin, S. 306-335.

Schulze, Gerhard (2000): Die Erlebnisgesellschaft - Kultursoziologie der Gegenwart. 8. Auflage. Frankfurt am Main

Spellerberg, Annette (1996): Soziale Differenzierung durch Lebensstile - Eine empirische Untersuchung zur Lebensqualität in West- und Ostdeutschland. Berlin

Statistik Austria (2003): Statistisches Jahrbuch Österreichs 2004. Wien

Tarnai, Christian/Wuggenig, Ulf (1995): Stil und Wert - Wertorientierungen in den Kunstwelten von Wien und Hamburg. In: Kreutz, Henrik (Hrsg.): Das Leben als schöne Kunst - Die Lebensstilforschung in methodenkritischer Perspektive. Angewandte Sozialforschung. Jahrgang 19, 1-1995

Thomas, Karin (Hrsg.)(2000): DuMonts Kunstlexikon des 20. Jahrhunderts. Künstler, Stile und Begriffe. Köln

von Alemann, Heine (1997): Galerien als Gatekeeper des Kunstmarkts. Institutionelle Aspekte der Kunstvermittlung. In: Gerhards, Jürgen (Hrsg.) (1997): Soziologie der Kunst - Produzenten, Vermittler und Rezipienten. Opladen, S. 211-239.

Wick, Rainer (1978): Das Museumspublikum als Teil des Kunstpublikums (1978). In: Wick, Rainer/Wick-Kmoch, Astrid (Hrsg.)(1979): Kunstsoziologie - Bildende Kunst und Gesellschaft. Köln, S. 259-278.

Wick, Rainer/Wick-Kmoch, Astrid (Hrsg.)(1979): Kunstsoziologie - Bildende Kunst und Gesellschaft. Köln

Zweite, Armin (2002): Vorwort In: Heynen, Julian (Hrsg.)(2002): Startkapital. Ostfildern-Ruit

Internetquellen:

Auktionshaus Dorotheum

www.dorotheum.com/auktionstermine

Abrufdatum 17.05.2004

Statistisches Bundesamt Deutschland

www.destatis.de

Sinus Sociovision GmbH, Heidelberg

Kurzbeschreibung der Sinusmilieus 2002

www.sinus-milieus.de/content/grafik/kurzbeschreibung%20012002.pdf

Abrufdatum 24.11.2002

PGMO 08/24/2018